全国高校就业创业特色教材课题研究成果
教育部学生服务与素质发展中心组织编写

大学生生涯发展与就业指导

DAXUESHENG SHENGYA FAZHAN YU JIUYE ZHIDAO

主　编　李向明　郭　磊　钟健雄
副主编　李　峰　林　庆　黄曼琳
编　委　陈　薇　严似蜜　袁　妍　邱　越
　　　　任增辉　梁　冬　刘文静　罗　平
　　　　赵建云　吴晨阳　李玉佳　吴　涛
　　　　韩　琼　马思思　朱里静

西安交通大学出版社
XI'AN JIAOTONG UNIVERSITY PRESS

图书在版编目（CIP）数据

大学生生涯发展与就业指导 / 李向明，郭磊，钟健雄主编
. —西安：西安交通大学出版社，2023.1（2024.3 重印）
ISBN 978-7-5693-3052-6

Ⅰ . ①大… Ⅱ . ①李… ②郭… ③钟… Ⅲ . ①大学生
—职业选择 Ⅳ . ①G647.38

中国版本图书馆 CIP 数据核字（2022）第 255695 号

书　　名	大学生生涯发展与就业指导
主　　编	李向明　郭　磊　钟健雄
项目策划	刘　晨
策划编辑	王斌会
责任编辑	苏　剑
责任校对	张静静
封面设计	任加盟

出版发行	西安交通大学出版社
	（西安市兴庆南路 1 号　邮政编码 710048）
网　　址	http://www.xjtupress.com
电　　话	（029）82668357　82667874（市场营销中心）
	（029）82668315（总编办）
传　　真	（029）82668280
印　　刷	陕西思维印务有限公司

开　　本	787mm×1092 mm　1/16	**印张**	13.5	**字数**	338 千字

版次印次　2023 年 1 月第 1 版　2024 年 3 月第 2 次印刷
书　　号　ISBN 978-7-5693-3052-6
定　　价　56.00 元

如发现印装质量有问题，请与本社市场营销中心联系。
订购热线：（029）82665248　（029）82667874
投稿热线：（029）82668525

《大学生生涯发展与就业指导》
编委会

前　言

党的十八大以来，党中央高度重视就业工作，把就业摆在"六稳""六保"首位。党的二十大报告提出，实施就业优先战略，强化就业优先政策，健全就业促进机制，促进高质量充分就业。千方百计稳定和扩大就业，是我们党坚持以人民为中心的发展思想的具体体现。职业生涯规划能引发对未来职业的思考，从而树立职业理想，围绕职业目标，开展职业规划与实践，为高质量就业筑牢基础。

广东技术师范大学历来重视学生的职业生涯规划教育和就业创业工作，是最先创建全国"职业规划研究所"的院校之一，获评教育部"全国毕业生就业典型经验高校"，被广东省人民政府授予"广东省就业先进工作单位"，获评广东省教育厅"广东省大学生创新创业教育示范学校"等荣誉称号。多年来，我校构建了以"早规划、学为先、多参与、寻导师"为主题的新生职业规划教育体系，以"三大抓手"为依托的全程化、全方位"线上线下"职业生涯规划和就业指导体系：一是依托职业规划研究所，构建以职业生涯与发展规划、就业实务等公共必修课为主体，以公共选修课为辅助，以各类活动为补充，以慕课和数字化学习平台为依托的立体化课程体系。2013 年，职业生涯与发展规划课程被评为全国职业发展与就业指导示范课程，其配套慕课"带你探索职业生涯规划"被评为 2021 年广东省一流线上课程。教师在全国高校创业指导课程教学大赛总决赛中获特等奖，在"安博杯"全国高校就业指导课程教学大赛、广东省大学生职业规划教学大赛等比赛中获一等奖、"金牌讲师"等奖项共 7 项。二是依托广东省高校职业生涯咨询特色工作室——"暖春"职业生涯发展咨询工作室，多途径开展生涯宣讲咨询，打造"真人图书馆""圆梦班""中职校长进校园"等品牌项目，引导学生明目标、早定位。三是依托供需见面会、名企开放日、职业规划大赛等实践活动，为学生提供生涯实践探索平台。在广东省历届大学生职业生涯规划大赛中，我校共获得"全国十佳职业规划之星""广东省十佳职业规划之星"等 18 个奖项。学校曾获全国大学生职业生涯规划大赛最佳组织奖唯一金奖，在该系列比赛中连续 9 次获得"优秀组织奖"。这些经验积累为我们编写本书提供了有力的支撑。

新时代的大学生站在历史发展的潮头，享用着现代文明和科技带来的种种便利。然而，置身于"现代性"的世界，也伴随着知识迭代的加速、愈发激烈的竞争、多重选项的抉择等。我们在学好专业知识的同时，更要学会对职业生涯的合理规划，从而成就未来。

为此，结合学校办学特色与培养高素质"工匠之师"和高水平应用型专门人才的目标，我们组织编写了本书。在内容上，追求校本案例与实践活动、校本"职"路人与章节知识点相融合。本书分为三大模块，包括十个章节：职业生涯规划模块（第一、二、三、五、七、八章），旨在引导学生树立规划意识、掌握规划方法，明确目标、合理定位、全面发展；职业教育模块（第四、六章），旨在引导学生积极迎接职业教育的崭新未来，明确"技术＋师范"大有作为，立志成为"工匠之师"；就业指导模块（第九、十章），旨在提升学生就业创业的相应技能，掌握相关政策法规。在形式上，每章开篇以"手绘漫画＋案例"引入，还充分运用思维导图使知识点可视化，激发学生的学习兴趣。此外，我们还将课程配套慕课内容引入本书，关键知识点、课外延伸、实践活动等可扫描二维码获取配套数字资源，实现无声教材"有声有色"，让学习更加"有滋有味"。

本书由李向明、郭磊、钟健雄主编，广东技术师范大学的多位在大学生职业生涯规划和就业指导教学一线的骨干教师也参与编写工作，他们是李峰、林庆、陈薇、严似蜜、袁妍、黄曼琳、邱越、任增辉、梁冬、刘文静、罗平、赵建云、吴晨阳、李玉佳、吴涛、韩琼、马思思等，此外华南农业大学的朱里静也参与编写工作。钟健雄、向丹阳（广东省高等学校毕业生就业促进会）、李峰、林庆、黄曼琳、袁妍、李玉佳、邱越及张盼盼等人负责统稿；王颂衡、张雅琳、刘沁妍、吴娴静、赖若榆等人负责手绘漫画设计；劳立霖、谢珍兰、胡柱明、萧惠珊、任朝尚、靳晓鑫、马莉娅等同学参与资料收集整理工作；承西安交通大学出版社鼎力协助，苏剑、王斌会等编辑进行了细心的编排与校对。特别感谢教育部学生服务与素质发展中心的支持。在编写过程中，我们参考、引用了相关职业生涯规划的文献资料，得到了许多相关专家的悉心指导，在此一并表示感谢！

青春逢盛世，奋斗正当时！"青年强，则国家强。当代中国青年生逢其时，施展才干的舞台无比广阔，实现梦想的前景无比光明。"如何迎接新的挑战，如何让青春在全面建设社会主义现代化国家的火热实践中绽放绚丽之花？我们从生涯规划开始！

走进本书，更多精彩，等您发现！

由于水平有限，本书不完善之处，敬请各位专家、同行和读者批评指正。

编者

2022 年 10 月

目　录

第一章 认识职业生涯规划

 **导语**

　　受全球化和知识经济冲击，以及劳动力市场急剧变化的影响，大学生的就业形势日渐严峻，未来的职业生涯也有非常大的不确定性，如果没有将未来的职业目标、方向与现实的学习建立有效的联系，那么整个大学生涯就容易迷茫。只有在发现和确定了人生奋斗的目标后，人们的日常行动才会更有效率和价值。认识职业生涯是提升自我、实现理想、体现生命价值的第一步。

　　本章将带领同学们认识大学与中学的区别，厘清学业生涯与职业生涯的关系，了解常见的生涯发展理论，树立职业生涯发展的自主意识，形成积极正确的人生观、价值观和就业观，从而为个人的职业生涯发展和社会发展主动付出积极的努力。

思维导图

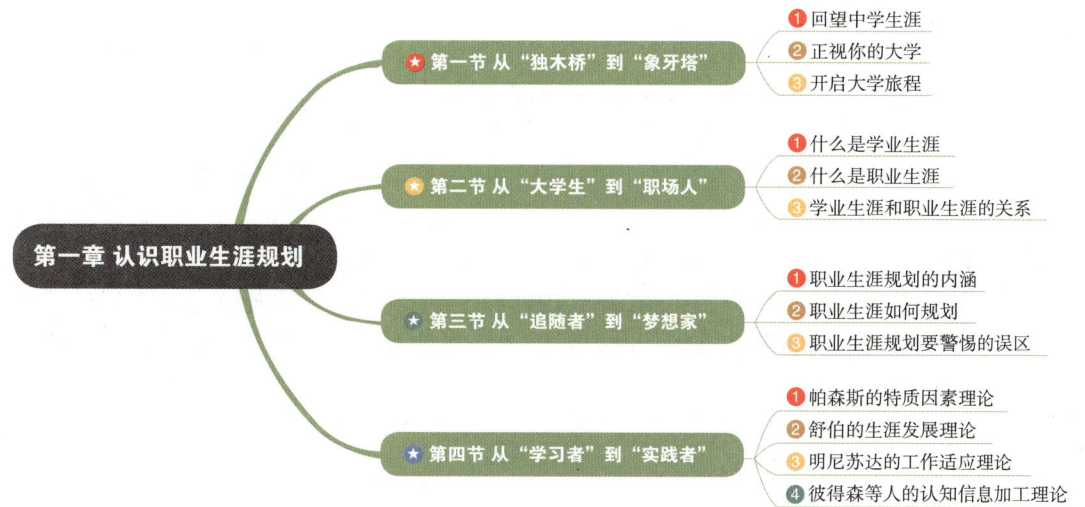

案例与思考

毕业生的来信

老师：

就要毕业了。

回头看自己所谓的大学生活，

我想哭，不是因为离别，而是因为什么都没学到。

我不知，简历该怎么写，若是以往我会让它空白。

最大的收获也许是……对什么都没有的忍耐和适应……

您的学生 ×××

××××年××月××日

这封来信说出了不少大三、大四学生的心声。大学期间，有一些学生放任自己、虚度光阴，还有部分学生始终也找不到正确的学习方向。当他们被第一次补考通知唤醒时，当他们收到第一封来自应聘企业的婉拒信时，他们才惊讶地发现，自己是那么迷茫，一切似乎都为时已晚……

●思考：

（1）上大学的意义是什么？

（2）为了未来的职业生涯，大学应该怎么上？

（3）职业生涯规划的重要性有哪些？

▶ 第一节　从"独木桥"到"象牙塔"

一、回望中学生涯

回顾中学生活，你可能没有所谓的轰轰烈烈，但也是一段难忘的旅程。毕业时的分别也只是像往常放学一样，只是再也没有回去。

世界著名科学家、两弹一星功勋奖章获得者钱学森曾说："6年的师大附中学习生活对我的教育很深，对我的一生，对我的知识和人生观起了很大的作用。"他回国后的第二天，就赶往母校。每次路过母校，他都会说"这是我最熟悉的地方"。钱学森在晚年曾亲笔写下了对自己一生影响非常大的17人，其中有7人是北京师大附中的老师，这足以说明中学教育在他人生道路上的重要性。

中学时代见证着人们从少年到青年的生命进阶。在这个阶段，随着中学生身心不断发展以及思维水平和理解能力不断提高，他们开始主动认识自己和认识世界。"高考"是拼搏、奋进的代名词，也是人生的一次搏击和洗礼。很多人难忘高考的一大理由，就是难忘那一年为了梦想，挑灯夜战、努力拼搏的自己。中学时代对大部分人来说都是刻骨铭心的，因为它见证了中学生的成长和蜕变，同时也为同学们走向下一个人生阶段奠定了基础。

二、正视你的大学

记得在上高三的时候，有的班主任经常说"再坚持一下，考上大学就轻松了"。到真正上了大学的时候，你会发现想象中的大学与现实中的大学是不同的。

（一）对学习能力的要求更高

高中的校园生活是食堂、教室、寝室三点一线单调重复，学习是主要的任务，老师会把所有知识点一点一点讲给你听，你只需要跟上老师的节奏，而且大家都有明确的目标——高考。但到了大学，老师不会像高中阶段那样随时监管你的学习，大学提倡的是自主学习，所以要学会怎样去自主地学习，再也没有班主任催你学习，再也没有各科老师给你补习。你需要自主安排学习计划来应对结课考试，更有可能遇见一些晦涩难懂的专业课，甚至让你发出"我想回高中歇歇"的感叹。

（二）更加考验独立生活的能力

与中学阶段不一样，进入大学，我们就是一个独立的个体，亲人不在身边，身边只有同学和老师。这个巨大的变化也促使我们必须做出改变，改变的第一步就是学会独立，首当其冲的就是独立生活。中学阶段，在生活上我们有父母的悉心照顾，一心只管放在学习上；到了大学，我们需要学会自己洗衣服，自己收拾宿舍，自己处理人际关系，这些都是必备的生活技能。

到了大学，人际关系的处理也许会变成一件复杂的事情，因为同学们来自五湖四海，语言、个性、生活环境有较大差异，所以在交往过程中，一些同学会逐渐失去耐心和宽容。在大学，要学会处理好舍友间关系，要学会多为别人考虑，要学会善待、尊重、忍让、关心室友。和室友可以不定时地一起去吃饭、逛街或打球，晚上睡觉时也可以来场深夜卧谈会。

（三）可以发展自己的兴趣爱好

每个人都有属于自己的兴趣爱好，但是在中学阶段，同学们需要将所有的精力都集中在学习上，虽然一些同学有自己的兴趣爱好，但是因为大部分的时间都用于学习，没有时间去发展兴趣爱好。进入大学之后，同学们有了很多可以自由支配的时间，可以在空闲时间发展自己的兴趣爱好。

或许大学不一定如你想象的那么美好，但是属于你的美好大学时光，需要你自己来创造。

三、开启大学旅程

步入大学不是终点，而是人生的又一个起点。大学这几年具体要做什么？你可以从以下几个方面考虑。

（一）做好必做的事

大学有大学的规则，只有遵守一个组织的基本规则才能使用这里的资源。所以，大学有一些你不一定想做，但是却必须要做的事——正如你也许并不一定喜欢高考的每一科，但是为了现实梦想，你愿意做这些必做之事。比如通过考试、遵守规则、完成必要的社会实践等。给自己制订学业计划，不要让这些"必做之事"成为你的障碍。

（二）评估大家都在做的事

大家都在做的事有两种可能，一种是每个人都看到了益处，另一种是每个人都"害怕被落下"不得不做，如考研、考证。区分它们的最好方式是先不着急加入，了解清楚事情背后对于自己的益处，然后评估是否是自己必做或想做的事。

（三）发现和践行想做的事

做真正想做的、让自己怦然心动的事。你也许在大学生活中发现了很多能让你"心动"的事情，但如何才能知道这件事情是自己"真心"想要做的？一种方法是更加清晰全面地体验这件事情：多了解、多体验、多参与，多和成功的人沟通；另一种方法则是更深地探索自己内心的价值观。

我们将在第三章"探索你的职业砝码"中更详细地谈到如何了解自己的价值观；在第五章"打开职业世界大门"中谈到如何更多地了解自己的职业方向。但要强调的是，你不可能在课堂上或者在书书里找到"真心"想要做的事，你只能从实践中找到它们。

（四）尝试有可能做的事

如果我们只做必须做的、想做的、别人也在做的事，虽然会按照自己设定的轨迹稳定前进，但我们永远无法做那些不在我们视野范围内却有无限可能的事情。所以每年保持做一两件以前没有做过的事，是一个很好的策略。

 实践活动

以小组为单位向高年级的师兄和师姐了解大学与高中在学习、生活及其他方面有什么区别，填写表 1-1。

表1-1　大学与高中的区别

类别	大　学	高　中
在＿＿＿＿＿＿＿方面		
在＿＿＿＿＿＿＿方面		
在＿＿＿＿＿＿＿方面		
在＿＿＿＿＿＿＿方面		
在＿＿＿＿＿＿＿方面		
在＿＿＿＿＿＿＿方面		
心得概述：		

▶ 第二节　从"大学生"到"职场人"

从"独木桥"到"象牙塔"，是中学生从稚嫩奔向成熟的蜕变过程。大学这一阶段对每个大学生都至关重要。大学生的一个重要奋斗目标就是成长成才，为走向社会铺好路，实现从"大学生"到"职场人"的有效衔接。

一、什么是学业生涯

学业生涯指伴随着一个人的学习从开始到结束的历程。学业生涯可以分成不同的阶段，例如小学阶段、中学阶段和大学阶段。受教育者在完成这些阶段的教育后都会被授予相应的学历——初中学历、大学本科学历、研究生学历等。广义的学业生涯指的是个体为生存和适应环境而不断接受新事物，引起自身行为能力和心理倾向比较持久变化的历程，这个过程贯穿个体生命的始终；狭义的学业生涯指的是以学生为主要角色的学习历程。

案例分析

罗明（其雕像见图1-1）是广东民族学院（今广东技术师范大学）首任院长，中国共产党早期的一位革命活动家，老一辈忠诚的共产主义战士。1920年秋，罗明报考潮州金山中学，在几百名考生中名列榜首。1921年秋，罗明考入陈嘉庚创办的厦门集美学校师范部。在"五四"运动思想影响下，他勤奋读书，汲取科学知识，探求救国救民的真理，他从《共产党宣言》《马克思学说》《新青年》《向导》等革命书刊中学习革命理论。1924年，他创办了"星火周刊"社，出版"星火周刊"，宣传革命理论。共青团广东区委委任罗明为共青团广东区委通讯员，从此罗明在中共广东区委和共青团广东区委领导下，进行革命活动。

罗明同志在学业生涯时期已树立坚决跟党走，为革命事业奋斗终身的坚定的共产主义信念，此后他一直投身于中国革命的伟大事业之中。

图1-1　罗明同志雕像

人的许多本领和能力不是天生的，是在学习积累中逐渐形成的。知识是能力的前提，能力是由知识转变而来的。大学生的学业是指大学生在高等教育阶段所进行的一切以学业为主的活动，包括学业成绩、学业行为、学业特长及综合素质的整体提高和全面发展的过程。新时代大学生"十年寒窗苦"，就是为了乘风破浪，勇敢突破自己的舒适圈，完成学业，学会认知、学会做事、学会共同生活、学会生存，成为21世纪所需要的时代新人。

二、什么是职业生涯

生涯（career）是一个外来词，词源来自car（车，运输），词语原意是"车辙"，寓意当一个人选择了某一条轨道，他就会沿着这条轨道一直走下去，生涯是一种人生模式。《牛津词典》定义职业生涯为一生的发展与进步（development and progress of life）。中文中第一次出现"生涯"来自《庄子》的"吾生也有涯，而知也无涯"，原指"生命的尽头"。

"职业生涯"的概念是美国著名心理学家舒伯在1953年首次提出的，他定义职业生涯为："个人一生中所经历的一系列职业与角色的总称，即个人终身发展的历程。"生涯学家沙特尔认为："职业生涯是指一个人在工作中所经历的职业或职位的总称"。中国职业规划师协会认为："职业生涯就是一个人的职业经历，它是指一个人一生中所有与职业相联系的行为与活动，以及相关的态度、价值观、愿望等连续性经历的过程，也是一个人一生中职业、职位的变迁及工作、理想的实现过程。"综合以上的观点，职业生涯就是指个体职业发展的历程，一般是指一个人终生经历的所有职业发展的整个历程。

职业生涯的范畴不仅仅包括一份职业，还包括这个职业带来的生活方式、未来及过去的延续，以及带给我们的内在感受。它是大学毕业后人生幸福的重要手段，值得大学生们从现在开始对其做好规划与储备。

三、学业生涯和职业生涯的关系

学业生涯是人生发展的关键阶段，是职业生涯发展中的生涯探索阶段。舒伯的生涯发展理论指出，一个人的生涯发展从出生到死亡分为五个阶段，其中 15～24 岁处于探索阶段，该阶段的人群多为即将走向职场的学生，他们对自己的能力、方向、兴趣等有局部的、大概的认识与试探，在此时期经过一系列尝试，面对成功和挫折，尝试某些职业长期发展的可能性。如果探索期拖得过长，下一个职业发展任务将受影响。

当大学生在进行学业生涯规划的时候，其实就是以一定的职业生涯发展为导向。有了未来生涯发展目标和职业兴趣，有了对人生长远的思考，我们的学业生涯目标才会有明确的方向，行动也会更加专注。例如，担任庆祝中国共产党成立 100 周年大会献词团领诵员的冯某，在高二暑假就确定了自己的人生方向，立志要当一名优秀的主持人。她有着清晰的人生目标，并以此为动力不断努力。2018 年，她以超过一本线几十分的成绩考入中国传媒大学播音与主持艺术专业。2022 年，她又被推荐为复旦大学新闻学院研究生。正是因为她有明确的方向，所以她的行动也变得更加坚定和专注。

对于大学生而言，职业发展要以学业生涯规划为落脚点，长远的发展仍然要立足当下，如果缺少了务实详尽且有操作性的学业生涯规划，缺少了对学业生涯规划的有效执行，那么未来的发展很可能会失去坚实的基础，未来的前途也会受到限制，犹如无源之水、无本之木。

实践活动

填写《我的未来人生 10 年表》，见表 1-2。请你大胆地展开想象：在未来 10 年里，无论是个人或社会方面可能会发生哪些事情？我必须面对哪些问题？在不同的角色中，我想要完成哪些事情、目标或梦想？

表1-2　我的未来人生10年表

时间	年龄	未来事件与预定目标
20　年	岁	
20　年	岁	
20　年	岁	
20　年	岁	
20　年	岁	
20　年	岁	
20　年	岁	
20　年	岁	
20　年	岁	
20　年	岁	

▶ 第三节 从"追随者"到"梦想家"

从"大学生"到"职场人"角色的成功转变，往往不是一蹴而就的，开展细致务实的职业生涯规划是一个高效的途径。对许多人来说，制定和实现规划就像一场比赛，随着时间推移，你一步一步地实现规划，这时你的思维方式也会渐渐从"追随者"心态向"梦想家"心态转变。"梦想家"心态的优势就在于你知道你想要什么，你能意识到可以从你的生活中取得多少成就。

一、职业生涯规划的内涵

（一）职业生涯规划的定义

什么是职业生涯规划？职业生涯规划是指针对个人职业选择的主观和客观因素进行分析和测定，确定个人的奋斗目标并努力实现这一目标的过程。简单来说，职业生涯规划就是经由知己、知彼、抉择、行动及调整评估等步骤，对自己的一生做有系统且具体的规划。这个规划包括个人的学习与成长目标，以及对一项职业和组织的生产性贡献与成就的期望。

（二）职业生涯规划的意义

从实践角度来看，大学生开展职业生涯规划有以下重要意义。

1. 为大学生学习生活提供前进动力

目标是前进的动力。大学生的职业生涯规划是自身前进发展的动力和基础。有些大学生在进入大学校园后，学习的热情和积极性逐渐淡漠，开始应付学业，追求享乐。有了职业生涯规划等于为大学生量身定制了一个学习进步的标尺，自己可以随时衡量，让大学生的学习生活减少消极成分，增添积极的调控因素。

2. 为大学生构建职业理想平台

职业生涯规划教育可以让大学生对工作的认识从肤浅的"养家糊口的工具"转化为对人一生不同发展阶段的关注和认知。职业生涯规划可以让大学生意识到制定目标的重要性。大学教育使大学生养成独立面对、思考及解决问题的能力，让学生对自己的未来生活有了基本的蓝图和构想，对职业的认识逐渐构建起来。在学习的过程中，大学生发现职业对文化知识和个人素质的要求，从而构建未来职业发展的方向和轨迹，使自己的理想更具有现实性和可操作性，使职业理想更为客观、科学。

3. 为大学生未来职业竞争提供战略战术

大学生处于"准职业生涯"阶段，面对必然进入职业生涯的现实，需要谋略的支撑。谋略即战略战术之意，谋略的具象化即职业生涯规划。在确定了自身的专业方向与职业目标后，大学生要尽可能多地掌握与自己专业相关的最前沿的动态，积极参加各种专业咨询和讲座，积极寻找和培养将自己所学知识转化为实际生产力的能力，使自己在不断加深专业知识学习过程中提升创新思维和能力。

（三）职业生涯规划的准则

1. 择己所爱

常言道："兴趣是最好的老师"。只有对自己选择的职业有极大的热情，才会全身心投入。

2. 择己所长

只有选择自己擅长的领域，才能发挥自我优势。任何人都有自己的长处和短处，因此，在进行职业规划的时候，应学会扬长避短，尽量选择与自己能力条件相匹配的工作。

3. 择世所需

职业只有为社会所需，才会有发展保障。在谋划未来的职业生涯时，要把社会需要作为出发点和归宿点，将就业的目光放长远一些，并且根据社会发展的需求不断更新自己的知识体系和锻炼自己的技能。当前，国家号召大学生到祖国最需要的地方去建功立业，也是个人需要服从社会需要的一个体现。

例如，来自广西百色一个贫困家庭的女孩黄文秀，从小山村考入北京师范大学。2016年硕士研究生毕业后，她回到家乡，响应号召到贫困村担任驻村第一书记。2019年6月，一场突如其来的山洪，让她30岁的年轻生命永远定格在扶贫路上，她被追授"七一勋章"及"时代楷模"、"全国脱贫攻坚楷模"等荣誉称号。

4. 择己所利

选择适合自己，并有发展前景的职业。在选择一份职业的时候，要在履行个人对社会的义务、遵守国家法律法规的前提下考虑这份职业是否能够满足你的薪酬期待、成就感或自我实现等需求。党的十九大代表、广东技术师范大学陈教授立足工作岗位，刻苦钻研、锐意创新，围绕立德树人根本任务，用爱心点燃学子希望，用责任成就学子梦想，用行动助力学生成才。

二、职业生涯如何规划

（一）职业生涯规划聚焦的"四问"

美国心理学家艾瑞克森（Erikson）认为，青少年阶段的主要发展任务是"自我认定"，而其危机则是"认定混淆"。解决危机成功与否，对个体将来的发展及生活的适应性有着极大影响。为了建立明确的"自我认定"，青少年时期必须不断探索两个重要的问题——"我是谁"及"我在哪里"。随着个体不断发展和变化，每个人还需要立足根本、放眼未来——"我到哪里去"及"我如何到达"。

关于"我是谁"的问题，要聚焦人的兴趣、能力、价值观与人格特质，包括我是一个什么样的人，我喜欢什么，我能够做什么，我最看重什么等。

关于"我在哪里"的问题，要聚焦人所处的学习环境、家庭环境、社会环境和工作环境，包括我处在什么样的环境当中，我能够在这样的环境中做什么，像我这样的人能在这环境中发挥什么作用等。

关于"我到哪里去"的问题，要聚焦确定自己的职业目标，包括我的明天和未来会是什么样子，我的职业生涯目标是什么，怎样才能找到一个安身立命的方向等。

关于"我如何到达"的问题，要聚焦人的职业生涯规划、措施和行动，包括我如何才能成为我自己所想成为的人，如何实现我的职业理想等。

沿着不同生活轨迹而来，有着各种理想和期待的大学生们，在开始探寻自己的生涯发展之路时，都无法回避这四个问题。

（二）职业生涯规划关注的三要素

"职业辅导之父"帕森斯曾提出职业辅导的三个步骤：知己＋知彼＋决策与行动。这明确提出了职业生涯规划的三个基本要素，即"知己""知彼""决策与行动"，参见图1-2。

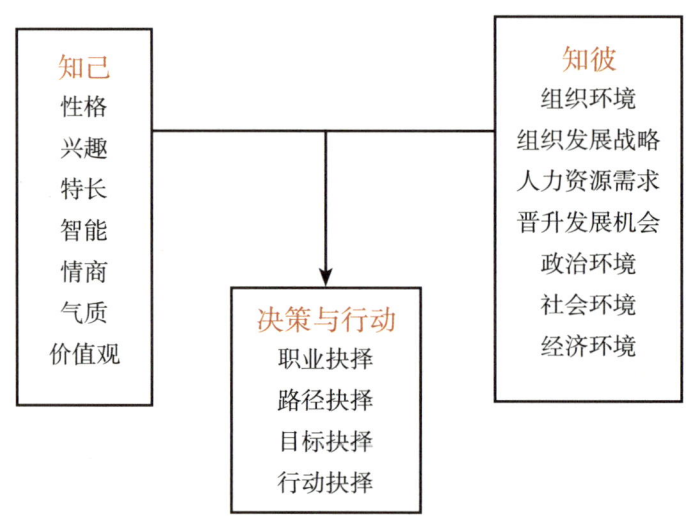

图1-2　职业生涯规划关注的三要素

知己就是了解内在世界，强化自我认识与自我了解，了解自己的兴趣、能力、价值观、个性，以及自己所接受的教育（主要是来自家庭教育、学校教育、社会教育）对个人产生的影响等。

知彼就是了解外部世界，熟悉周围的环境，加强对职业环境的有效掌握。主要了解社会经济发展情况、职业的特性、职业要求、该职业所需的能力、就业渠道和机会、工作内容、工作发展前景、行业及职业的薪资待遇等。

决策与行动包括分析和比较可能面临的冲突、阻力和助力，然后计划求职和就业等。

虽然任何职业生涯规划都不能对未来进行非常精准的预测，但你可以进行自我条件分析、外部环境分析，然后在此基础上确定自己初步的发展目标。因此，职业生涯规划的三要素转化为行动就是：向内看、向外看和做决定。

三、职业生涯规划要警惕的误区

（一）误区一：最好有一个标准的规划，我只要照着做就好

在一开始，别人（尤其是已经实现职业目标的人）的经验的确具有很大的借鉴意义。前期模仿成功者的规划会让你少走很多弯路，但是随着你自己生涯规划的深入执行，你的需求、优势、环境和资源都会有很大的差异，成功者的规划的借鉴意义会越来越小，你的独立思考会越来越多。而"标准"的规划也会逐渐演变成你自己的独特版本。

（二）误区二：远大规划应该非常宏伟才是好规划

很少有人能够清晰制定跨度为 10 年或 20 年的职业生涯规划，因为社会环境迅速变化，人们很难清晰预知太长时间跨度的情况；还因为过于远大的规划会导致"橡皮筋"脱落，失去前进的张力。

大学生处在世界观、人生观和价值观剧烈变化时期，规划的周期不宜太长，并且规划能够被持续地回顾和更新。合理的规划周期应该是 1 年内很清晰（生涯计划）、3 年内较明确（短期规划）、5 至 10 年有大目标（中期规划）、10 至 30 年有大方向（长期规划）。越是近，越是清晰，越能指导行动；越是远，越是宏伟，越能激发斗志。

下面是一名学生的短、中、长期规划和计划。

1 年的清晰计划：获得 XX 证书，在实验室里完成 XX 项目，写报告，并发表论文。

3 年的明确目标：加入 XX 公司的 XX 技术团队，进入某开发项目并获得大家认同。

5 年的大目标：成为某一流团队的技术骨干，有独特的研发经历和思维。

10 年的大方向：我要成为这个行业最优秀的技术工程师，并发明改变行业的技术。

对于大学生来说，一个比较合理的规划周期是：大一上学期完成前三年的学业规划；在大三开学前对该规划做回顾和调整，制定出大三大四的学业规划；在大四下学期制定毕业 1～2 年的职业生涯规划；在入职一年后做回顾和调整，做跨度为 3 年左右的职业生涯规划；在第一个 3 年规划后酌情设计 3～5 年跨度的生涯规划。

（三）误区三：我希望一切都确定好了才开始行动

无论是职业生涯规划聚焦的"四问"还是其关注的三要素，没有一个能在课堂上仅凭思考完成的。希望一切都确定好才行动的人会陷入"没确定——不行动——更加无法确定——继续不行动"的死循环。也许你收集到的信息并不指向最终的职业选择，但能"排除选项"也是非常有价值的步骤。你在行动期间培养出来的对于自我的理解，对于探索、决策、自我管理能力的提升会保留下来，对日后职业发展有重大促进作用。不管你当下做"有效"还是"无效"的行动，自我耗竭的不行动才是最坏的行动。

实践活动

以小组为单位，选定一个最想去的地方，讨论并制订一个最吸引人的旅游计划。

（1）你们小组推荐的旅游计划是什么？

（2）制订这个计划经过哪几个步骤？

（3）如何落实这个旅游计划？

小组讨论：制订旅游计划的过程与制定职业生涯规划有哪些相似之处？

▶ 第四节 从"学习者"到"实践者"

1908 年以来，西方国家开启了生涯辅导运动。经历了一个多世纪对生涯辅导的研究，产生了诸多生涯发展理论。每一个理论的提出和发展都建立在不同学科和不同研究成果上，它们具有不同的价值。学习这些理论有助于引导大学生更深刻地理解生涯发展的丰富内涵，推动实现从"学习者"到"实践者"的转变。

一、帕森斯的特质因素理论

19世纪末工业革命时期，欧洲城市化进程加快，社会分工越来越细化。大批新建立的工厂只有招纳更多的工人来工作，才能生产出足够的商品。于是，越来越多的农民离开了他们的农庄和土地，涌入城镇去做工。如此多的就业人员需要被指导，有学者思考，是否有一个快捷高效的方法来帮助他们找到适合的工作？于是，特质因素理论应运而生。

美国学者弗兰克·帕森斯（Frank Parsons）被称为职业指导之父。他的特质因素理论（又称"人职匹配理论"）是最早的职业辅导理论。帕森斯大学毕业后分别做过工程师、工人、教师、律师等工作。由于多次失业及寻找工作的痛苦经历，他立志把学生职业指导作为自己毕生的事业。在慈善家波林的资助下，1908年1月，他创立了美国第一个专业的学生指导机构——波士顿职业局，开始从事青少年的职业指导工作。

帕森斯的遗著《选择一个职业》于1909年5月正式出版，该书提出了著名的特质因素理论，参见图1-3。帕森斯认为，理想的职业选择是基于个人特质与工作因素相匹配，以产生职业成功的最佳条件。所谓"特质"，就是指个人的人格特征，包括能力倾向、兴趣、价值观和人格等，这些都可以通过心理测量工具来测评。所谓"因素"，则是指在工作上要取得成功所必需具备的条件或资格，这可以通过对工作的分析而了解。

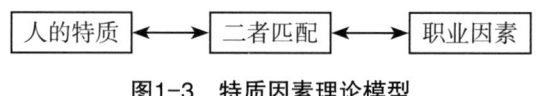

图1-3 特质因素理论模型

他指出，个体都有自己独特的人格模式，每种人格模式的个体都有其相适应的职业类型。个体在选择职业的过程中，涉及三个主要的因素：对自我爱好和能力的认识；对工作环境及其性质的了解；以上二者之间的协调与匹配。由于特质因素理论便于量化、易于操作，极大地推进了当时学校指导工作的科学化水平。因此，它一经出现就很受人们的欢迎。

二、舒伯的生涯发展理论

20世纪50年代，美国心理学家舒伯（Super）在研究中发现，在现实生活中，大多数人都很难找到特别匹配的工作。职业选择和调适是一个连续的过程，职业发展过程具有可塑性。舒伯作为生涯发展理论的集大成者，在前人研究的基础上提出了生活广度和生活空间的生涯发展观，将生涯发展阶段与角色彼此间交互影响的状况，描绘出一个多重角色生涯发展的综合图形，并将它命名为"一生生涯的彩虹图"（Life-career rainbow），简称生涯彩虹图。

在生涯彩虹图中，横向层面代表的是横跨一生的生活广度。彩虹的外层显示人生主要的发展阶段和大致估算的年龄：成长期（约相当于儿童期）、探索期（约相当于青春期）、建立期（约相当于成人前期）、维持期（约相当于中年期）以及衰退期（约相当于老年期）。纵向层面代表的是纵贯上下的生活空间，由一组职位和角色所组成。舒伯认为人在一生当中必须扮演9种主要的角色，依次是儿童、学生、休闲者、公民、工作者、夫妻、家长、父母和退休者。颜色深度是指个体扮演每一个角色所投入的程度。每一个人都有自己独一无二的人生彩虹图。

　　图1-4为某位来访者为自己所勾画的生涯彩虹图。

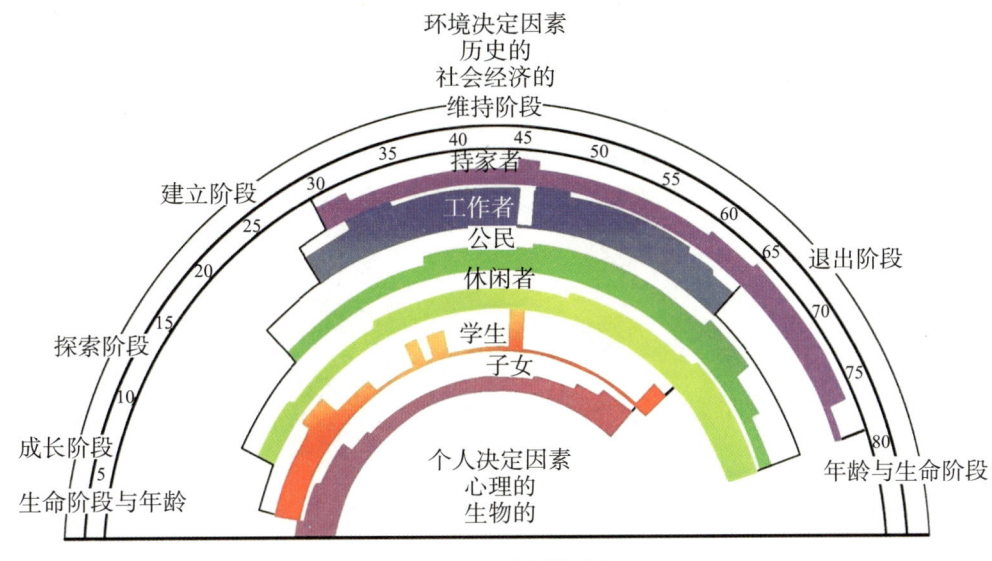

图1-4　生涯彩虹图

　　由图1-4可见，成长阶段（0～14岁）最显著的角色是子女；探索阶段（15～20岁）是学生；建立阶段（30岁左右）是家长和工作者；维持阶段（45岁左右）工作者的角色突然中断，又恢复了学生角色，同时公民与休闲者的角色逐渐增加，这正如一般所说的"中年危机"的出现，同时暗示这时必须再学习、再调适才有可能处理好职业与家庭生活中所面临的问题。

　　舒伯提出，一个人的匹配不一定必须在职业角色中达成，也可以通过别的角色达成。人可以在"匹配"的基础上实现"平衡"。舒伯的重要贡献在于他把职业心理学的焦点"从职业转到生涯"，为之后的生涯研究和实践奠定了坚实的理论基础。

三、明尼苏达的工作适应理论

　　如果一个人既没有"匹配"，又不甘心"平衡"，那么明尼苏达的工作适应理论会告诉你：要么提升自我，要么降低期待。

　　明尼苏达工作适应理论是明尼苏达大学的戴维斯和罗圭斯特等人在20世纪60年代提出的。该理论认为，选择职业或生涯发展固然重要，但就业后的适应问题更值得注意，尤其对工作适应有障碍者而言，在工作上能否持续稳定，对其生活、信心与未来发展都是非常重要的。人们花在工作上的时间比做工作选择的时间要多，职业选择只是通往职业成功之路的开始。员工可以从每天工作的经历中获得职业成功，并从职业生涯成功中获益，这种工作过程有助于提高工作适应性和职业满意度。

　　明尼苏达工作适应模式包括个人和工作两个方面，参见图1-5。个人方面包括个人的需求和个人所具备的工作能力，工作方面包括工作提供的各种待遇（回报）和对员工的技能要求。所谓适应，就是个人对工作满意，工作对员工满意。工作能满足员工的个人需求就能达到内在满意，同时员工工作能力能满足工作岗位的要求，就能达到外在满意。内外满意度高的员工在工作岗位上才能持久，从而实现稳定和晋升，即工作稳定性。员工的综合能力和心理素质不是固定不变的，员工与企业之间存在着互动关系，相互适应与否是互动过程的产物。

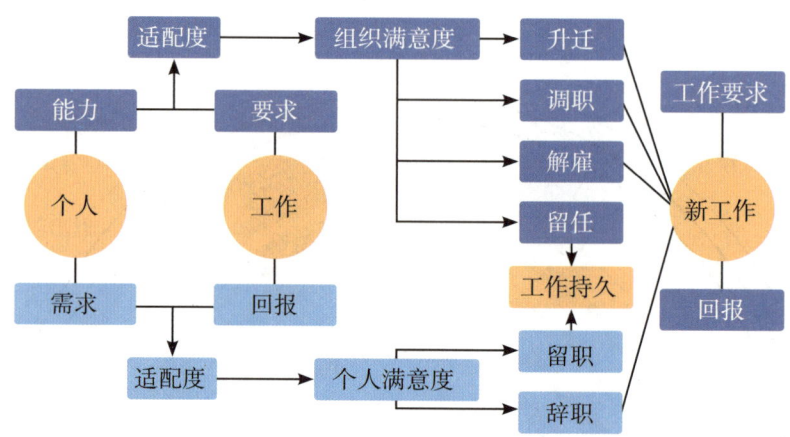

图1-5　明尼苏达工作适应模式

明尼苏达工作适应论如同天平，追求平衡、匹配和适应。天平的一边是个人的能力及对工作的需求和欲望，天平的另一边是工作的能力要求及工作所能够给予的。应用明尼苏达工作适应论于职业发展时，可多问自己4个问题：你有什么能力？你希望在工作中得到哪些回报？你知道组织对你的要求是什么吗？你知道组织未来能够给你什么回报吗？把以上这4个问题想清楚了，会有助于你的职业发展。

四、彼得森等人的认知信息加工理论

如果一个人"匹配"不合适，"平衡"之后又不甘心，"适应"又无能力时，彼得森等人的认知信息加工理论就会告诉你：调整认知，提升信息加工能力很重要。

20世纪90年代初期，盖瑞·彼得森（Gary Peterson）、詹姆斯·桑普森（James Sampson）、罗伯特·里尔登（Robert Reardon）合著了《生涯发展和服务：一种认知的方法》一书，提出了认知信息加工理论。他们认为：生涯辅导的最终目的是增加当事人的能力，使其成为生涯问题的解决者及决定者。认知信息加工理论强调从信息加工取向看待生涯问题解决，认为生涯发展就是看一个人如何做出生涯决策，以及在生涯问题解决和生涯决策过程中如何使用信息。该理论按照信息加工的特性构成了一个信息加工金字塔，参见图1-6。位于塔底的领域是知识的领域，包括自我知识和职业知识；中间领域是决策技能领域，包括了沟通——分析——综合——评估——执行五个阶段；最上层的领域是执行加工领域，也称为元认知。

认知信息加工理论强调生涯辅导是一个学习的历程。通过辅导所实现

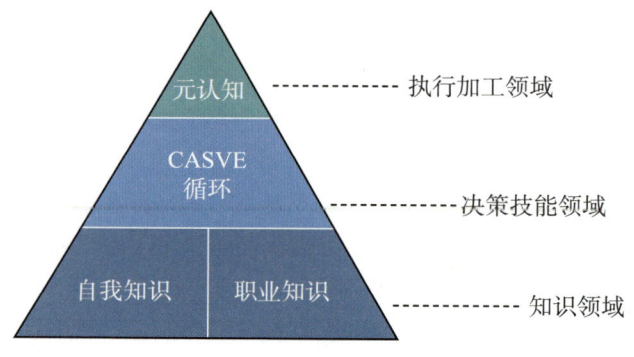

图1-6　信息加工金字塔模型

的个人成长，其本质是一种知识的增长。该理论关注个人在职业生涯过程中如何使用信息进行生涯决策，对职业生涯规划过程中的知识领域完善、生涯决策改进、元认知技能改善有很强的指导作用。

综合而言，上述四个理论构成了学生职业规划咨询的四个重要方向。一是匹配。帕森斯的特质因素理论聚焦个人特质与即将从事的某种职业之间的匹配程度。二是平衡。舒伯的生涯发展理论从人生各个阶段详细阐释了职业发展的趋势变化，勾画出了具体的有迹可循的整个人生轨迹，在做职业决策时要学会平衡。三是适应。明尼苏达的工作适应理论强调人与职业是一个相互适应的过程，其关注的重点在双方的适应性以及相互的满意程度。四是调整认知。彼得森等人的认知信息加工理论强调生涯发展的关键就是生涯决策和在生涯决策时如何对信息进行利用，其主要关注生涯选择的结果是否适当及对生涯决策的认知经过。

实践活动

参照图 1-4 样式，请思考你的人生，并完成一幅属于自己的生涯彩虹图（见图 1-7）。

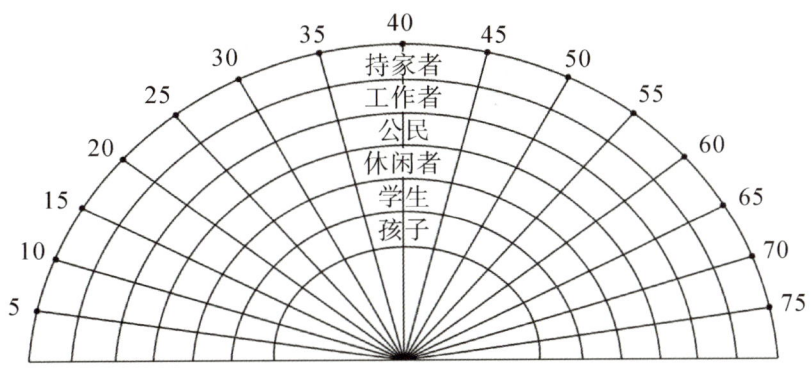

图1-7　自己的生涯彩虹图

注：在每一个阶段用"涂色"的方式表示角色的轻重，某一角色的颜色越深，表示这个角色你投入程度越高。每个角色的年龄可依个人状况而定，每个角色在不同年龄的意义与重要性是不同的。每个人的生涯彩虹图都是不同的。画图时不要互相比较，不要照搬照抄别人的生涯彩虹图。

广师大"职"路人

（1）心系教育，一直大力支持母校建设；恪尽职守，在基层工作中创造辉煌业绩；历经风雨，退休后仍心怀梦想——广东技术师范大学 1983 届校友丁同学。

丁同学，广东技术师范大学 1983 届校友，2011 年调任中共某区区委书记，五年期间努力推动当地各项事业健康快速发展；退休后踏上创业之路，现为广州某（集团）有限公司总裁。

（2）放歌文学的校园青春——广东技术师范大学 2005 届校友洪同学。

洪同学，广东技术师范大学中文系汉语言文学专业 2005 届校友，就职于广东药科大学。大学期间，撰写诗歌、散文、小说、新闻、调查报告等各类文体 7 万多字，在《南方日报》实习半年期间，采访、撰写稿件 120 余篇，近 18 万字。

章节小结

　　作为在校大学生，要清醒地认识到大学是人一生中最为关键的阶段。从入学的第一天起，学生们就应当对大学四年有一个正确的认识和规划。正确看待大学生活，做好职业生涯规划，夯实学业生涯，提升核心职业能力，是大学生把握发展命运的重要途径。了解帕森斯的特质因素理论、舒伯的生涯发展理论、明尼苏达的工作适应理论、彼得森等人的认知信息加工理论，可以助力学生的职业生涯规划。

本章拓展资料

第二章 探寻大学学习之旅

 **导语**

　　大学是学习的重要场所，大学的学习以专业学习为核心，兼顾个体的全面发展。作为新生，初入大学应该对所学专业进行评估、思考，形成理性的认识。

　　本章将就如何增强大学生对所学专业的认同感，进一步提升学习的效率和针对性，建立起学业专业和未来职业之间的目标联系等问题作初步的探讨，带领同学们一同探索大学学业的发展路径，探讨专业发展的潜在可能性，掌握学业专业发展的要点。

思维导图

案例与思考

小林是一名中文系师范专业的大一新生，入学不久，周围朋友经常问她：学中文很有意思吧？天天看小说？应该挺简单的吧？不就是高中学的语文课吗？将来毕业做什么？每当面对这些问题，她总是陷入沉思。

以上是大一新生经常被问及的问题，也常常是他们自身感到困惑和迷茫的问题。部分同学在高考后选择专业的时候，夹杂着理想憧憬、家人意见，是在懵懂或从众心理之下的选择。让我们带着以下问题，走进本章的学习。

● 思考：

（1）你了解你所学的专业吗？

（2）如何才能更好地悦纳自己的专业？

（3）专业和未来职业的发展路径有何关联？

▶ 第一节　和你的专业来一次"破冰之旅"

不管是高中还是大学，学业都是核心任务之一。大学的学习只有正确处理好"学业、专业、职业"之间的关系，才能学有动力、学有方向。

一、"目不暇接"：从"12"到"771"

（一）厘清学业与专业的关系

从中学到大学，一个最大的转变便是从"以高考为主要任务的多科学习"转向"以职业生涯发展为主要目标的专业学习"，参见图2-1。学业，是指学习的课业，不同的课业对应不同的目标，比如中学学业主要任务是升学；大学（包括未来考研升学）的学业目标主要是构建自身成熟的观念体系、思考能力，以及面向未来职场的专业知识和综合素养；参加工作后也可能有学业，主要是为了进一步提升职业能力。进入大学，如果没有很好地厘清"学业"和"专业"的关系，则容易出现一系列问题。要厘清其关系，简单来说主要是三点：第一，大学学业的主要任务是掌握专业知识技能；第二，大学学业不仅包含知识层面的专业学习，还包括其他各类知识的汲取和素养的提升，但其核心是专业提升；第三，大学学业最终导向是职业与人生，其对个人生涯具有长远影响。

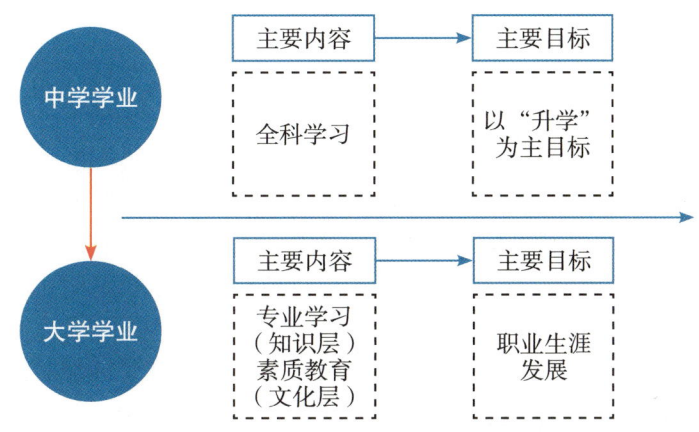

图2-1　中学和大学阶段的学业专业导图

（二）初见专业的喜悦与迷茫

高考后填报志愿，相信对绝大多数考生及其家庭而言，都是神圣、喜悦而又紧张的。初入大学，接触到新的环境和专业，无疑是兴奋和充满新鲜感的，但这之后往往会经历一段迷茫期，主要是三方面原因造成的。

高考思维影响：由于高中阶段学习的主要目标是高考，学生的思维较容易固化在追求分数的"结果导向"层面，从而掩盖了兴趣培养的"学科探索"层面。

学业范围影响：高中阶段一般只学习 12 门课程，而大学的专业，根据 2022 版的《普通高等学校本科专业目录》显示，目前共有 13 个学科门类，合计 771 个专业和方向，而且仍在不断变化。这些因素，加上目前中学阶段的职业生涯规划教育大体较为薄弱，导致学生在选择专业时，并无法做到真正科学、精准。

文化心理影响：金树人先生曾将中华传统文化下的职业生涯观概括为一种"通才取向"的生涯观，他援引钱穆的论述："不仅无从事专精自然科学上一事一物之理想，而并亦无对人文界专门探求其一种智识与专门从事某一种事业之理想。"指出中国古代仅有"士农工商""劳心／劳力"的粗略职业分类。在这种文化心理的代代相传下，在看待专业和职业的关系方面，显得较为模糊，呈现出一种较为"含混"的职业文化心理。

（三）学会辩证看待学科分类

在上述背景下，重新审视所学专业，对专业进行评估，就显得十分必要。现行的大学专业，大致有四个学科领域：人文学科、社会科学、自然科学、工程技术。这四个学科领域之下，则细分为 13 个学科门类，771 个专业，参见表 2-1。

表2-1　四个学科领域与13个专业类别的对应关系

学科领域	专业类别
人文学科	哲学类、文学类、历史学类、艺术学类
社会科学	经济学类、法学类、教育学类、管理学类、军事学类
自然科学	理学类
工程技术	工学类、农学类、医学类

了解这些分类，可以帮助同学们建立专业学科与未来职业的关系图，更容易找到前进的路线，减少迷茫。专业和就业之间，最基本的一组关系是"宽"与"窄"，需要辩证看待。所谓"宽"是指有的专业具有"万金油"属性，就业面较宽，如汉语言文学专业，很多行业都有需求，但可替代性也较强；所谓"窄"是指有的专业对口性极强、但就业面也较窄，如考古学专业，社会需求不会太多，但由于专业性强，可替代性低。因此，专业没有好坏之分，要去充分认识它的特点，并据此来制定适合你的专业职业发展之路。

二、"望闻问切"：四步悦纳你的专业

从开始"认识"到最终"悦纳"一个专业，本质上是由浅入深不断加深认知的过程，也是大学新生阶段的一项重要任务。我们可以尝试借用中医的"望闻问切"四诊法，使这一过程更为科学清晰。

（一）望：早规划

"望"即"向远处看"。要学会高瞻远瞩，拓宽视野，提升格局，通盘规划。一看专业指南，比如报考指南等，了解报考学校，所报专业的历史、现状及未来的发展前景，从宏观上把握专业；二看招聘公告，虽说大一离毕业求职还有很长时间，但提前看招聘公告，

可以了解目前本专业可从事行业的大致范围和要求，在自己内心形成初步的选项；三做相关阅读，什么是"相关"阅读？除了专业性很强的书籍，还要广泛涉猎与本专业相关的趣味性、可读性较强的书籍、文章等，帮助个人培养专业兴趣，初步确定自己的人生理想和职业目标，拟定整体的生涯规划，提前做好规划。

（二）闻：学为先

"闻"即"博学多闻"。大学生要立足专业学习，同时要做到知行合一，积极走出校园，拓展知识，学习先进，增加见闻。一是夯实专业基础，练好过硬的本领，这是未来谋生的技能和资本；二是积极参加"三下乡""支教"等社会实践活动（以广东技术师范大学为例，参见图2-2），通过服务社会、向先进典型学习，进一步提升自身的使命与担当；三是多听社会需求，建议以新生宿舍、班级为单位，对本专业做一次社会调研，听取社会人士对本专业的看法及用人单位对本专业的建议。知悉所学专业与国家、社会需求的关系，进一步提升学习的目标感和价值感。

图2-2　广东技术师范大学获全国大中专学生志愿者暑期"三下乡"社会实践活动优秀团队

（三）问：寻导师

"问"即"咨询"。一问导师，导师一般都站在专业领域的前沿，对专业发展看得深入透彻，加之拥有较丰富的人生经验，可以给新生在学业、职业、生涯规划等方面予以帮助；二问辅导员，特别是负责毕业生工作的辅导员老师，他们常年负责就业工作，对本专业的就业方向、就业前景、薪酬待遇等信息掌握较全，还掌握较丰富的校友资源，可提供信息共享支持；三问学长学姐。事实上，学长学姐往往成为新生进入大学后的"第一位老师"，他们已经在本专业学习，拥有最直接的体验感，但这类经验主观性较强，要学会批判吸收。以广东技术师范大学举办的活动为例，见图2-3。

刘焕彬院士

吴硕贤院士

钟世镇院士

计亮年院士

孙儒泳院士

图2-3　广东技术师范大学开展院士论坛——新生"寻导师"活动

（四）切：多参与

"切"即"摸索接触"，要多参加与本专业相关的实践。一是参加竞赛（以广东技术师范大学为例，见图2-4），参加与专业相关竞赛的备赛过程，既是对自身专业能力的检验和提升，也是培养专业兴趣的有效路径；二是参加见习，提前到与本专业相关的行业中见习，提前了解相关行业，可以排除不适合自己的选项，缩小范围，从而进一步聚焦自身发展的路径。

省赛金奖：速视智能

省赛金奖：粤建影像

省赛金奖：智慧渔管家

省赛银奖：毅舞势汽

省赛银奖：Creative Dawan你好大湾

省赛银奖：智能互联

图2-4　广东技术师范大学学子在第八届"互联网+"大学生创新创业大赛省决赛中获佳绩

实践活动

了解你的专业

请按要求填写表2-2。

（1）所学专业的名称。

（2）所学专业的历史，如何时诞生？历史上的改革和变迁等。

（3）该专业的主干课程有哪些？

（4）未来可以从事的职业有哪些？（至少填写3个）

表2-2　了解你的专业

专业名称	专业历史	主干课程	可以从事的职业

▶ 第二节　一起探寻你的学业"发展路径"

在对大学学习与专业有了初步了解后，便要进一步聚焦"学业专业"与"职业发展"的衔接环节，了解并探索大学专业的一般发展路径。一般来说，大学生的未来专业发展路径主要有三种。

一、路径一：成为"行家里手"

大部分同学在毕业时，倾向于从事与自身专业高度相关的工作，比如学习师范专业的，走向教师岗位；学习会计专业的，成为一名会计师等。希望同学们日后成为本专业领域的专家，成为一名专业技术型的人才。

选择这一路径，在低年级，要尽快熟悉和适应大学生活，培养过硬的专业水平，夯实基础，多参加与学业相关的竞赛活动和贴近专业的社会实践，如师范生可以利用暑假参加"三下乡"支教活动，逐步培养师德操守与师范技能，尽快考取教师资格证等从业证书，适当参加社团活动，培养自身沟通合作能力；在高年级，应注重积累专业实习实践经历，加强求职技能的学习和实战演练，学习和掌握就业政策法规，为实现"早就业""好就业""就好业"奠定基础，具体参见表2-3。

表2-3　成为"行家里手"的发展策略

学段	规划任务	策略指导
大一	1.尽快适应大学环境； 2.学好专业课，打好基础； 3.了解专业对口的职业，如师范生要了解教师行业和岗位情况	1.找到志同道合的同学一起合作； 2.认真做好"生涯人物访谈"，寻找若干位学长和校友，对该职业进行深度访谈了解
大二	1.在学好专业课的基础上，进一步提升与目标职业相关的综合技能，如选定教师行业的话，要提升口才演讲、三笔字等技能； 2.积极参与相关学科竞赛	1.制订自己的能力提升计划； 2.更多地参与"线上线下"的行业人士讲座，全方位了解目标职业； 3.寻求职业生涯咨询师的帮助，确定人职匹配度

学段	规划任务	策略指导
大三	1.参加见习； 2.积极参与对口行业竞赛； 3.如果目标职业属于"逢进必考"类的，则要着手进行系统的复习，如教师招考等	1.找到相关领域的老师，或者和同学"结对子"，提前进行模拟求职的面试训练； 2.充分利用各种渠道收集相关行业的职场信息
大四	1.参加实习； 2.参加招聘考试和招聘会； 3.学习和掌握就业政策法规	1.实习期间，务必做好日志，总结不足，找到短板，积极改进； 2.加强求职技能的学习和实战演练； 3.适当调适求职期的心理

二、路径二：继续"升学深造"

近年来，考研"热"不断升温，越来越多的同学希望在毕业时考取研究生，继续读硕读博，深造提升。其中，部分同学希望在未来的职场中更具竞争力；另一部分同学则是出于对某个专业领域的热爱，希望将其作为终身的职业，进入高校或科研院所工作，成为专家学者。

选择该路径，在低年级，要结合自身的兴趣和能力，初步确定研究方向，有针对性地锻炼研究能力，如积极参加"挑战杯"、专业学科竞赛等；在高年级，调适好心理，全力以赴投入到备考当中，具体参见表2-4。

表2-4　继续本专业"升学深造"的发展策略

学段	规划任务	策略指导
大一	1.尽快适应大学环境； 2.学好专业课，打好基础	1.找到志同道合的同学一起合作； 2.广泛涉猎，以便能够更好地找到自己最感兴趣的领域
大二	1.在学好专业课的基础上，进一步缩小范围，确定深造的方向，如专硕还是学硕，具体领域等； 2.围绕所选择的领域，有针对性地做深入阅读	1.参与一些和专业相关的竞赛，与理论知识互为补充； 2.专注自身选定的目标，积极咨询
大三	1.适度进行研究式学习，培养学术问题意识； 2.着手进行系统的考研复习	1.寻找导师，理工科类争取进入实验室跟导师一起做研究，文科类则与导师进行问题讨论，如读书会等，树立问题意识； 2.如有可能，选一个在硕士阶段可以继续深入研究的毕业论文选题
大四	1.确保完成本科学业； 2.查漏补缺，全力冲刺考研； 3.加强与导师沟通	1.适当调适自己的心理； 2.考虑备选方案

三、路径三：变身"跨界达人"

部分同学在毕业后，想选择"考公考编"，或者到基层去参加"三支一扶"等社会服务性工作；也有的选择自主创业、自由职业、跨专业求职等。这些选项，都有一个共同的特征，那就是偏向于综合型的发展路径。

选择该发展路径，要侧重提升"可迁移技能"和"自我管理技能"等综合能力。要花更多的时间参加社团组织的活动，成为其中的骨干成员，以便更多地锻炼自身在管理、组织、领导、沟通等方面的能力；加强时间管理，平衡好学业与工作的关系，争取成为品学兼优的大学生；多参加社会实践，在社会中实践和检验在校学习的知识和积累的能力；多了解"考公考编"、基层"三支一扶"等相关政策，充分利用各种渠道收集相关信息，提升综合竞争力，具体参见表2-5。

表2-5　变身"跨界达人"的发展策略

学段	规划任务	策略指导
大一	1.尽快适应大学环境； 2.学好专业课，打好基础； 3.了解目标职业的状况； 4.积极参加社团和学生组织	1.综合性的工作，除了注重专业技能，还特别注重"可迁移性技能"和"自我管理技能"，因此要多参与社团组织的实践； 2.认真做好职业探索报告，了解目标职业的情况
大二	1.制订能力提升计划； 2.利用寒暑假进行"三下乡"等社会实践活动，充分体验综合型的社会性工作； 3.积极参与各类活动和综合性比赛，如挑战杯、创业大赛等	1.制订自己的能力提升计划，做好风险评估； 2.寻求与职业生涯咨询相关老师的帮助，做好职业生涯规划
大三	1.参加相关行业的见习； 2.多了解"考公考编"、基层"三支一扶"等相关政策，充分利用各种渠道收集相关信息	1.找到相关领域的老师，或者和同学"结对子"，提前进行模拟求职的面试训练； 2.针对相关政策，制订并落实切实可行的求职或应考措施
大四	1.积极参加实习； 2.参加相关招聘考试和招聘会等	1.做好实习日志，总结经验与方法，提升求职技能； 2.调整好就业期望值，树立正确的职业价值观。 3.调试就业心理

选择并评估你的职业发展路径

选择一个你所向往的发展路径，并写下选择的理由和所需要做的准备，完成表2-6。

表2-6　选择并评估你的职业发展路径

发展路径	选择的理由	需要做的准备
成为"行家里手"		

续表

发展路径	选择的理由	需要做的准备
继续"升学深造"		
变身"跨界达人"		

▶ 第三节 收藏好专业学习的"三大法宝"

一、根基：严守自律与发奋图强

（一）求学路上的"996"和"躺平"

近年来，有两种思潮在社会上流行，一种是所谓的"996"，强调年轻人要努力奋斗，给自己多压担子；另一种是"躺平"，提倡一种舒适甚至是自我放弃的生存观。

看似完全矛盾的两种生存状态，实则源自年轻人对社会的过度焦虑。"为者常成，行者常至"。纵观人类文明史，从古至今，虽时代变迁，但亘古不变的是努力奋斗的人总是离成功更近一些。因此，我们需要劳逸结合，循序渐进地追求进步，把良好的学习习惯培养起来，让奋斗和对个人幸福的追求始终同步。

（二）自律：一个老生常谈的问题

自律，是指遵循法律并在此基础上进行的自我约束。而自身良好学风的养成，实际上也是一种学习自律习惯的养成。如何建立个人自律？

一是"让好的行为成为习惯"，二是"建立观念"和"形成自觉"。

"建立观念"：一个人要做一件好事不难，难的是做一辈子的好事，这两者的根本差别在于，虽然每个人都有向善的意志，但一些人将其确立为自身的准则，一些人只是偶然性地去执行。而自律学风的养成也是一样，它要解决的是观念的问题，是能否做到为自己"立规"，形成自身一以贯之的坚定原则。

"形成自觉"：即从外在的约束走向行为的自觉，从他律走向自律。可先为自己制定一些目标，把目标的实施步骤细化到每一天、每一小时，尽量在固定的时间做固定的事情，使其成为习惯，养成好的学风，并形成受用一生的品质。

二、沟通：自我对话与他者对话

在学好专业的前提下，下一步则是学会沟通，去探寻什么是真正有意义和有价值的追求，以及哪些是适合自己的追求。

（一）自我沟通的两个基本问题

一是基于国家社会需求，思考我应该做什么。作为年轻的知识群体和新生力量，当代大学生肩负实现中华民族伟大复兴的重任，应该多了解自己的专业能够为国家和社会做些什么，把个人的发展同国家民族的发展紧密联系在一起，从而实现自身价值的最大化。

二是基于自身性格兴趣，思考我能够做什么。一个专业，连接着多种未来的可能，但哪个才最适合自己是需要考虑清楚的。在此之前，不妨先做好职业性格、职业兴趣和职业价值观的测评，尽量用科学的手段，结合实际综合考量。如我校 2008 届毕业生、优秀校友赵同学，十多年扎根基层，逐渐成长为建设家乡的带头人，其事迹被新华社等多家主流媒体报道（参见图 2-5）。

图2-5 全国"最美基层高校毕业生提名奖"，我校2008届校友赵同学（左）接受采访

（二）与"他者"的对话

一是咨询家长及朋友。家长丰富的社会阅历和人生经验，可以弥补学生沟通方面的短板。同时，家长和朋友作为你成长的"见证者"，正所谓旁观者清，应该多听取他们的意见。

二是咨询师长及校友。对于专业发展之路，学生最容易请教的人是本专业的老师和校友，可以通过生涯人物访谈，了解本专业的相关职业及不同职业的发展路径。

三是咨询专业人士。目前，很多高校都设有"职业生涯规划咨询中心"，配有专业的咨询师，他们都有专业的知识、丰富的个案，当学生遇到学业规划、生涯规划等方面困惑的时候，可以预约咨询。如广东技术师范大学的"暖春"职业生涯发展咨询工作室（参见图 2-6），2022 年获评广东省高校职业生涯咨询特色工作室。该工作室以"桥梁纽带、聚焦问题、聚力纾困、分类指导"为思路，从自我了解、职业探索、职业决策、求职技巧、求职心理等方面提供咨询服务，帮助同学们答疑解惑。

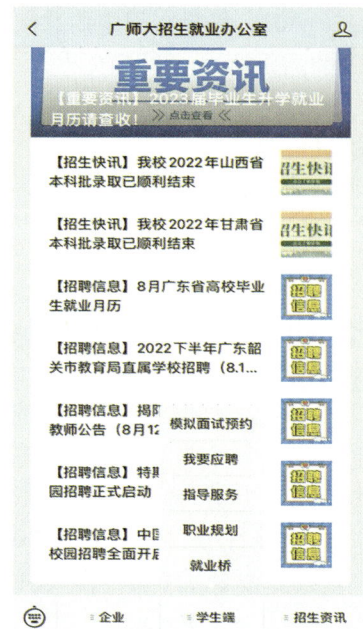

图2-6 广东技术师范大学招生就业办公室官微推出的各类职业生涯规划咨询服务

三、路径：广泛涉猎与专精发展

（一）博专兼顾

古人云："求学之道，博专兼顾"，讲的也是这个道理，强调学习要全面，特别在当今时代，博专兼顾有其必要性，正所谓"技多不压身"。

一是博学能拓宽视野、触类旁通。不管是公务员考试、事业单位和教师招考，还是企业用人，都非常注重考察人才的格局视野。因此要多涉猎专业之外的书籍，有利于拓宽视野，提升格局。

二是博学能提升竞争力。在大学期间，学习不能囿于狭小的专业范围，更不能局限于一两个科目。例如想要成为一名人民教师，只学好专业课和师范科目是远远不够的，还需要提升管理、计算机、语言表达等能力。

（二）由博到专

梁启超在《读书分月课程》中说："无专精则不能成，无涉猎则不能通也。"强调了"博"能使人"通"，但要"成"，则须"专精"。也就是说，培养了广泛涉猎的习惯后，还要收心聚焦，由博到专。

由博到专，除了要把学习重心放在本专业上外，更要有意识地"专中择精"，打造专属的"优势"领域。譬如汉语言文学专业，其范围就包括了中西方文论、中外古今的文学、语言学等。此时，可在当中选取一个方向作为自己的主要领域进行深耕，这对自己未来的发展颇有助益。

（三）把准定位

如何把准定位，寻求专业和职业的最佳交汇点，让专业更好地连接你的人生？一方面，要厘清"学好专业"和"找到好工作"之间的联系，学会在探索多种可能性当中寻求交融。"专业学得好"与"找到好工作"并不能画等号。因为完整的求职技能链条，既包含了"知识性技能"，同时也要求求职者具备良好的"可迁移性技能"和"适应性技能"。另一方面，要把个人的发展和国家、民族、社会的发展紧密联系在一起，把准自身定位，多关注本专业的发展前沿，多关注国家社会的需求，培养个人的"家国情怀"自觉意识，不断努力，争做堪当民族复兴重任的时代新人，在实现中华民族伟大复兴的时代洪流中踔厉奋发、勇毅前进。

每天三件事"自律打卡"练习

（1）列出本人当天要做的重要的三件事（不含日常性事务），按照重要性排序，发到同学群里。

（2）先做 30 天，标题加上进度如"×××的 5/30"，表示第 5 天打卡。

（3）每天记录当天完成情况。

广师大"职"路人

（1）在创业中艰苦奋斗、在创新中自强不息、在创造中开拓进取——广东技术师范大学 1978 届校友李同学。

李同学，广东技术师范大学 1978 届校友，曾就职于某省出入境检验检疫局，现就职于某市海关。他是业务试点的先行者，是改革创新的排头兵，是守护海关的践行者。他带领同事艰苦创业，努力拓展中国的玩具检验事业，创建了具有国际先进水平的检验实验室。

（2）《走向心中的文学世界》——广东技术师范大学 2014 届校友蔡同学。

蔡同学，广东技术师范大学中文系汉语言文学专业 2014 届校友，2014 年本科毕业后成功考取暨南大学文艺学专业硕士研究生，2017 年硕士毕业后前往北京师范大学攻读中国现当代文学专业博士学位，现为海南师范大学文学院教师。

章节小结

通过本章的学习，使我们进一步认识到，大学学业的目标主要是构建自身成熟的观念体系、思考能力，以及面向未来职场的专业知识和综合素养。要学会抓住重点，理清大学阶段学业的主要任务，认识学业和专业的关系，科学评估，研判决策，找到自身"学涯"和"职涯"的对接点，在此基础上制订计划，多方请教，不断摸索，最终找到适合自己的学涯发展路径。而要做好这一切的前提，则要进入到自我探索当中，这也是下一章的主要内容。

本章拓展资料

第三章

探索你的职业砝码

导语

"你是一个什么样的人""你喜欢什么""你擅长做些什么""你最看重的是什么"，这些可能是初入大学的你在参加很多社团活动时回答过无数次的问题，或许每次回答这些问题的时候，你并不是十分清晰和坚定，因为这些问题都是和人生中最需要思索的课题"我是谁"息息相关，而明晰"我是谁"便是"自我认知"的过程。

本章将带领同学们走进职业生涯规划的起点——"自我认知"，让我们一起探索兴趣、性格、能力、价值观"四个维度"，找到那个自己想做、适合做、能做、值得做的职业到底是什么。毕竟每一个维度都会打造一个不一样的你，而每增加一次对自己的了解，都会帮助你更好地认清自己。

思维导图

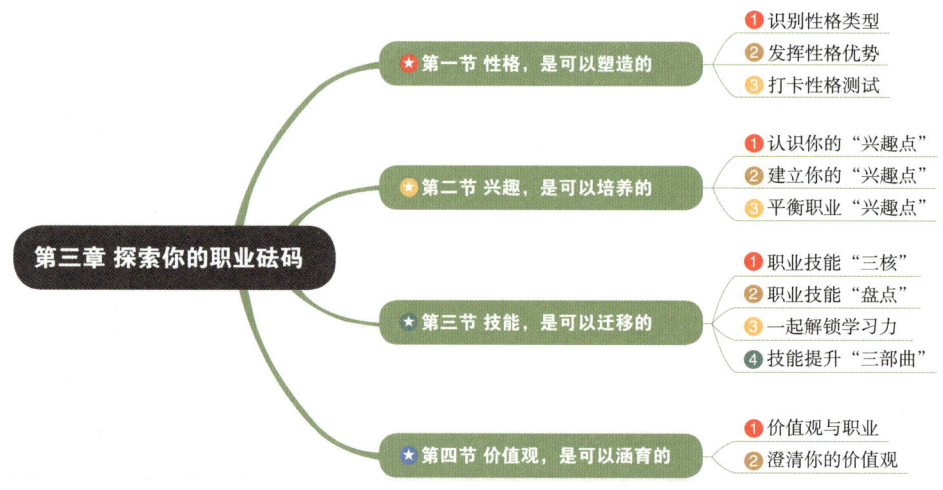

　　小宁已经大三了，看到身边的同学有的备战考研，有的在公司实习，而他自己却陷入了焦虑和迷茫：高考时被调剂到一个自己并不喜欢的专业，于是想跨专业考研，但不知道应该选什么专业，而父母则希望他尽快工作，他也不清楚自己是去公司好还是当公务员好？

　　以上是很多学生都会面临的问题，这类"迷茫"的背后其实是对自我需求的不明晰，没有理清自己的喜好、需求，所以才无法确定选择的标准和方向。职业规划是一个"从内而外"的过程，自我认知是职业规划的第一个环节，大学生只有充分认识自我，发现自己的能力，挖掘自身的潜力，才能够为自己做出最佳的职业选择，从而实现人职匹配，增强对未来职业的适应度和工作的满意度，获得幸福感。让我们带着以下问题，走进本章的学习。

●思考：
（1）我有哪些人格特质？
（2）我的兴趣是什么？
（3）我有哪些技能？
（4）哪些东西是我生命中不能缺少的？

我的自画像

你是一个自信的人吗？你在自己的心中是什么样子的？可以画理想中的自己，可以画现实中的自己，也可以画当下的自己，请用彩笔画出你的自画像。

自画像是绘画者在头脑中对自己的映像和自我符号，它可以勾勒出人们内心世界的蓝图，帮助人们更好地进行自我认知。

自我认知是指人对自己及其外界关系的认识，也是认识自己和对待自己的统一。从心理学角度来讲，自我认知是自我意识的首要成分，也是自我调节控制的心理基础。大学生回顾过去，全面、客观、深刻地分析与认识自我，正视自己的优点与缺点，从而彻底解决"我要干什么、我能干什么、社会允许我干什么"的问题。

自我认知的过程，我们可以借助以下方法来实现。

（1）自我反省法：通过对自己参与的和接触的相关事情进行反思和总结。在这个过程中可以更好地了解和提升自己。

（2）他人比较法：了解他人的成长历程、工作学习生活的方式方法，再结合自己的生活进行反思和调整。这是非常有用且有效的一种认识自我和改善自我的行为。

（3）成就回顾法：通过对自己在文学、艺术、体育、社会工作、人际交往等方面的能力和成效加以自我认识，可以获得关于自己的能力、意志、兴趣、价值观等多方面的信息。

（4）360度评估法：了解自己生活中重要的人对自己的看法，如家人、老师、朋友、同学等。

（5）橱窗分析法：橱窗分析法是一种借助直角坐标不同象限来表示人的不同部分的分析方法（见图3-1）。它包含四个部分：公开我、隐私我、潜在我和背脊我。通过橱窗分析法，尽量减少"隐私我"和"背脊我"，使"公开我"越来越大。

（6）职业测评法：职业测评法在进行自我探索、职业定位上对大部分受测者都会有一定的帮助作用，但同时也要认识到职业测评是一种间接测量，需要辩证地看待。

以上方法、建议要综合使用，以便对自我认知"四个维度"的具体内容进行互相印证和校准。

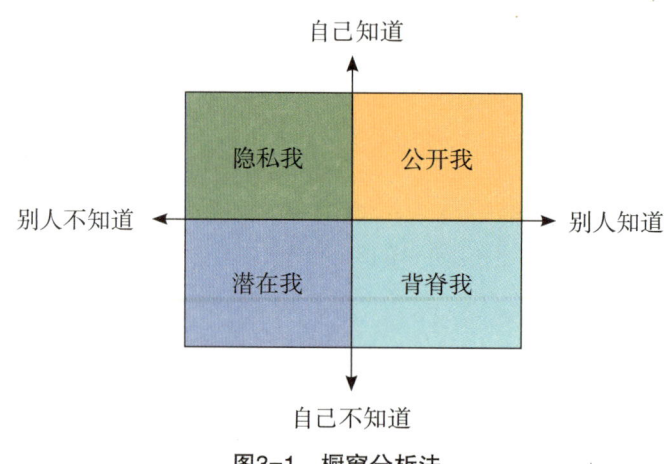

图3-1　橱窗分析法

▶ 第一节　性格，是可以塑造的

"你的性格是内向型还是外向型""你性格中的优势和劣势是什么""你的性格适合从事哪些职业""你现在从事的职业与你的性格匹配吗"，不论是即将步入职场的毕业生，还是在职场中披荆斩棘的人，面对这类问题都会感到非常困惑——性格和职业选择之间到底存在什么样的关联呢？

一、识别性格类型

每个人都有专属的"性格"，它时刻影响着每个人的工作和生活。"性格决定命运""性格塑造人生"等文字经常被提及，但却又不是每个人都能说得清道得明的，所以它的重要性不言而喻。

在心理学上，性格与气质类型相关。气质是人与外界接触过程中反映出来的心理活动的稳定性，是人与生俱来的一种特性。性格是人的先天生理气质特性在社会环境、实践活动的共同作用下形成的较为稳定的心理指征。大家常说有的人性格内向，有的人性格外向，有的人喜欢沉默思考，有的人喜欢激情表达，各种各样的职场人融入职业大世界，都能创造出一个属于自己的生涯性格小世界。

实践活动

你的性格图谱

请尝试用五句话来描述你的性格特质，并写在下面的横线上。

（1）我认为，我是_____的人。

（2）在家人眼中，我是_____的人。

（3）在同学眼中，我是_____的人。

（4）在挚友眼中，我是_____的人。

（5）在老师眼中，我是_____的人。

综合上述不同反馈进行一次关于性格的 360 度评价并总结，与周围的人进行讨论，对于某些与其他反馈有很大不同的意见，花些时间去了解和辨别，从而发现自己性格的优势和劣势。

二、发挥性格优势

性格具有个体差异性，正是这种差异性导致不同职业对于从业者的要求也大不相同：有的人积极乐观，有的人消极悲观；有的人循规蹈矩，有的人大胆创新；有的人细腻敏感，有的人热情开放。如果性格与职业匹配程度较高，如严谨细致的人从事科研类工作，那么他会积极投入、得心应手，在工作中会产生愉悦感，对职业的满意度高；如果性格与职业匹配程度较低，如大胆创新的人从事行政类工作，那么他会焦虑不安、反感不满，在工作中较难产生成就感，对职业的满意度较低。在职场上，个体在长期、特定的工作环境中呈现出来的性格就是个体的职业性格。

对于职场来说，个体的职业性格本身并无好坏对错之分。一个人的职业性格有可能不适合某个职场，但也有可能适合某类型的职位。事实上，职场欢迎任何职业性格的人，但是职场却不欢迎职业性格有缺陷的人。如做事缺乏起码的责任心，没有丝毫职业主动性，完全自以为是而不考虑别人的感受等，职业性格有缺陷的人往往很难给用人单位带来效益，甚至让用人单位蒙受损失。一个人是应该做适合自己性格的职业，还是努力改变自己的职业性格？这个问题的关键在于自己的感受，比如你觉得自己的性格在职场上备受困扰，那就去改善；如果你认为自己的性格能适应职场的需要，不论是内向还是外向，那就可以维持现状，积极努力。因此，我们需要充分了解自己的职业性格，扬长避短，在职场中发挥自己的性格优势。

三、打卡性格测试

探索个人职业性格的方法有很多，包括职业测评、自我反思和实践体悟等，通过这些方法，可对职业性格以及行为偏好进行初步判断。目前应用较为广泛的测试工具主要有MBTI 和 DISC。

（一）MBTI

MBTI 性格类型理论是由美国心理学家凯瑟琳•库克•布里格斯（Katharine Cook Briggs）和伊莎贝尔•布里格斯•迈尔斯（Isabel Briggs Myers）研究制定的，因她们是母女关系，故以这对母女的名字命名，叫作 Myers－Briggs Type. Indicator，简称 MBTI。该理论认为一个人的性格可以从四个维度进行分析，每个维度又包含两个偏好，详见图3-2。

图3-2　MBTI性格理论四维度

第一个维度：能量来源——分外向和内向两个偏好，分别用 E 和 I 表示；
第二个维度：信息接受——分感觉和直觉两个偏好，分别用 S 和 N 表示；

第三个维度：决策方式——分思考和情感两个偏好，分别用 T 和 F 表示；

第四个维度：行动模式——分判断和感知两个偏好，分别用 J 和 P 表示。

四个维度如同四把标尺，每个人的性格都会落在标尺的某个点上，这个点靠近哪个端点，就意味着个体就有哪方面的偏好。如在第一维度上，个体的性格靠近外向且越接近端点，则外向偏好越强。

外向的人倾向于将注意力和精力投注在外部世界，如外在的人、物和环境等，注重大众、多数、广度；内向的人则相反，较为关注自我的内部状况，如内心情感、思想，关注个人、少数、深度。

感觉型的人关注的是事实本身，注重细节，信赖听到、看到，以及感觉到的实实在在、有形有据的事实和信息；直觉型的人注重的是基于事实的含义、关系和结论，注重"第六感觉"和"弦外之音"。

情感型的人常从自我的价值观念出发，变通地贯彻规章制度，人情味较浓，注重公正，希望每个人都得到尊重，认为法不容恕、情有可原；思考型的人则比较注重依据客观事实的分析，一以贯之、一视同仁地贯彻规章制度，注重公平，希望所有人相互平等。

判断型的人目的性较强，喜欢有计划、有条理的世界，更愿意以井然有序的方式生活，避免"燃眉之急"的压力；感知型的人好奇心、适应性强，他们会不断地关注新的信息，喜欢变化，更愿意以比较灵活、随意、开放的方式生活，往往从最后关头压力中得到动力。

在现实生活中，每个维度的两个方面人们都会用到，只是其中的一个方面用得更自然、更容易、更快捷、更舒适，就好像每个人都会用到左手和右手，有的习惯用左手，有的习惯用右手。同样，职业性格类型也是如此。通过对照四个维度的描述，个体可识别出自己在每个维度上的偏好，取每个维度上偏好类型的代表字母，即可以由四个字母构成个体的性格类型，如 ISFJ（内向感觉情感判断型），ENFP（外向直觉情感感知型）。四个维度、八个偏好可组成 16 种性格类型，每个人必然属于其中的一种。性格影响一个人对职业的适应性，不同的性格类型，对应有不同的职业偏好和可能适应的职业环境。需要注意的是，16 种性格类型与可能的职业兴趣和职业环境偏好只是给出了一个思考的方向和框架，如 ISFJ（内向感觉情感判断型），可能的职业偏好为教育教学、档案管理、行政管理等，可能适应的职业环境类型为条理清晰、安全隐私、有效安静、奉献服务。更多的关于性格类型和职业选择的详细说明，需要使用正规的测评工具进行测量，同时可查看 MBTI 手册了解更全面的信息。

（二）DISC

DISC 理论是 20 世纪早期由心理"测谎仪"的创始人——威廉·马斯顿（William Moulton Marston）教授提出的，他基于其个人激励的理论创建了 DISC 的行为因素分析方法。DISC 即支配（dominance）、影响（influence）、稳健（steady）、服从（compliance）四个英文首字母的大写缩写，详见图 3-3。

D 代表指挥者，通常关注事，行动快。这类型的人目标明确，反应迅速，关注结果、目标坚定、使命必达，而且执行速度很快。"雷厉风行"指的就是这类人。

I 代表影响者，通常关注人，行动快。这类型的人热爱交际，幽默风趣。他们更关注人际感受、口才好、善交际、活泼开朗、创意无限、爱出风头。"人来疯、自来熟"指的就是这类人。

S代表支持者，通常关注人，行动慢。这类型的人喜爱和平，迁就他人，害怕冲突、希望稳定、不懂拒绝。

C代表思考者，通常关注事，行动慢。这类型的人讲究条理，追求卓越，特别关注客观事实，追求完美，给人以冷漠的距离感。较多的科研工作者属于这一类。

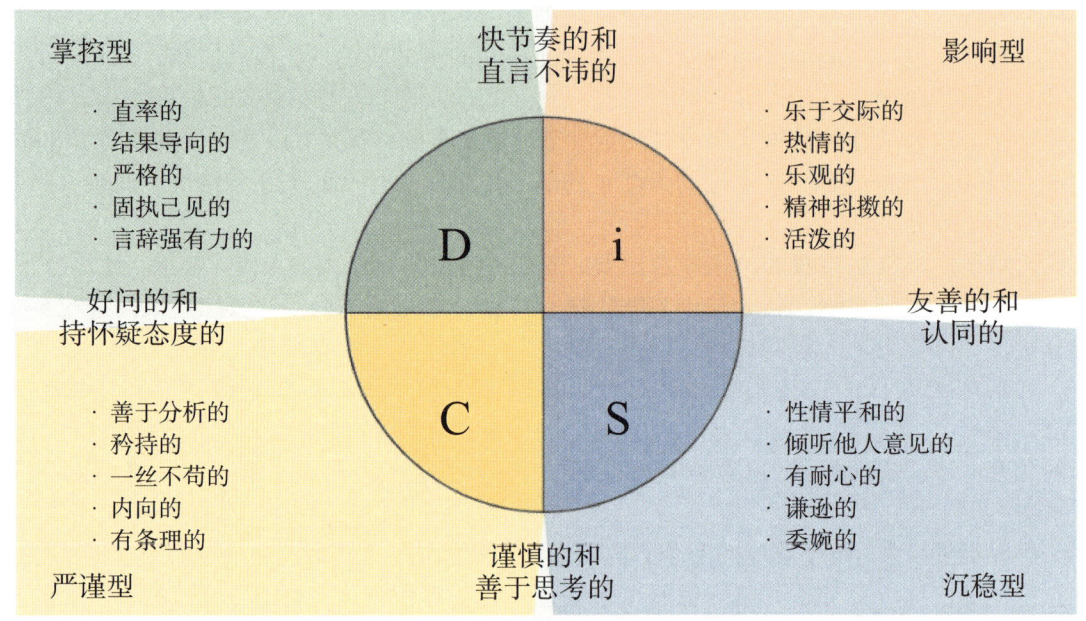

图3-3　DISC理论四象限

基于上述分析，通常说某人DISC特质比较高，并不意味着他没有其他的特质，事实上，每个人都有四种特质，只是比例不同而已。DISC不是优点也不是缺点，是特点；其不是一成不变的，不是好不好而是合不合适，也可以根据个人需要自由调适。调适力有多强，影响力就有多大。DISC理论可让个体不仅认识到"自己是怎样的"，还能从中学会调整自己，完善自己。

实践活动

职业性格测试工具

MBTI和DISC理论在行为倾向、激励因素、负面激励、关注点和需改进提高的地方都各有侧重点，有兴趣的同学可开展测试，结合实际深入学习。

（1）职业性格测试。该测试是现在国际上最为流行的测试工具之一，利用职业性格测试，可以清楚地找到自己的性格特点及兴趣爱好，方便对职业进行规划和改善人际关系。其主要是应用心理学常识对个性做出判断，提炼出四个维度的要素，把不同的性格区分开。

（2）人格雷达图分布测试。该测试寻找的是你最天生的倾向，不要过多考虑具体的情境，也不要想你的老板、同事、家人、朋友对你的期望。测试中各选项没有优劣之分，

任何一个倾向以及一个性格类型都有其优缺点。在测试过程中，建议选择符合真实自己情境的选项，而不是选择内心期望的选项。

（3）APESK荣格测试。该测试实质上是一种迫选型、自我报告式的性格评估理论模型。使用该测试的目的在于"解释人与人之间的差异现象"以及"通过预测我们的判断决策倾向"来"对决策过程进行理性的干预"。

了解你的职业性格，有助于进一步认清特定职业环境对个人行为风格的要求，也有助于培养和发展特定的职业性格。虽然不同的职业对职业性格有一般性和特定性的要求，但并不是绝对以职业性格作为唯一判断和评价标准。了解职业性格，更需要结合目标职业对人的要求，来培养和发展个体的职业性格优势，以便更好地适应职场，展现个体的职场优势。

▶ 第二节　兴趣，是可以培养的

我什么都喜欢但是对什么又只是三分钟热度，所以没有什么拿得出手的兴趣，怎么办？

我就喜欢逛街、旅行和美食，但这些明显没法谋生，怎么办？

我知道自己喜欢什么，而且还能看到有些人做得很好，我怎么能成为那样的人？

你是不是也有以上这些困惑？

世界上最好的工作，就是做自己最喜欢做的事情，在热爱的领域努力奋斗。我们都知道"兴趣是最好的老师"，但它并不一定是"最好的老板"，所以如何正确地认识自己，找到自己的"兴趣点"，并且将它与自己的专业和职业结合起来，这才是我们需要解决的问题。

一、认识你的"兴趣点"

提到兴趣，你脑中会立刻浮现出什么？是购物、看电影，还是唱歌、摄影？

兴趣是人们力求认识和掌握某种事物，并经常参与该种活动的心理倾向，简单来说就是做自己喜欢做的事情。

职业兴趣是指人们对某种职业或工作所抱有的积极态度，是有关职业偏好的认识倾向。拥有职业兴趣将增加个人的工作满意度、职业稳定性和职业成就感。

兴趣和职业兴趣存在一定的差别，比如，娱乐休闲兴趣一般只是业余兴趣，不一定能发展成为职业。职业兴趣是可以按种类区分的，而具体的兴趣是广泛的、多种多样的。

（一）兴趣的分类

1. 倾向性兴趣

根据兴趣的倾向性，可将兴趣划分为直接兴趣和间接兴趣。

（1）直接兴趣。其是指对事物本身或是活动过程所产生的兴趣，不需要或需要较少的努力。例如，有的学生钻研数学题，只是对钻研、探寻答案这个过程感兴趣，而并不太在乎成绩。

（2）间接兴趣。其是指对活动的目的、结果所产生的兴趣，具有较强的目的性。例如，有些学生对学习数学的过程并不感兴趣，但是对取得优异的数学成绩，开发自身的脑力思维充满兴趣。

2. 本能性兴趣

根据兴趣的本能性，可将兴趣划分为直观兴趣、自觉兴趣以及潜在兴趣。

（1）直观兴趣。它是一种本能的兴趣，通过直观的感官刺激来产生，如鲜明的色彩、生动的形象、幽默的语言与动作都可能使人产生直观兴趣，但这种兴趣并不持久，无法让我们形成一种能力。虽然这种兴趣不够稳定，但早期诱发这种兴趣，有助于提高学习效率，培养更高层次的学习兴趣。

（2）自觉兴趣。它是在情绪的推动下，由感官层面转向思维层面产生的更加持久的兴趣。思维的加入往往可以让我们的兴趣更加持久地专注于某个领域，久而久之便能在大脑里形成回路，从而产生动力。相比于直观兴趣，自觉兴趣能够降低依赖外界刺激的频率，更多依靠自己的把控。往往当我们把兴趣的源头由外界寻求转向自我寻找时，外界的压力更容易转化为我们进步的动力，我们从内而外寻求快乐的驱动力也会不断地产生，让我们在工作与学习中找到快乐。

（3）潜在兴趣。它是一种较高层次的心理表现，主要体现为具有强烈的追求、经久不衰的爱好，它不再为偶然因素所改变，亦不为艰苦挫折而退缩，相反能够以苦为乐，在单调平凡中找到无穷的乐趣。

（二）兴趣发展的三个层级

一种兴趣的形成，是需要一个过程的，我们可以通过"兴趣金字塔"更直观地来感受，详见图3-4。

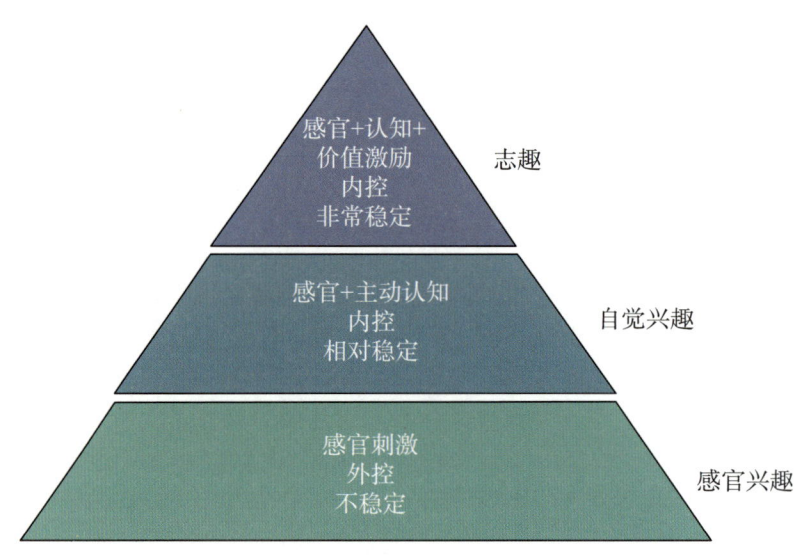

图3-4　兴趣金字塔

1. 感官兴趣

感官兴趣让我们获得良好的当下感受，却又无法在任何一个事物上形成能力。想一想你大吃一顿自助餐后，或者拆了好多快递之后的那种满足感，但其实并没有留下什么印象。

2. 自觉兴趣

感官兴趣慢慢上升，在情绪参与下，就把这样的兴趣从感官推向了思维，产生了更加持久的自觉兴趣。我们能欣赏一部好的电影，能明白影片背后的故事，知道导演的经历和自我诠释，从而对影评产生新的兴趣，这就是自觉兴趣。我们在惊叹星空的美丽（感官）后开始描绘星座，这叫天文学；我们在吃饱饭后继续思考人为什么吃饭，这叫哲学……大部分科学和艺术都是自觉兴趣的成果，科学、艺术、文学、体育的发明往往都是因好奇而生，不是谋生的工作。乐趣是一种自觉的兴趣，也是在兴趣最底层感官兴趣的基础上加上自我认知，比之前的兴趣要高级一些，对于自己来说，也更加投入一些。

3. 志趣

随着乐趣渐渐深入，便到了兴趣发展的最高等级——志趣。志趣是人们的一种潜在兴趣，它是感官兴趣通过不断地学习、重复地练习转变成能力，并且通过该能力寻找平台获得价值，最终在众多的价值中找到最适合自己且最具有力量的某种生涯管理技术。简单来说就是你这辈子都想持续做这件事，它影响的不仅是你的职业，还包括交友、生活方式、娱乐方式等，它会慢慢升级为你生命的主题。

感官兴趣和自觉兴趣能解释为什么有些人兴趣广泛，而志趣不仅在于有感官和认知能力，还加入了更深一层的内在动力——志向与价值观。

通过兴趣发展的三个层面，我们可以发现兴趣是一个由低级到高级，由外部激发到内部激励，由不稳定到稳定的发展过程。

绘制你的兴趣星空图

第一步：先画出若干个大小不一的★。其中大号的★ 3 ～ 5 颗，中号的★ 5 ～ 8 颗，小号的★ 5 ～ 10 颗；

第二步：写出所有你感兴趣的并且想要去做的事情，不用考虑你是否做过，只要是喜欢的都可以写下来；

第三步：从以上选项中选出并填写在最大的★内的是"自己最喜欢的，并且投入一定时间精力，取得一定成果的"；再选出并填写在中号的★内的是"已经学习过，但至今还没去做更多的一些投入"的；最后选出并填写在★内的是"仅仅是喜欢的"。

组内交流：你的星空图中大号★有多少？你的中号★有哪些是你喜欢并且愿意持续投入的？你自己到底喜欢什么？

二、建立你的"兴趣点"

恭喜你！你获得了一次免费度假的机会，有机会去下列六个岛屿中的一个（见表 3-1）度假。唯一的要求是你必须在这个岛上至少待满半年的时间。请不要考虑其他因素，仅凭自己的兴趣按一、二、三的顺序挑选出你最想前往的三个岛屿。

表3-1 兴趣岛

名称	岛屿特点
R岛	自然原始的岛屿。岛上居民以手工见长，自己种植瓜果蔬菜、修缮房屋、打造器具、制作工具，喜欢户外运动。居民大都喜欢独自行动，居住距离较远，来往较少
I岛	深思冥想的岛屿。岛上有多处天文馆、科博馆以及科学图书馆等。岛上居民喜好观察、学习沉思、追求真知，常有机会和来自各地的哲学家、科学家、心理学家交换心得
A岛	美丽浪漫的岛屿。岛上有随处可见的美术馆、音乐厅、街头雕塑，弥漫着浓厚的艺术文化气息，当地居民还保留了传统的舞蹈、音乐与绘画，希望与众不同，不喜欢按部就班。许多文艺界的朋友都喜欢来这里寻找灵感
S岛	温暖友善的岛屿。岛上居民个性温和、十分友善、乐于助人，社区均自成一个密切互动的服务网络，人们互助合作，重视教育，充满人文气息
E岛	显赫富足的岛屿。岛上居民善于企业经营和贸易，喜欢说服和影响别人，做事高效，追求经济效益，经济高速发展，处处是高级饭店、俱乐部、高尔夫球场。来往者多是企业家、经理人、政治家、律师等
C岛	秩序井然的岛屿。岛上建筑十分现代化，以完善的户政管理、地政管理、金融管理见长。岛民个性冷静保守，有计划、有条理，善于组织规划，细心高效。愿意遵守规则，不喜欢突如其来的变化

选择同一岛屿的人交流：自己为什么选择这个岛屿？大家有什么共同的兴趣爱好，归纳为关键词。根据大家的交流给自己的小组命名并选取一个标志物，在白纸上制作一张本小组的宣传图。每个小组选一位代表用两分钟时间展示自己小组的图，并在全班分享一下自己小组成员共同的特点。

我们最想前往的三个岛屿：＿＿＿＿＿、＿＿＿＿＿、＿＿＿＿＿。

我们的岛屿名称：＿＿＿＿＿＿＿＿＿＿＿＿＿＿＿＿＿＿＿。

岛屿标志物及其含义：＿＿＿＿＿＿＿＿＿＿＿＿＿＿＿＿＿。

岛屿关键词：＿＿＿＿＿＿＿＿＿＿＿＿＿＿＿＿＿＿＿＿＿。

提示：这六个岛屿实际上代表着霍兰德提出的六种类型。做完这个活动后，你应当能得出自己最有兴趣的前三个类型，即你的霍兰德代码，并对六种类型的基本特征有所了解。

（一）霍兰德兴趣类型理论

俗话说："物以类聚，人以群分"，有些人对这方面感兴趣，有些人对那方面感兴趣，对同一个方面感兴趣的人就会聚集在一起，表现在现代生活中，就是"人以群分"。而在职业中，"人以什么分"呢？美国的职业指导专家霍兰德给出了答案，他提出了著名的职业兴趣六边形理论，见图3-5。

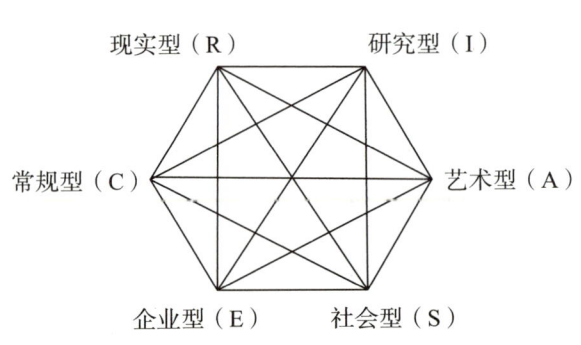

图3-5 霍兰德六边形模型

（1）大多数人可以归纳成六种类型：现实型（realistic）、研究型（investigative）、艺术型（artistic）、社会型（social）、企业型（enterprising）和常规型（conventional）。

（2）工作环境也有这六种类型。

（3）人们寻求与自己兴趣和能力相匹配的工作环境。

（4）兴趣与职业的匹配程度决定了个体的职业满意度、稳定性和成就感。

（5）兴趣倾向是一种人格的表现。

这六大类型的第一个字母按照一个固定的顺序排成一个六角形，即 RIASEC。

霍兰德根据人的兴趣，把人分为 6 个类型，同时将一万多个工作也都分别划入这 6 个类型，如果你的兴趣和你选择的工作恰好是同一个类型，那么你就非常愉快，对工作比较满意。

人的兴趣不可能只划入一个类型，工作更是这样，如果你选择的工作大部分是你喜欢的内容，你就会比较满意。

不同兴趣类型个体的特点与偏好的职业环境介绍如表 3-2。

表3-2　六种兴趣类型的特点与所对应的职业列表

类型	喜欢的活动	重视	职业环境要求	典型职业
现实型R（realistic）	用手、工具、机器制造或修理东西。愿意从事实物性的工作、体力活动，喜欢户外活动或操作机器，而不喜欢在办公室工作	具体实际的事物，诚实，有常识	使用手工或机械技能对物体、工具、机器、动物等进行操作，与"事物"工作的能力比与"人"打交道的能力更为重要	园艺师、木匠、汽车修理工、工程师、军官、兽医、足球教练员
研究型I（investigative）	喜欢探索和理解事物，喜欢学习研究那些需要分析、思考的抽象问题，喜欢阅读和讨论有关科学性的论题，喜欢独立工作，对未知问题的挑战充满兴趣	知识，学习，成就，独立	分析研究问题、运用复杂和抽象的思考创造性地解决问题的能力，谨慎缜密，能运用智慧独立地工作，有一定的写作能力	实验室工作人员、生物学家、化学家、心理学家、工程设计师、大学教授
艺术型A（artistic）	喜欢自我表达，喜欢文学、音乐、艺术和表演等具有创造性、变化性的工作，重视作品的原创性和创意	有创意的想法，自我表达，自由，美	创造力，对情感的表现能力，以非传统的方式来表现自己；相当自由、开放	作家、编辑、音乐家、摄影师、厨师、漫画家、导演、室内装潢设计师
社会型S（social）	喜欢与人合作，热情关心他人的幸福，愿意帮助别人成长或解决困难、为他人提供服务	服务社会与他人，公正，理解，平等，理想	人际交往能力，教导、医治、帮助他人等方面的技能，对他人表现出精神上的关爱，愿意担负社会责任	教师、社会工作者、牧师、心理咨询师、护士

续表

类型	喜欢的活动	重视	职业环境要求	典型职业
企业型E （enterprising）	喜欢领导和支配别人，通过领导、劝说他人或推销自己的观念、产品而达到个人或组织的目标，希望成就一番事业	经济和社会地位上的成功，忠诚，冒险精神，责任	说服他人或支配他人的能力，敢于承担风险，目标导向	律师、政治运动领袖、营销商、市场部经理、电视制片人、保险代理
常规型C （conventional）	喜欢固定的、有秩序的工作或活动，希望确切地知道工作的要求和标准，愿意在一个大的机构中处于从属地位，对文字、数据和事物进行细致有序地系统处理以达到特定的标准	准确、有条理、节俭、盈利	文书技巧，组织能力，听取并遵从指示的能力，能够按时完成工作并达到严格的标准，有组织有计划	文字编辑、会计师、银行家、簿记员、办事员、税务员和计算机操作员

需要注意的是，这只是对兴趣类型的一个初步判断。霍兰德理论比较复杂，初学者对霍兰德类型的掌握不深入，再加上社会期望和缺乏自我认识等原因，个人不易准确地判断自己的职业兴趣类型，因此最好通过职业兴趣测试来加以确认。

兴趣测试的目的是帮助人们增进对自我及工作世界的认识，拓宽在职业前景上的思路、为未来发展提供方向性的指导，而不是限定自己。要想进一步明确职业方向，还需要在此基础上综合其他方面的能力，通过学习和实践来进一步明确。

（二）明确你的职业类型

每种霍兰德类型与其邻近的两种类型属于"相邻关系"，比如RI，RC；与其处于次对角线上的两种类型属于"相隔关系"，比如RA，RE；与其处于主对角线上的类型属于"相对关系"，比如RS，详见表3-3。

表3-3　一致性的三种程度

一致性程度	生涯类型的前两码
高（相邻）	RI、RC、IR、IA、AI、AS、SA、ES、EC、CR
中（相隔）	RA、RE、IS、IC、AR、AE、SI、SC、EA、ER、CS、CI
低（相对）	RS、IE、AC、SR、EI、CA

结合这三种关系，可以发现兴趣与所学的专业存在如下关系。

（1）两者一致。即所学专业与兴趣在同一个点上，乐意在相关领域深耕细作，逐渐发展出强大的职业能力；

（2）相近关系。即所学专业与兴趣在相邻的范围上，需要进行结合对应。一个专业往往对应很多职业，学舞蹈的不一定非要成为舞蹈演员（艺术型），如果是社会型的人，可以选择当舞蹈老师；

（3）相隔关系。即所学专业与兴趣并无太大的关联，谈不上喜或恶。这可以在学好本专业的同时，探索喜欢的专业，并将两者相结合。比如，一个计算机专业（现实型）的同学喜欢文学（艺术型），他可以考虑在毕业后去计算机类的杂志社工作，将自己的兴趣与所学的专业结合起来，既不浪费专业学习的资源，也在一定程度上满足自己的兴趣。再喜欢的工作，也有不喜欢的工作内容，比如喜欢当老师与人打交道，但老师不仅承担教学任务，同时也从事科学研究、教学研究，并形成论文成果。这些工作内容并不是与人打交道的，但也是一个老师的分内之事。现代社会对于复合型人才更为青睐，通过结合，可以把自己打造成社会需要之才。

（4）相对关系。即所学专业与兴趣完全背道而驰。这种情况下，可以考虑以下的方法。

一是暂时没有找到兴趣，或者暂时没有能力把兴趣发展为职业，就要先学好专业，利用专业能力找到一份赖以谋生的工作。在工作之余投入兴趣，培养能力，把兴趣转化为职业。畅销书《拆掉思维里的墙》作者古典，一毕业先做与自己专业对口的工作——土木工程，然后在业余时间学习和研究自己喜欢的生涯规划，最终成立了自己的公司"新精英生涯"，该公司目前已成为生涯规划领域的领头羊。

二是培养出兴趣方向的职业能力，实现职业的转变。郑某在大学学的是工业外贸专业，在大学期间业余爱好是弹吉他，他不停地勤学苦练，他的音乐水平达到了专业水平，正式成为一名能写会唱的歌手。

三是转专业、辅修第二专业或跨专业考研。这样一种转换，需要投入更多的时间、精力、甚至金钱等。且转变的实现都是在学好现在专业的基础上，才能有机会去追寻喜欢的专业。做好该做的，再去做自己想做的，这也是未来职场中最重要的工作态度的修炼。

条条大路通罗马。有些会顺利些，有些会曲折些，但只要能够围绕兴趣，培养出职业能力，就能够拥有一片自己的职业天空。

三、平衡职业"兴趣点"

我对……感兴趣，我能把它发展成职业吗？比如：

我喜欢唱歌，我可以成为歌手吗？

我喜欢画画，我可以成为插画师吗？

我喜欢写作，我可以成为全职作家吗？

兴趣对职业的影响巨大，但并不是所有的兴趣，都能够转化为一种职业。只有职业兴趣，也就是具备目标职业所需的相应的能力的兴趣，才能转化为一种职业。

假如，你有一个兴趣（唱歌、写作、画画……），通过一段时间的训练，你要把它变成一种你擅长的能力，直到这种能力可以兑换价值，有了价值后，接着强化你的兴趣，此时，你的"三叶草"也就转动起来了，参见图3-6。

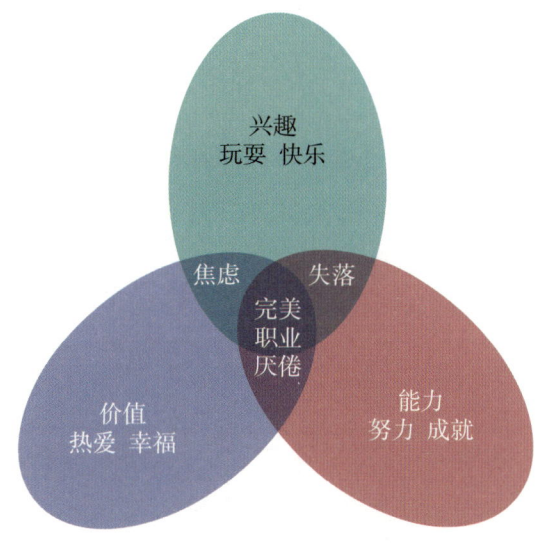

图3-6　职业生涯三叶草模型（古典）

正如我们总能看到一些精力旺盛的人，他们好像总能在自己热爱的领域，高质量地工作。那是因为，他们找到了自己的生涯"三叶草"：调动自己的兴趣，发挥自己最棒的能力和才华，以此来获得自己想要的价值。

综上所述，不是单纯对某个事情感兴趣就可以变成职业的，期间很重要的一步就是要将兴趣变成职场需要的能力，兑换出价值，只有这样，才不至于将你的兴趣毁掉，简单来说就是"一开始没有那么多喜欢不喜欢，都是做着做着，做出了成就，然后做出了兴趣，慢慢地就喜欢了"。

所以，职业兴趣其实等于"兴趣＋能力"。

延伸拓展

问1：我好像没有什么兴趣，不知道自己喜欢什么，怎么办？

答：每个人都有自己的喜好，可以问问自己，在没什么喜好时，做些什么是有乐趣的？或者也可以回顾上小学之前自己乐于玩的游戏，让有趣的体验在心中复苏，然后再探索自己的兴趣爱好是什么。当然，也有一种可能，即你的兴趣真的并不明显，那么这也是你兴趣特点的一部分，可以思考如何将这部分整合进你未来的生涯发展中。

问2：如果我在毕业时找的工作暂时不能满足我的兴趣，我该怎么办？

答：这是个很常见的问题，一方面，由于职业能力和经验有限，有时候不能完全按照兴趣爱好来选择职业，而需要考虑能力的匹配；另一方面，人的兴趣是多元的，一般也很难找到一份完全满足我们所有兴趣点的工作。满足兴趣是人的基本需要，如果职业不能满足你的兴趣，你可以尝试从生活的其他方面来补充，比如休闲生活、兼职或者公益活动。在生活中也不乏有人通过兼职和公益活动在自己感兴趣的领域积累了能力、经验和人脉后，改变了自己的职业发展方向，沿着符合兴趣的方向发展。

问3：我的兴趣会变化吗？我有可能对一个职业慢慢培养起兴趣吗？

答：人的兴趣是可以培养的。有时候我们的兴趣在遇到具体的职业之前，只是一种朦胧的感觉，只有在职业中，才真正转变为职业兴趣、职业热情，在职业中才能具体、清晰起来。所以你一开始对某个职业的兴趣不是一个点，而是一个范围，符合你兴趣的职业也不是一个，而是一类。因此，我们不要狭隘地认为只有一两个职业适合你。但同时也要注意的是，我们兴趣范围也是有边界的，那些与我们兴趣差别太大的职业，通常不容易培养出兴趣，所以需要避开你特别不感兴趣的职业类型，然后在一定范围内开放地去尝试和体验。

▶ 第三节 技能，是可以迁移的

一、职业技能"三核"

（一）技能与职业技能

技能是直接影响人们活动效率，保证人们顺利完成某种活动所必需的个性心理特征。

职业技能是在学习活动和职业活动中发展起来的，直接影响职业活动效率、确保职业活动得以顺利完成的个性心理特征。正确且全面认识技能、了解技能，对于个人摆脱对技能的狭隘认识、树立自信心、在职场中得到长远发展具有重要的意义。

（二）带你掌握职业技能"三核"

一则招聘信息带来的启示

职位类型：秘书

岗位职责：（1）根据所服务主管的明确需求，合理安排日常事务，做好日程、行程管理。根据主管要求，跟踪推动相关任务实施落地，并进行反馈。（2）会议管理、组织/部门氛围建设、公文管理、其他部门相关工作。

任职要求：本科学历，专业不限。英语听说读写流利，CET 六级通过者优先。能够熟练操作 office 办公软件等数字化办公工具。具有较好的服务意识和亲和力，善于学习，乐于挑战，具有较强的沟通及组织策划能力，有学生社团经历优先。干一行，爱一行，专一行，能长期稳定发展。

从这一则招聘信息可以看到，大学生从事某个职业时，不仅要有针对这个职业的专业知识技能，还要有与之相匹配的通用技能以及能扩大职业发展空间的个性品质。

写出自己有哪些能力

（1）请在 10 分钟内写出自己具备的所有能力，不论大小，可以涵盖各个方面。然后按照能力的强弱，以 10 分为满分给每项能力打分。

_____。

（2）给这些能力分类，说说每一类别中各项能力有什么共性。

_____。

根据职业技能的三分法，可以把职业技能分为专业知识技能、可迁移技能以及自我管理技能，详见图 3-7。

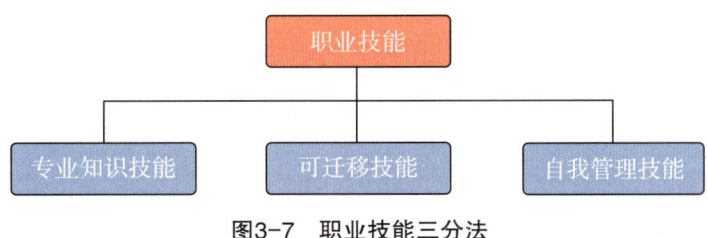

图3-7　职业技能三分法

1.专业知识技能

专业知识技能是指需要经过教育和培训才能获得的知识和能力，是与工作内容相关的，具体的、专业化的，针对某一特定工作的基本技能。专业知识技能不太容易迁移，因为各行各业需要的特定专业知识都不同，不存在可以"包打天下"的专业知识。

2.可迁移技能

可迁移技能是指在某一种环境中获得的并可以有效地迁移到其他不同的环境中去的技能，它是个人能够持续运用和能够依靠的技能，也称为"通用技能"。常用的可迁移技能包括交流表达能力、创新能力、自我提高能力、与人合作能力、解决问题能力、组织策划能力、信息处理能力、学习能力和管理能力等。可迁移技能与某项具体的工作没有必然关联，它可以用来完成许多类型的工作。

3.自我管理技能

自我管理技能即一个人在工作中所表现出来的特征和品质，有时候又被称为职业素养，是影响职业生涯成功与否的关键。它包含一个人如何运用自己的专业知识，以什么样的态度从事工作，用什么方法解决困难，以及怎样与他人相处等特征。良好的自我管理技能能够帮助个体更好地适应工作环境，应对困难和挑战。因此，自我管理技能也被称作"适应性技能"。自我管理技能并不是通过集中的教育获得的，而是在生活中不断积累、在成长中不断学习而逐渐养成的。

如果把这三种能力比喻成一棵树（参见图3-8），专业知识技能就像树冠，是这棵树最外在的展示，以此与其他树区分开来。可迁移技能就像树干，即便树叶全掉了，只要树干在，它依然能存活下来。而自我管理技能就是树根，它是隐性的，又是至关重要的，它能让我们在风暴来临的时候稳稳地站立不倒，其也是抗风险能力。

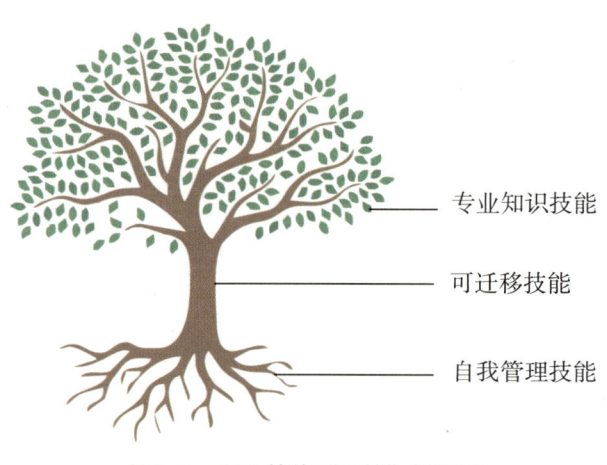

专业知识技能

可迁移技能

自我管理技能

图3-8　职业技能"三核"树形图

二、职业技能"盘点"

在职场中需要"十八般武艺"，你目前拥有的职业技能有哪些？是否满足职场的需求？还有哪些技能是需要学习的？盘点和挖掘职业技能的方法有很多，如GATB普通能力倾向成套测验、盖洛普优势识别器、成就故事法等。

GATB普通能力倾向成套测验是美国劳工部从1934年利用了10多年的时间研究制定的，是对许多职业群同时检查各自的不适合者的一种成套测验。通过职业能力测试，检验个人不适合的职业群，从反向厘清个人的职业技能。

盖洛普优势识别器是盖洛普公司历时50年开发的个人优势测量工具，可以帮助大家发现并发挥职业技能中的天赋和优势。其侧重于发现职业技能中的长处，在职业选择和职业发展过程中能够扬长避短，正向呈现职业技能。

成就故事法是盘点职业技能常用的一种方法，通过回顾和撰写个人认为有成就感的事件，归纳发现自身的职业技能，它透过过往事件反映技能，既能挖掘技能的优势，又能呈现技能的劣势，可以更全面地对职业技能进行盘点。拥有自己的成就故事非常重要，因为它蕴含了职业成长密码，它有助于了解自己的优势，发挥"长板作用"，也有助于明晰自己的劣势，明确未来努力的方向，避免"短板效应"。

撰写成就故事

请写下让你有成就感的 7 件事，并进行分析，看看这些事情反映出你具备哪些职业技能。请注意：成就故事可以是学习、生活等各个方面的事件，不限于工作领域，但必须积极向上，时间不限，内容不限。"成就"代表的含义是自己感到满足、有价值感的事件，也可以包括外界的认可或好评。在对自己的成就事件进行描述和评价时，要尽可能做到客观端正。

每个成就故事应当包括以下 5 个要点。

（1）你想达到的目标。

（2）你面临的困难和挑战。

（3）你是如何一步步克服困难的？

（4）你使用的技能有哪些？

（5）你取得的成就有哪些？你有哪些不足？

第一步：列举成就事件，并从单个事件中总结出技能优势和不足。

成就故事 1：_____。

成就故事 2：_____。

成就故事 3：_____。

成就故事 4：_____。

成就故事 5：_____。

成就故事 6：_____。

成就故事 7：_____。

第二步：归纳出技能优势和不足。

技能优势：_____。

技能不足：_____。

成就故事法侧重从自我的角度对职业技能进行盘点，通过挖掘成就故事发现自我价值和自我力量，每一个故事就是一颗珍珠，无论大小，每一颗有独特的光彩。除此以外，我们还可以尝试从他人的角度了解自己的职业技能，对自己的视角做一个校验和补充。

他人眼中的我

（1）从他人眼中获得对自我能力的了解是非常有益的。你可以试着问他人这些问题：我在你眼里有什么特点？最擅长做什么？将他人的回答总结记录下来，形成对自我的描述。请询问10个以上的人。

_____。

（2）通过这个练习，你对自己有什么新的发现和认识？你拥有哪些技能？

_____。

三、一起解锁学习力

（一）学习力是一种核心竞争力

现代社会知识创造和更新的速度日益加快，个人社会竞争力的高低不仅仅取决于你现在掌握的知识总量，更大程度上还取决于你学习新知识的速度和能力，因此学习力是一种核心竞争力。

学习力是把知识资源转化为知识资本的能力。著名学习力教育专家余建祥认为，学习力主要包括学习方法、学习动力、时间管理、学习习惯、学习心智、学习意志等六个要素，这六个要素互相关联又相对独立，任何一个要素的改善，都会促进学习能力的改善和提升。

（二）学习金字塔

1946年，美国学者埃德加·戴尔提出的"学习金字塔"是一种改善学习方法的理论，他认为学习效果在30%以下的几种传统方式都是个人学习或被动学习，而学习效果在50%以上的都是团队学习、主动学习和参与式学习。他将学习方式分为7种，形成"学习金字塔"，参见图3-9。

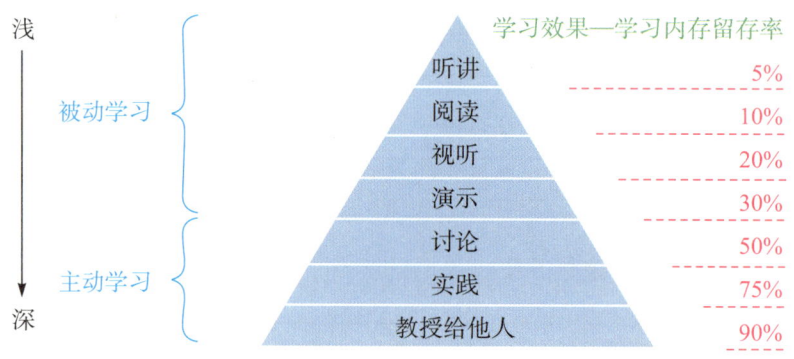

图3-9　学习金字塔

金字塔学习理论表明：不同的学习方式产生的学习效果差别很大，大学生应该根据学习的内容选择合适的学习方式，达到预期的学习效果。

四、技能提升"三部曲"

案例分析

　　小晴是一名金融学专业的大学毕业生，在校期间担任了四年班长，积极参加各类活动和比赛，曾获国家级奖项 2 项、省级奖项 4 项、校级奖项 20 项。在大二参加了一次创新创业类比赛后，她找到了职业发展的方向，并开始锻炼相应的能力，积累经验履历。在比赛中，她接触到了许多商业案例分析，有机会和团队合作创建新的项目，也逐渐发现了自己的优势和爱好，并且在了解了向往的行业和岗位后，决定有针对性地锻炼意向岗位对人才要求的能力。比如参加比赛积累营销、市场和企业运营的知识，培养创新能力和思维，竞选班干部，带队开展活动，锻炼领导力和问题解决能力，参与学术科研活动锻炼信息检索能力和数据处理能力等，她所做的一切都是为了提升未来的职业竞争力。一直以来有目标的培养和锻炼，使她最终成功应聘了自己心仪的企业和岗位。

　　在毕业感言中，她这样说："林深时见鹿，海蓝时见鲸。大学并不是经历高考后的驿站，大学应当是充实而忙碌的，甚至是苦恼又棘手的，因为充实又忙碌的学习与工作能推动一个人不断向前，只有保持前进的状态才能在四年后遇见当初理想中的'鹿'和'鲸'，正所谓未来的你一定会感谢曾经在大学中奋斗的自己。勇于迎接挑战、把握机遇、脚踏实地、仰望星空。"

　　每一次职业技能的挖掘和盘点、每一个技能学习目标的确立、每一次技能训练的反复练习、每一个技能的储备等都为职业竞争力的提升增加砝码。

（一）寻找"学习区"

　　心理学家把人的知识和技能分为层层嵌套的三个圆形区域：最内一层是"舒适区"，是已经熟练掌握的各种技能；最外一层是"恐慌区"，是暂时无法学会的技能；二者中间则是"学习区"，参见图 3-10。

　　只有在学习区练习，一个人才可能进步。有效的练习任务必须精确地在受训者的"学习区"内进行，具有高度的针对性。大学生可以围绕专业、未来希望从事的职业、兴趣爱好等来锁定"学习区"，并制订学习的计划。

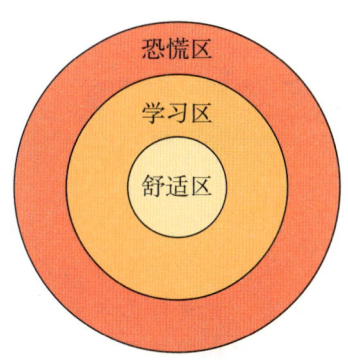

图3-10　知识与技能三区

（二）做，才有答案

　　想，都是问题；做，才有答案。只有在学习区进行有效的训练，才可能掌握所需的技能。一般可以通过以下三种途径开展训练：第一，系统学习。专业系统的学习是提升技能最基础的方法。大学生可以通过大学期间的专业学习、网络相关课程、技能训练营、向专业人士请教等方式进行相关的技能专业知识学习。第二，素质拓展活动。素质拓展是提升可迁移技能和自我管理技能的有效途径。在校大学生可以通过担任学生干部、参加学科竞赛、志愿者活动、社会调研活动、体育竞技、文娱活动、班集体活动等相关的历练，在生活和工作中掌握有关技能、培养良好品质。第三，职场实践。要检验每个人所拥有的职业技能是否为职场所需、是否已充分掌握、是否能灵活运用，就需要到职场进行检验。相关的专业实习、见习、兼职都是方式之一。

（三）复盘是有效的"复利"成长

复盘是围棋术语，也称"复局"，指对局完毕后，复演该盘棋的记录，以检查对局中招法的优劣与得失。在提升自身职业技能的过程中，如果只知道拼命学习而不抬头思考，很容易掉入"假努力"和"自我感动"的陷阱中，陷入无效学习的恶性循环。复盘可以帮助人们总结上一阶段的学习，指明下一阶段的努力方向。

KISS 复盘法是一种科学的项目复盘方法，包含 keep（可以保持的）、improve（需要改进的）、start（需要开始的）、stop（需要停止的）四个方面，参见图 3-11。

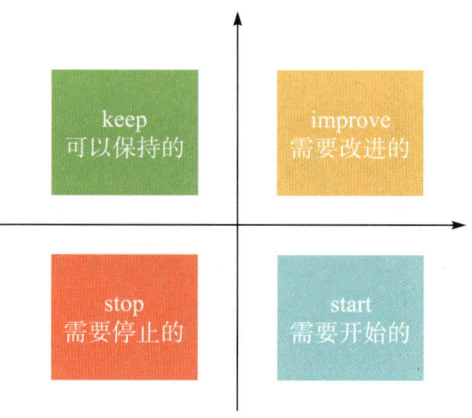

图3-11 KISS复盘法

keep（可以保持的）：哪些是自己做得好的地方以及通过学习已经掌握的技能，记录下来，未来继续保持。

improve（需要改进的）：哪些环节／因素导致在技能学习的过程中出现不满意的地方，需要在后续的学习中进行改进。

start（需要开始的）：哪些能力和经验是自己缺失的，需制订后续开展的学习计划。

stop（需要停止的）：哪些心态、行为、想法是对活动不利的，需要立即停止。

通过定期的复盘，检验技能提升计划的执行情况和学习效果，不断思考、总结、优化你的技能。

实践活动

快来试试KISS复盘法

在每一个预定学习阶段结束时，应该对该阶段的学习情况进行复盘，来试试 KISS 复盘法，看看自己学会了什么，不断地找到一块又一块的"长板"，形成技能长板矩阵，拥有"十八般武艺"；发现自己不擅长且需要改进的方面，通过一步步的迭代优化，变成自己的强项；聚焦还缺乏的能力和经验，让自己有机会重新建立；了解自己的不良习惯和心态，及时拔除。

首先，再次明确这一阶段的学习目标以及使用的总时长。

目标：_____。

时间：_____。

其次，围绕学习目标认真回想这一阶段的学习情况，逐一写下以下四个方面的内容。

（1）keep（包括已经掌握的技能、好的学习方法、学习习惯等）。

① _____。

②_____。
③_____。
……

（2）improve（包括做得不够好的方方面面）。
①_____。
②_____。
③_____。
……

（3）start（发现哪些能力、经验是自己缺失的，需在下一阶段开展学习的方面）。
①_____。
②_____。
③_____。
……

（4）stop（复盘哪些心态、想法、行为是百害而无一利的，及时止损）。
①_____。
②_____。
③_____。
……

最后，根据复盘的结果制订下一阶段的学习计划。

▶ 第四节　价值观，是可以涵育的

在生活中人们常常会面临选择，如何做出正确的选择是我们一直在思考的问题。面临这些选择的时候常常会有些困惑："我想要什么？什么是有意义的？我最想要得到什么？我最珍视的是什么？"是什么在指导我们思考这些问题并让我们做出选择？它们与职业选择又存在什么关联呢？

一、价值观与职业

案例分析

大医精诚写大爱——"共和国勋章"获得者钟南山

钟南山现为广州医科大学附属第一医院国家呼吸系统疾病临床医学研究中心主任。从医从教一甲子，钟南山以其专业精神、勇敢担当和仁心大爱，诠释了医者的初心和使命，诚如他所讲："'健康所系，性命相托'，就是我们医务人员的初心；保障人民群众的身体健康和生命安全，是我们医者的使命。"

2003年以来，无论面对非典、H7N9、H1N1、MERS还是新型冠状病毒感染，钟南

山总是奔走一线、及时发声。这位致力于推动国家重大呼吸道传染病防控体系建设的八旬院士，始终和团队坚守在国际医学研究一线，分享中国的经验。

"这么大年纪了，不累吗？""治病救人，就不会觉得很累！"钟南山总是笑答："父亲曾说过，人的一生在这个世界上能够留下点什么就不算白活。"这句话，他一直记得，也一直在践行。

人生是由无数的岔路组成，不同的选择代表着不同的人生。早期钟南山就面临"运动员"和"医生"的职业选择，在卓越的运动天赋面前，最终他还是选择了自己的理想——成为一名治病救人的医生，最终成了"共和国勋章"获得者。

（一）什么是价值观

价值观是指一个人对周围的客观事物（包括人、事、物）的意义、重要性的总体评价和总看法，是一个人认为最重要、最珍视或最想得到什么东西的观念，是对诸事物的看法和评价在心目中的主次、轻重的排列次序。这种价值的观念会影响和左右人们在生活、工作中的决策，是决定个人行为的心理基础。

价值观与"应该"这一元素相关，即"你所应为之事"，其重要意义包含"喜"和"应"两个方面，"喜"即为兴趣、感性、个人，"应"即为道德、理性、社会。当一个人由某种需要产生活动动机时，最初是以兴趣、爱好、情感等心态存在着，在活动中随着对价值认识的改变，个体行为同时受到道德、理性、社会等因素的制约。

价值观引导着个体的价值取向，从而制约着个体的价值选择和活动方向，它会对个人的行为起到调节均衡等作用，当观念足够强大时，还可以决定一个人的行为。

（二）价值观的特点

1. 价值观是因人而异的

个人价值观的形成，主要取决于个体的先天因素、成长环境、教育水平、独特经历等。由于每个人的先天条件和后天环境不同，个人经历也不尽相同，个人价值观的形成会受到不同的影响。因此，每个人都有自己的价值观和价值观体系。具有不同价值观和价值观体系的人，其动机模式不同，产生的行为也不同。

2. 价值观是相对稳定的

随着人们认知能力的发展，在环境、教育的影响下，个人价值观逐步形成。价值观一旦形成，便相对稳定，具有持久性。

3. 价值观在特定的环境下是可以改变的

由于环境的改变、经验的积累、知识的增长，人们的价值观有可能发生变化，更需要不断思考建立自己的价值观，从而使自己的生活更有方向性。

（三）职业价值观

职业价值观是人生目标和人生态度在职业选择方面的具体表现，是个人对待职业的一种信念。不同的人有不同的职业价值观，不同的职业价值观适合从事不同的职业或岗位。

职业研究机构和职业专家经过调查研究对职业价值观进行了不同的分类。了解职业价值观的分类，有助于我们判断自己的价值观类型。

美国职业专家舒伯把职业价值观概括为15种：美的追求、安全稳定、工作环境、智性激发、独立自主、多样变化、经济报酬、管理权力、帮助他人、生活方式、创造发明、上级关系、同事关系、成就满足、名誉地位。

我国学者阚雅玲将职业价值观分为12类：收入与财富、兴趣特长、权利地位、自由独立、自我成长、自我实现、人际关系、身心健康、环境舒适、工作稳定、社会需要、追求新意。

延伸拓展

据教育部统计，近年来我国高校毕业生规模逐年攀上，大学生就业市场也受到了冲击。2020—2022年连续三年的《大学生就业力调研报告》显示（见图3-12），近年来大学生求职更注重薪资、稳定、学习提升等因素。

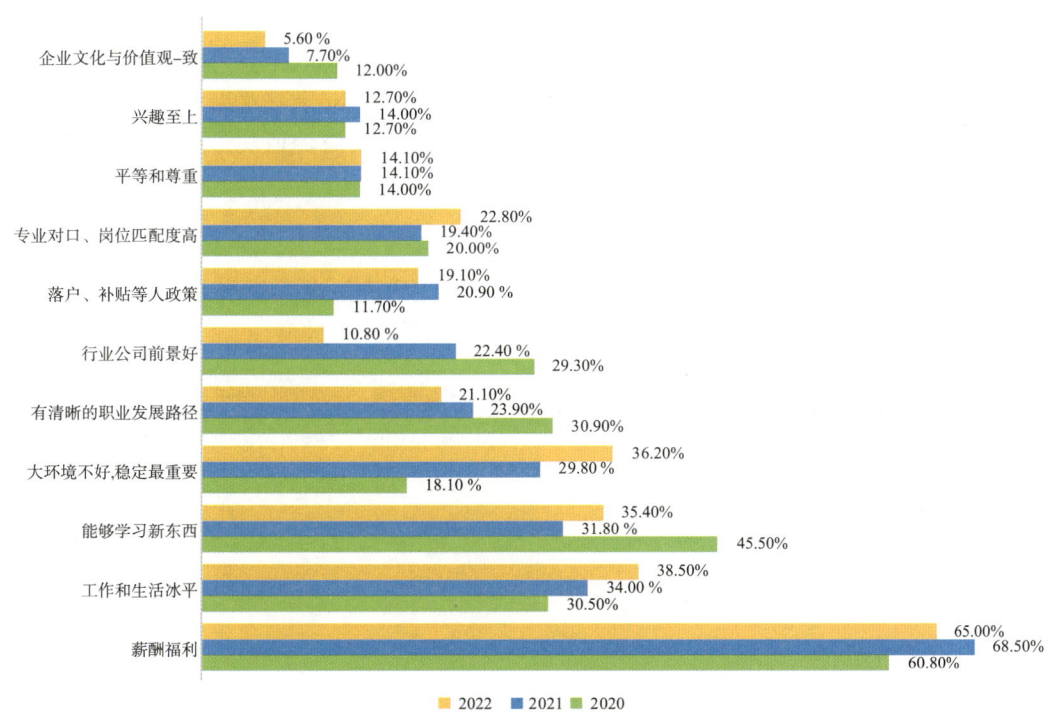

图3-12　2020届、2021届和2022届毕业生求职最看重哪些因素（来源：中国南方人才市场）

求职者在追求成长的同时，对职业的选择也更加具有主动性。价值观与职业的契合度越高，职业的满意度就越高，如果在择业时选择了与自己的职业价值观不符的职业，就很难在这个岗位上坚持下去。

二、澄清你的价值观

朱教授的"职教援藏"路

朱教授，就职于广东技术师范大学文学与传媒学院，"广东省三八红旗手"获得者。她连续十年资助山区儿童求学，三次带队到林芝的雪域高原中进行"职教援藏"。当谈到为什么她会这么执着这么坚定地投身到支教事业中时，她说，一开始只是本着做好事的心态，在一次次实践中更进一步体会到了支教工作的意义，最终成为她个人的价值追求。

朱教授与支教队员同风雨、共成长，记录雪域高原爱心支教的点点滴滴，撰写出质朴而感人的故事，续写了一代代广东技术师范大学人把青春梦想与家国情怀同频共振的动人篇章。这也是朱教授一行人个人价值观引领的体现。

（一）澄清价值观的意义

价值观的澄清对于职业选择非常重要。一个人越清楚自己的价值观，越明确自己在工作和生活中想要追求什么，什么对自己来说是最重要的，职业生涯发展目标也就越清楚。很少有工作能完全满足一个人所有的价值观。因此，我们要对价值观进行澄清和排序，做出取舍。

（二）澄清价值观的三个阶段

价值观澄清的过程呈现三个阶段：选择价值观→评估价值观→价值观行事，见图3-13。

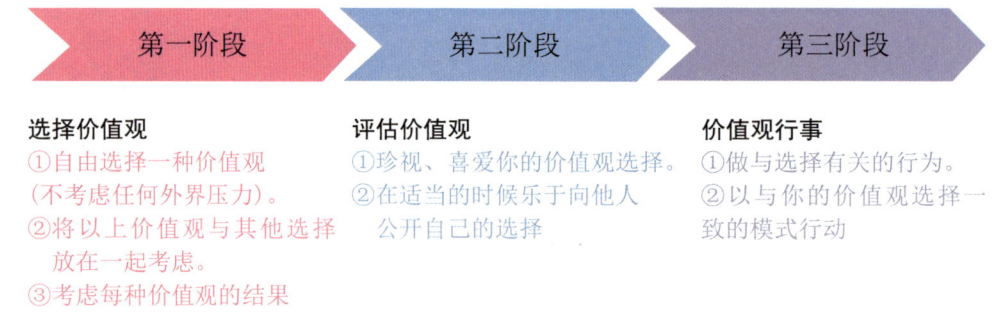

图3-13 价值观澄清步骤

（三）澄清价值观的方法

以下是一些对职业价值观探索的实践活动，通过这些活动，可以帮助你澄清核心职业价值观。

不同职业其特性不同，不同的人因其价值观不同做出的职业选择结果也不尽相同。因此，在为自己做职业生涯规划之前，一定要清楚和明确自己的价值观和职业价值观。

价值观 "大拍卖"

拍卖规则：

你有 5000 元（道具钱），可以随意叫卖表 3-4 中的东西。每样东西都有底价，每次出价以 500 元为单位，价高者得到东西，有出价 5000 元的，立即成交。

表3-4 价值观底价表

类别	底价/元	类别	底价/元
爱情	500	财富	1000
友情	500	长命百岁	500
健康	1000	诚实	500
美貌	500	享受一次美餐	500
礼物	1000	分辨是非的能力	1000
威望	500	大学毕业证书	1000
自由	500	孝心	500
欢乐	500	专业技能证书	1000
爱心	500	地位	500

请思考并回答以下问题：

（1）你是否后悔得到你所买的东西？为什么？

（2）在拍卖的过程中，你的心情如何？

（3）有没有同学什么都没有买？为什么不买？

（4）假如现在已经是人生的尽头，请看看你手上拍卖所得的是什么东西？

（5）它们对你来说是否仍有意义？

（6）你是否后悔刚才为自己争取得太少？

（7）你争取回来的东西是否是你最想得到的东西？

（8）你是否甘愿为了拥有金钱、声望而放弃一切呢？

（9）金钱是否一定会带来快乐呢？

（10）有没有比金钱更值得追寻的东西呢？

在完成价值观拍卖活动的时候你会发现什么都想要。因此，价值观的澄清扮演着很关键的角色。简言之，价值观的澄清能让自己看清楚生命中的主轴：什么是重要的？当失去的时候，会变得不快乐或很难受。

价值观澄清活动

在价值观澄清活动中，可能有人会发现对价值的取舍和排序是一个艰难的过程，甚至做完了这个活动，留下来的最后一条价值观也不一定是自己觉得真正重要的。出现这样的情况是正常的，因为大学生还处在建立和形成个人价值观的生涯探索阶段，有一些混乱是必然的。重要的是对自己的职业和生活不断地思考和探索。

职业价值观是人们评价和选择职业的根本标准，它会在无形中影响你的职业选择。当你对职业价值观有了自觉的意识，在职业生涯规划发展过程中，可以增加主动性和科学性。二者的联系见图 3-14。

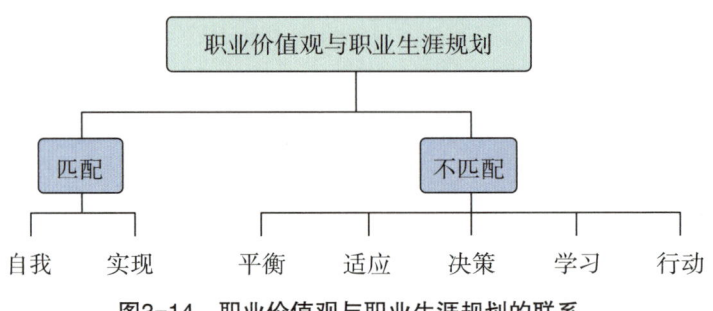

图3-14　职业价值观与职业生涯规划的联系

![广师大"职"路人]

（1）风鹏正举男儿志，扶贫援建又一程——广东技术师范大学1998届校友李同学。

李同学，广东技术师范大学中文系汉语言文学专业1998届校友，某市政协机关党组成员、机关党委书记、办公室副主任。李同学于2018年5月从某市赴某县挂职扶贫，为期三年，以实际行动为打赢当地脱贫攻坚战贡献力量。

（2）以一支笔书写着人生奋斗的历程——广东技术师范大学1983届校友梁同学。

梁同学，广东技术师范大学中文系汉语言文学专业1983届校友，是一名将青春与热血浇筑在传媒行业的新闻工作者。她心系党和祖国，以担当作为的实际行动，推动新闻事业的发展，谱写改革开放的新篇章。

职业选择显担当，个人发展国富强。人不能离开社会而独立存在，个人只有在工作中为社会作贡献才能实现职业价值。在求职过程中既要充分认识自我、追寻内心所爱，又要将个人志趣将社会的发展需要相结合，将个人职业发展与国家需要相结合，开启你的价值观领航的职业之旅，造就平凡中的不平凡。

![章节小结]

通过本章学习，我们明确了自我认知的四个维度：性格、兴趣、能力、价值观。学会自我认知，可以找到控制自身情绪的有效方法和途径，让个人特质更好地为职业生涯规划服务，从而帮助我们找到适合自己的职业方向。每增加一次对自己的了解，都会帮你做很多外在选择的减法和内在积累的乘法。好的自我探索，一定会帮助你对外聚焦、对内精专。同学们，先认清自己，再追赶世界吧！

本章拓展资料

提升职业综合素养

导语

四年大学生活，你会收获成长、快乐、知识、能力，也会面对挫折和失败，比如朋友失和、考证失败、求职失利。随着高校毕业生人数屡创新高，大学生就业形势越来越严峻，求职过程也往往面临很多考验。做好职业生涯规划不但要学习各种职业规划的理论与方法，也要勤修"内功"，提升心理素质和调适能力，积极应对学习、生活、人际关系以及就业过程中的各种压力和挑战。

职业综合素养包含很多方面的内容，本章主要聚焦与自我管理和素养提升相关的四个方面：学习如何有效地管理和使用时间；如何避免在人际沟通中的"坑"，修炼沟通的艺术；了解如何突破协作障碍，提升协作能力；懂得如何以积极心态面对生活中的压力和挑战，从而为实现自己的职业发展目标筑牢"心"防线。

思维导图

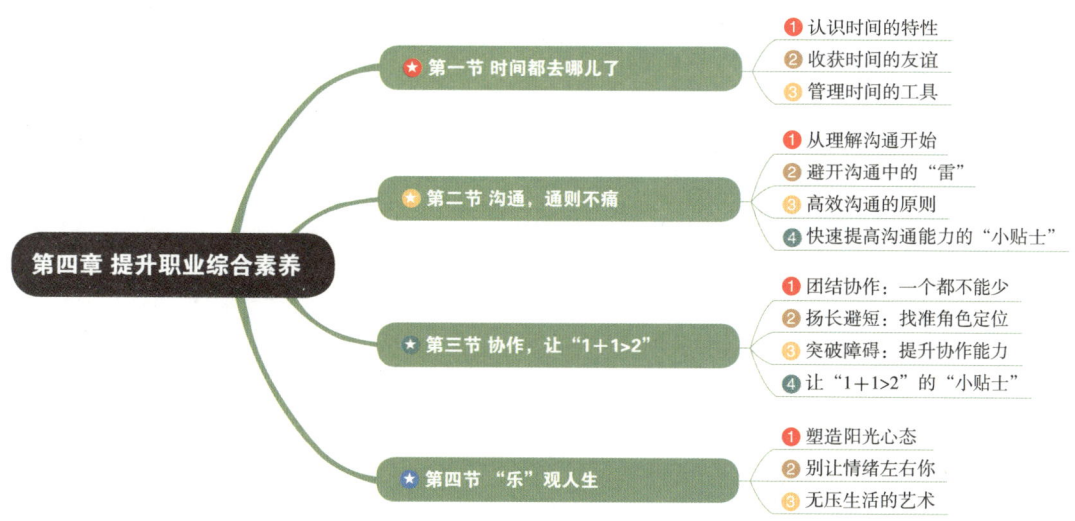

第四章 提升职业综合素养

★ 第一节 时间都去哪儿了
1. 认识时间的特性
2. 收获时间的友谊
3. 管理时间的工具

★ 第二节 沟通，通则不痛
1. 从理解沟通开始
2. 避开沟通中的"雷"
3. 高效沟通的原则
4. 快速提高沟通能力的"小贴士"

★ 第三节 协作，让"1＋1＞2"
1. 团结协作：一个都不能少
2. 扬长避短：找准角色定位
3. 突破障碍：提升协作能力
4. 让"1＋1＞2"的"小贴士"

★ 第四节 "乐"观人生
1. 塑造阳光心态
2. 别让情绪左右你
3. 无压生活的艺术

　　小林是某高校管理学院的大四学生。入校以来，成绩一直名列前茅，还担任班级学习委员，表现出色，得到了老师和同学们的一致认可。然而进入大四之后，考研、考公、找工作、完成毕业论文……小林发现自己的时间完全不够用，毕业论文的质量不高。因为语言表达能力欠缺等，几次面试都不尽如人意。就业压力大，导致小林产生焦虑和抑郁情绪。

●思考：
（1）时间管理能力对大学生重要吗？
（2）小林自身素质欠缺如何影响求职结果？
（3）面对生活中无法避免的压力和负面情绪，你该如何应对？

▶ 第一节　时间都去哪儿了

一、认识时间的特性

时间都去哪儿了？

当代的大学生，你

是不是经常感觉时间不够用？天天赶作业、听报告、写论文……

是不是被杂事缠身无法聚焦？三天之后就要期末考了，才开始复习……

是不是总是在到处"救火"忙碌？社团活动、班级活动、宿舍活动……

是不是认为如果再多给一点时间，一定能完成计划要做的事？

可事实真是这样吗？

曾经有一家顾问公司对100名经理人做过一次调查，结果表明：

仅有1人认为有足够的时间；

10人认为需要10%的额外时间；

40人认为需要25%的额外时间；

其余的人认为需要多于50%的额外时间。

英国的历史学家、政治家帕金林曾在1958年对上述现象进行过长时间的研究和调查。他发现，同一件事交给不同的人去完成，所耗费的时间差异非常惊人。同样一件事，为什么不同的人去做，所花费的时间差别这么大呢？除了做事方法和效率不同外，主要还在于时间管理。只有将时间要花在有价值的事情上，才能管理好自己的人生。

（一）时间的特性

1. 定量供给

时间的供给量是固定不变的，每天都是24小时，既不会增加，也不会减少，也不会因人而异。

2. 无法蓄积

时间不像财、物及技术那样可以被积蓄。不管是否愿意，时间都是1分1秒地在流逝。

3. 必须"消费"

时间是任何活动所不可缺少的基本资源。所有活动的执行都必须建立在时间消耗的基础上，没有不花时间就能完成的事情。

4. 无法"重来"

时间无法失而复得，它一旦流逝，则会永远成为过去。花费了金钱，尚可赚回，倘若挥霍了时间，任何人都无力挽回。

（二）什么是时间管理

时间管理是通过事先规划和运用一定技巧、方法与工具实现对时间灵活及有效运用，从而实现个人或组织的既定目标的过程。帕金森在其所著的《帕金森法则：职场潜规则》中写道："你有多少时间完成工作，工作就会自动变成需要那么多时间。"如果你有一整天时间可以做某项工作，你就会花一天时间去做它。如果你只有一小时做这项工作，你就会迅速地在一小时内做完它。所以时间管理的对象不是"时间"，而是面对时间进行的自我管理。

二、收获时间的友谊

填写表 4-1，并且思考下述问题。

表4-1　时间收支周报表

项目		时间/小时	余额/小时
		168.0	168.0
固定支出	吃饭	−5.8	162.2
	上课	−18.8	143.4
	...	...	...
不固定支出			

你的时间主要用在哪些事务上？完成这些事务所付出的时间代价大吗？结果是最佳的吗？你需要做出调整吗？为什么要这样调整呢？

时间管理的意义就是将时间投入到与你的目标相关的工作中，达到"三效"（参见图4-1），即效果、效率、效能。

因此，做好时间管理你将会收获下面几个方面。

（1）更快实现目标。将 80% 的时间用在 20% 最重要的事项上，在精力最充沛的时间做最重要的事情，把握好自己的"主赛道"，做大做强"头部产品"，预期的目标将更快实现。

（2）提升生活质量。谈到时间管理，可能很多人都会想到"提升效率""做更多的事情"。事情是纷繁复杂的，学习是无穷无尽的，而人的精力和时间都是有限的，不可能将所有的时间都投入到学习和工作中。科学管理时间可以让我们更合理地分配时间，平衡学习、工作、家庭和休闲，并给自己留出独处和思考的时间，减轻压力，保持头脑清醒，轻松自如地掌控一切，享受学习，享受生活。

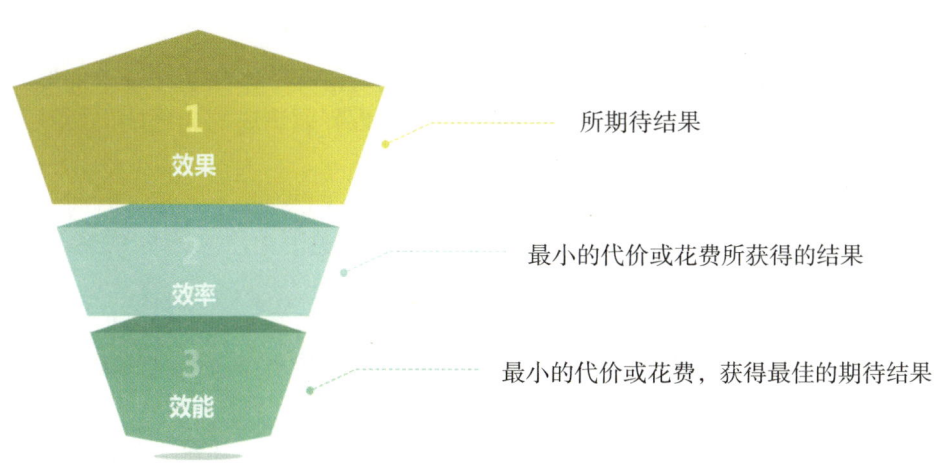

图4-1　时间管理"三效"

（3）提高认知水平。在日常生活中，人们通常会因为不断重复地处理过多过杂的事务导致价值感降低，如重复记忆已经掌握的英语单词、反复撰写同一类型的活动策划书等，感觉自己的人生得不到进步。时间管理可以让人们聚焦在核心事务上，不断挑战，不断突破，并在此基础上形成"思考—实践—总结—提升—再实践"的学习和工作模式，在潜移默化中扩大视野，提升格局。

三、管理时间的工具

如何提高时间使用效率，避免"眉毛胡子一把抓"？这就需要科学的时间管理方法和实用的时间管理工具。

（一）四象限法则

时间管理四象限法则是著名管理学家史蒂芬·科维提出的一个时间管理理论，他把要处理的事务按照重要和紧急两个不同的维度划分为四个象限：第一象限为重要且紧急、第二象限为重要但不紧急、第三象限为紧急但不重要、第四象限为不紧急且不重要，详见图4-2。

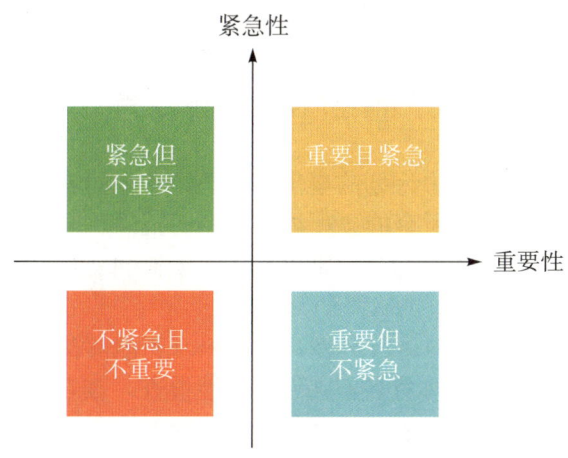

图4-2　时间管理四象限法则

时间管理四象限法则可以帮助我们厘清事务需要优先处理的程度。

第一象限重要且紧急的事务要第一时间处理，通常情况下，除了突发事件外，其他重要且紧急的工作多为之前重要但不紧急的事务没有处理好而造成的。因此重要且紧急的事务最好是越少越好，否则时间不好把控。

第二象限重要但不紧急的事务需要做好处理计划，如果拖拉不处理，时间过去了，就会变成重要且紧急的工作，令人疲于应付。因此在四个象限中，应该将60%～80%的时间投放在重要但不紧急的事务，以提升效率和完成质量。

第三象限紧急但不重要的事务，这类型的事务让人们看起来很忙碌，但成就感很低。原则上来说紧急但不重要的事务可以授权别人去做，处理此类事务的时间建议不超过可投入时间总额的15%。

第四象限不紧急且不重要的事务，建议处理此类事务的时间建议不超过可投入时间总额的5%。

不同的身份、不同的职业、不同的项目对事务的重要性和紧急性划分不同，需要根据实际情况进行操作。使用时间管理四象限法则确定每项事务的优先处理程度和应投入时间后，我们就可以制订月、周、日工作计划，工作计划可以用表格或清单的形式呈现。

（二）GTD工作法

GTD是getting things done三个英文单词首字母大写的缩写，意思就是"完成每一件事"，是由著名时间管理人戴维·艾伦提出的一种行为管理方法，共有五个步骤，分别是收集、整理、组织、回顾和执行，详见图4-3。

图4-3 GTD工作法

第一步：收集。将自己脑海中计划的事项罗列下来，同时将一些不成熟的想法也写下来，不用考虑如何整理，确保将所有的事项纳入可控的范围。

第二步：整理。将收集到的信息分门别类归置，明确自己应该先做什么后做什么、什么可以做、什么暂时不能做。

第三步：组织。对整理的资料进行分析，制订出真正能够落实到行动上的计划。

第四步：回顾。对自己要处理的事务进行阶段性检查，查漏补缺，优化工作事项。

第五步：执行。将真正需要完成的计划落实到行动上。

GTD工作法就是把所有塞积在大脑中的事务释放出来，逐一清点，把事情纳入在一个可控制的范围内，有利于处理好多头并进的工作。

（三）番茄工作法

意大利人弗朗西斯科·西里洛在1992年创立了番茄工作法（见图4-4），番茄工作法就是先列出任务清单，设定一个25分钟的番茄钟，然后从第一件事开始全身心投入要做的任务，完成任务后给自己一个5分钟休息的奖励，坚持回顾，控制中断。

番茄工作法可以让你与时间"化敌为友"，减轻对时间的焦虑，只需要设定好番茄钟，然后专注于当前任务中。如果一个番茄钟的时间结束，而任务没有完成，并不表示失败，再投入一个番茄钟即可。番茄钟工作法看似简单，但往往最简单的就是最有效的。

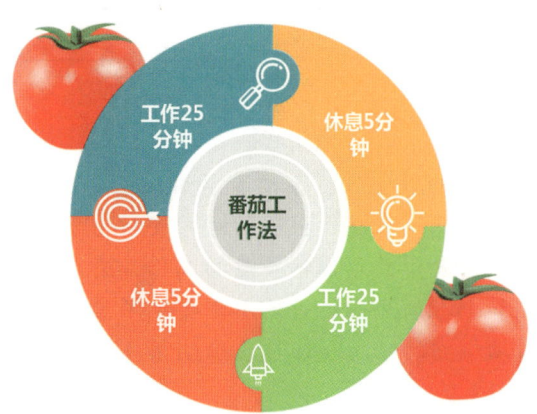

图4-4　番茄工作法

总的来说，时间管理有三个基本原则：第一，分清主次，先做重要的事情。时间管理的重点不在于管理时间，而在于如何分配时间。你永远没有时间做每件事，但你永远有时间做对你来说最重要的事。因此时间管理的重要前提是明确自己的价值观，知道什么对你最重要。第二，提前规划，动态调整，事后复盘。时间管理工具的使用基本上都建立在人们对自己的工作或需要处理的事务有较全面了解的基础上，然后进行全盘的安排，能根据变化的情况进行调整，能利用工具进行复盘，从而进一步思考和优化。第三，善于利用"洞穴时间"和"碎片化时间"。整段的时间用于做需要思考的重要工作，碎片化时间用来做紧急但不重要的工作。

 **实践活动**

时间管理四象限法则和手账管理法的"组合拳"

时间管理的方法各有优点，建议组合起来使用，这会让我们更有效地管理好时间。如将时间管理四象限法则和手账管理法组合使用进行一周时间管理。

第一步：列出一周内需要完成的事项，根据自己的实际情况，按照时间管理四象限法则确定各项事项的重要性和紧急程度。

紧急

```
              1.                          1.
              2.                          2.
              3.                          3.
              ......                      ......

不重要 ──────────────────────────────────→ 重要

              1.                          1.
              2.                          2.
              3.                          3.
              ......                      ......
```

不紧急

第二步：根据可分配时间的多少，将各项事项填入一周手账内（详见表4-2），优先安排重要且紧急的工作，接着建议在整块较长的时间安排重要但不紧急的工作，以便有充足的时间思考和落实，再接着安排紧急但不重要的工作，看看能否通过"传球"进行授权完成，最后视时间的余额和个人精力安排目前不重要也不紧急的事情。建议不要把日程排得太满，留出适当的可机动调整的时间和让自己独处思考的时间。

表4-2 一周手账

时段	星期一	星期二	星期三	星期四	星期五	星期六	星期日
上午							
下午							
晚上							

GTD工作法与多种工具的强强联合

GTD工作法可以单独使用，也可以和时间管理四象限法则、手账管理法、番茄工作法、KISS复盘法等工具联合运用。

第一步：收集信息。以一个固定的时间段为限，例如一个星期、一个月等，将自己计划做的事项罗列下来，包括一些不成熟的想法，确保将所有的事项纳入其中。

1. _____。

2. _____。

3. _____。

......

第二步：整理信息。将收集到的信息按需要处理和暂时不能执行等方式进行分门别类归置。暂时不执行的事务包括因条件不成熟无法处理的事务以及不需要处理的事务。

1. 需要处理的事务：

（1）_____。

（2）_____。

（3）_____。

2. 暂时不能执行的事务：

（1）_____。

（2）_____。

（3）_____。

第三步：组织整理。对需要处理的事项的有关资料进行分析，制订出真正能够落实到行动上的计划。此步骤可以与时间管理四象限法则、手账管理法等组合使用。

第四步：回顾检查。对自己要处理的事务进行阶段性检查，查漏补缺，优化工作事项。此步骤可以与第三章第三节学习的 KISS 复盘法组合使用。

第五步：执行落实。将真正需要完成的计划落实到行动上。在执行的过程中可以使用番茄工作法，先列出任务清单，设定一个 25 分钟的番茄钟，然后从第一件事开始全身心投入要做的任务中，每 25 分钟给自己一个 5 分钟休息的奖励，坚持回顾，控制中断。

▶ 第二节　沟通，通则不痛

一、从理解沟通开始

小柯是班级甚至整个学院公认的"牛人"，年年被评为"三好"学生，多次在学科竞赛中获奖。但在求职面试的过程中屡屡碰壁。究其原因，除了应聘岗位竞争激烈外，关键是沟通能力欠缺，无法全面展示自己的优点，面试中经常因为无法正确理解面试官的意图而答非所问。

小柯的情况并不是孤立的个案，每个人生活和事业的成功都离不开良好的沟通能力。在校园里，我们需要和同学交流沟通，获得友谊；需要跟老师交流请教，精进学业；外出实习，也要与不同的人打交道，以推动工作顺利完成。大学生在学习和生活中出现的问题，很大程度源于沟通能力的不足。懂得什么是沟通，如何进行高效沟通，是大学生必修的人生功课。

在汉语中，沟通一词造词很妙，用的是水沟的"沟"，以及通畅、通过、疏通的"通"。"沟通"就好比"通沟"。如果方法不对，就会淤积阻塞，如果找到方法，就像是大禹治水，获得思想和情感自由流通的快乐。

所以沟通的本质，就是使原本不相同的事物变得相通。正是通过沟通大家才能彼此了解、友好相处、互帮互助、达成目标。

因此，沟通不只是语言的技巧，更是一种帮助你突破自我局限，在关系中发展自我、实现自我，并帮助别人自我实现的重要方式。

二、避开沟通中的"雷"

沟通很重要，沟通也很难，提升高效沟通的能力，要警惕沟通中常见的"雷区"。美国著名心理学家约翰·戈特曼在 20 年的研究基础上，提出沟通中要提防 6 类错误并提出解决之道，对大学生很有借鉴意义。

（一）心不在焉

因学习生活的繁忙和压力，我们容易忽视身边的同学和家人，不顾及他们的需要和感受，久而久之，亲近的关系也容易出现裂痕。与他人相处时，要好好珍惜和享受每分每刻，关注对方发出的情感沟通邀请，倾听对方，觉察对方的情绪变化，让相处变得有意义。

（二）"口剑腹蜜"

与口蜜腹剑不同，有时，我们的出发点是为对方好，但说出来的话却充满责备和批评，对方非但不能体会到好意，还会导致关系的疏远。为避免这一沟通误区，牢记永远要心平气和地说话。如果"恶果"已经造成，切记一定要道歉和补偿。

（三）口无遮拦

在人际交往中，摩擦和冲突在所难免。重要的是警惕口无遮拦，分清倾诉和批判。两者的区别在于，倾诉是对事不对人，主要谈自己的感受；而批判往往会说"你总是……"，变成对他人性格和为人的攻击。在沟通中，可以倾诉但绝对不要批判。

（四）宣泄不当

在交流中产生争执时，不要急着回击，因为人很容易在负面情绪的驱使下乱发泄、乱讲话。这时，建议先处理情绪，再处理问题。如从激烈的争吵中抽身出来，平复一下，再回到对话中。

（五）执拗暴躁

沟通中的"暴脾气"往往源于只关注他人的错误，并试图改正他人，导致沟通总是无效。试着学会赞美他人的长处，对方能够从你的赞美中得到积极的信号，你自己也能从中学习、进步。

（六）避而不谈

美国心理学家丹尼尔·怀尔的研究表明，该说的话避而不谈，是影响关系的罪魁祸首。把问题讲出来其实没那么可怕，亲朋好友之间，坦诚相待是最有利于建立关系、培养感情的态度。

排除沟通中的"雷"

请回忆大学期间，你在沟通中的"踩雷"经历：
1. 描述当时的具体情景？
2. 识别你"踩"的是什么"雷"？
3. 对你有什么启发，如何在以后的人际沟通中避免"踩雷"？

三、高效沟通的原则

管理学中的沟通漏斗理论（见图4-6），具体阐释了沟通面临的挑战。这一理论指出，如果心里想的是100%的东西，当你试着表达出来时，往往会漏掉20%。而当这80%的东西进入听众的耳朵时，由于人生阅历、知识背景等因素差异，可能只听到60%，而真正被理解消化的东西大概只有40%。这40%真正能付诸行动的，可能只有20%。大学生要在职业生涯探索和发展的过程中应对各种问题和挑战，一定要掌握高效沟通的技巧，争取让这个漏斗漏得更少。以下是高效沟通的几个重要原则。

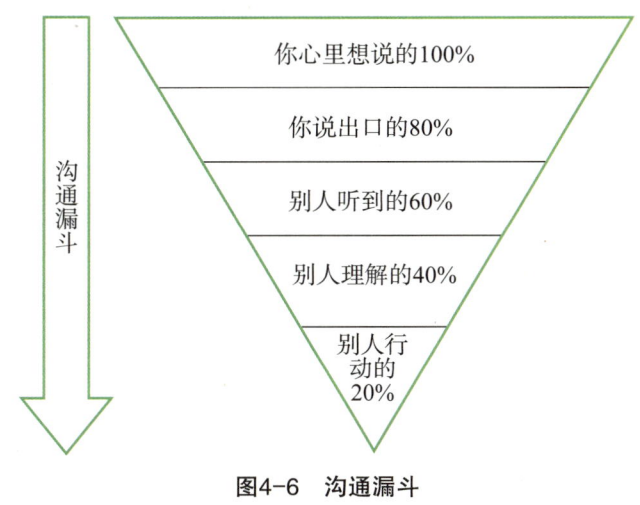

图4-6　沟通漏斗

（一）要摆正心态平等待人

沟通交流要平等，切忌高低贵贱；要真诚待人，切忌口是心非。不论出身如何，家境如何，大家在人格上都是平等的。在大学里，大家的起点是相同的，今天你眼中的"失败者"，很可能毕业后成了"大神"。所以，要用一种平和平等的心态去跟别人交流沟通，既不要处处摆出高姿态，也不用见人就去弯腰讨好，自信自爱自尊，是交流沟通的最大原则。

（二）沟通务必清晰、直接

沟通交流最重要的原则就是有话直接说、好好说、清楚明白地说，不要假设任何人有读心术和透视眼。很多时候，大学生人际关系出了问题，就是因为我们假设对方应该知道我的感受和想法，没有沟通表达，结果不符合自己期待的时候，就独自生闷气。而对方感到莫名其妙，也觉着委屈，关系反而因误会而疏远。同样，在求职面试的过程中，能够清晰和直接地展现自己的优势和特长，也是求职成功的一个重要因素。

（三）把握沟通的最佳时机

高效沟通就是要在合适的时候，以合适的方式说合适的话。时机一旦错过，沟通的效果就会大打折扣。大多数情况下，在事情发生的当时，如果你有强烈的感受和想法，最好立即说出来。比如，你舍友说的一句话，让你感到很受伤，如果不立即沟通，当你想说的时候，可能会遗忘、漏掉或歪曲当时的想法和感受。在面试过程中，如果面试官对自己的情况有误解，要及时澄清，错过了时机可能就会形成先入为主的印象。

（四）信息呈现要完整易懂

为了避免沟通中的信息遗漏，说话者要全方位表达清楚，听话者要及时地澄清、确认和具体化，确保理解对方的意思。如果你是学生干部，接到了某个工作任务，即使感觉已经清楚明白了，也不妨再澄清确认此项工作的意义、措施以及所希望达到的效果是否与自己所理解的一致。

（五）有效处理差异和冲突

大学生在人际交往和沟通过程中，重点和难点是有效地处理差异和冲突。越是亲近的关系，彼此感情涉入就越深，越可能伤害对方，比如批评、攻击、轻蔑、相互筑墙。心理学家马歇尔·卢森堡提出了一种沟通模式，能帮助人们有效处理差异和冲突，和谐相处，这就是"非暴力沟通"（参见图4-7）。这一沟通模式可以简要概括如下。

非暴力沟通	表达自己	倾听他人
观察	我所观察(看、听、回忆、想)到的有助于(或无助于)我的具体行为	"当你（看、听、想到你看到的/听到的）……"
感受	对于这些行为，我有什么样的感受(情感而非思想)	你感到……吗？"
需要	什么样的需要或价值(而非偏好或某种具体的行为)导致我有那样的感受	"因为你需要/看重……"
请求	清楚地请求(而非命令)那些能丰富我生命的具体行为	"所以，你想……"

图4-7　非暴力沟通

当触发事件发生时，我有什么感觉（当下的情绪），因为我的需求或利益对我真的很重要。你愿意考虑一种可行的办法吗？

所以当发生冲突和争执时，多谈自己的感受："当……时，我感到有点孤单／委屈／生气"，而不是批评和指责；表达感受背后的需要："因为我很需要／看重……"，而不是鄙视；清楚地表达自己的请求："你是否愿意……"，而不是把重点放在辩解和争论；询问对方的意见："这只是我的感受和想法，我很想听一下你的想法……"，而不是自作主张。人是社会动物，都渴望亲密关系带来的依恋和安全感，如果在沟通中，我们感受和照顾到对方的心情和需要，即使存在差异和冲突，我们依然能够坦诚相对，携手向前。

（六）先处理心情再处理事情

如果你和舍友、同学或社团的伙伴发生冲突，对方当下是生气、焦虑或是难过的，此时要先耐心陪伴和倾听，体会对方的心情，让对方感到你是和他同在的，有了关系的基础和充分的共情再去沟通，才有积极的结果。

四、快速提高沟通能力的"小贴士"

（一）耐心倾听，切忌"速听快判"

在沟通交流过程中，有时听比说更重要。有效倾听，要注意三"不"原则：不急忙打断、不急下评断、不急给答案。

（二）换位思考，切忌自说自话

不论对方说话做事你如何不喜欢，你都要设想对方一定有他的理由，站在他的位置思考和感受对沟通非常重要。

（三）眼光放远，切忌乱贴"标签"

在大学里，切忌随便给别人下定语，贴"标签"，比如，这个同学"没出息"，那个室友是"小气鬼"。也不要过于在意眼前的利益，把眼光放远一点儿，多想想自己的将来，多为自己的个人发展做些准备。

（四）沟通靠行动，切忌光说不做

不管是对别人还是对自己，请把好想法和承诺的言语赶快执行起来，说到做到才能建立个人品牌。

（五）坚持五"不"原则，切忌恶语伤人

批评、责备、抱怨、攻击、说教这些都是沟通中的"刽子手"，只会使事情恶化，要学会对它们说不。

（六）学会讲故事，切忌过度说教

这个世界是由故事构成的，故事能迅速调动你的情绪，感染别人，并直接拉近你与对方的心理距离，更容易以另一种方式接受你的"道理"。

（七）保持微笑，切忌过度紧绷

在沟通中，保持微笑和放松，找到舒服自然的状态，就是最好的姿态。

接力说故事

人不是天生就懂得沟通，正确而有效地练习非常重要。下边的活动可以帮助同学们学习非言语技巧、语言技巧、自我表达技巧、倾听反应技巧、影响技巧、营造氛围的技巧：

四人一组，分别为东、西、南、北。

东：在心里找一个角色（动物、植物、人物……）

西：在心里找一个地方（场合、情境……）

南：在心里找一个感觉（心情、情绪……）

北：在心里找一个动作（姿势、行为……）

东西南北将角色、地方、感觉、动作连成故事；

接着第一轮的故事情节继续创作故事；

第三轮继续接龙讲故事，但要以"温柔"的语气和情感为基调；

第四轮（调皮）第五轮（勇猛）接着上一轮故事继续创作；

第六轮故事结尾。

▶ 第三节 协作，让"1＋1＞2"

一、团结协作：一个都不能少

2022 年 2 月 5 日凌晨，新华社刊发了详解冬奥会开幕式的报道，其中"掉队的小鸽子"出现在名为《闪亮的雪花》的节目中。

扮演"掉队的小鸽子"的是来自某实验小学的学生，她说："我是一个掉队的小鸽子，然后我在人群中找到了姐姐，姐姐把我牵到了队伍里。"

找到她的"小鸽子姐姐"是来自某第二小学的学生，"我每次都留在最后，等小鸽子，然后我回到群中没有找到她，结果往外一看才看到小鸽子，所以我就把她拉回来。"

分场导演介绍："我们希望通过这 660 个合唱和舞蹈的小朋友的表演，能够把这种空灵、浪漫、现代、科技的感觉表现出来，所以我们在整个设计的最后，它汇聚成一个心形。'心'，就是一个温暖的表示，我们设计的这个'大拉小'，一个小朋友，就是有一个掉队的'小鸽子'，那么会从心形里面出来，一个稍微大一点的孩子，去把她拉回来，拉回到心形的队伍里面来。我们觉得这是一个很温暖的画面，很温馨，很幸福。"

这一个小小的细节，体现了在中华传统文化中，团结协作的重要价值。团队精神也是企业招聘人才时的重要考量。微软公司的张博士说："就招聘员工而言，我们有一套很严格的标准，最重要的是团队精神。如果一个人是天才，但其团队精神比较差，这样的人我们不要。"

管理学中有一个重要概念：1.1 的 10 次方是 2.59，而 0.9 的 10 次方，就只有 0.35。团队协作的过程其实是乘法而不是加法。懂得团队协作的团队会获得事半功倍的成果，而不懂得协作的只会事倍功半。

所以，作为大学生，在走上社会之前，必须检查并提升自己的团队协作能力，若有短板则及时弥补。

二、扬长避短：找准角色定位

小王的爸爸是公务员，小王自己在进大学之前就打算将来要考公务员。因为早有规划，进入大学后，小王非常积极地面试社团干部和班干部，想要为成为优秀的公务员积累经验。但真的竞选上了班干部和社团部长后，小王却感到苦不堪言。他发现自己其实不喜欢当领导者，反而更喜欢并擅长执行班长和社团主任的指示，那么小王还能成为优秀的公务员吗？

答案是肯定的。就好像大多数职业一样，公务员团体同样存在不同角色的定位和职责，不同的角色有不一样的职业能力和性格要求，每一种角色对团队的良好运作都非常重要。

一般来讲，团体中存在四种重要的角色。

（一）领导者

领导者通常能指引方向、推动进度、比较有决断力，大家都听从于他。成熟的领导者应该具备强大的"气场"，良好的礼仪修养，渊博的知识，较强的逻辑思维能力和表达能力，极强的情绪控制能力。俗话讲：宰相肚里能撑船。这句话准确地表达了优秀领导者的重要特质，也就是包容性和灵活性。因为有包容性才能够发现每个下属的优点，做到人尽其用；因为有灵活性，才能根据环境的变化积极调整应对策略，保持团队的业绩。

（二）追随者

追随者在团队中占比较多，比起坚持自己的意见，他们更喜欢追随和听从。追随者的典型性格特质包括信任、忠诚、主动和奉献精神。他们是领导者意志的实施者、拥护者和支持者，是团体组织顺畅运行的基石。此外，理想状态下追随者能够完善和丰富领导者的指示、命令和规划。

（三）协调者

协调者类似关系中的"和事佬"，人际沟通技巧较好，能说服意见不同的人。协调者一方面处事客观、冷静，有很好的自控力，善于协调复杂的关系；另一方面热情、乐观、人缘好，具有良好的感召力。正因为具备这些特质，协调者对于维系团队的凝聚力和情感非常重要。成熟的领导者要能够团结协调者，通过协调者平衡不同角色间的利益和情感，实现团队效益的最大化。

（四）反对者

反对者常常会提出不一样的想法，虽然可能不利和谐，但常会带来创新。反对者往往人格独立，思考独到，不易受暗示。面对可能的压力和代价，承受力更强，也更有勇气。反对者在团队中发挥"鲶鱼"的作用，有助于带来具有创新性或更完美的解决方案和结论。一个团队应该允许和尊重反对者存在，但不宜过多，否则会削弱领导者的权威和影响力，影响团队的效率和士气。

很多大学生认为，成为领导者是最好的，所以会努力争取。但一张桌子之所以稳固，既需要桌面，也需要桌腿，少了任何一样东西，这个桌子都不再美观稳固了。每个人的气质、能力和性格决定了自己在团队里适合什么角色，发挥什么作用。只要找准自己的定位，做好自己的角色，在任何团队中都有自己的立足之地。如果每个角色都能够发挥所长，协调好与其他角色之间的关系，那么团队就会非常具有活力和创造力。

三、突破障碍：提升协作能力

美国著名管理学家帕特里克·兰西奥尼在《团队协作的五大障碍》一书中指出，团队协作之所以会陷入困境，通常是因为缺乏信任、惧怕冲突、欠缺投入、逃避责任和无视结果（参见图4-8）。这五个协作障碍之间，由低到高，互相影响，互相牵制。

（一）缺乏信任，谁都走不远

团队协作的基础就是信任，如果没有信任，团队就难成为真正的团队，团队协作更无从谈起。团队成员之间缺乏信任的表现就是团体氛围死气沉沉，谁也不愿意跟谁多说一句话，人和人之间都互相防备。一个有生命力、执行力的团队，其成员一定是活泼的、积极的、友好的，而这一切都是建立在相互信任的基础上。

（二）惧怕冲突，让团队越来越平庸

很多团队成员都害怕矛盾冲突。但事实上，没有冲突的团队反而是一潭死水，表面上看一片和谐，实际上却是对任何事情都丧失了兴趣和积极性。这样的团队实际上离解散也就不远了。所以，一个优秀的社团，学生干部之间有争吵未必是坏事，说明大家都认真思

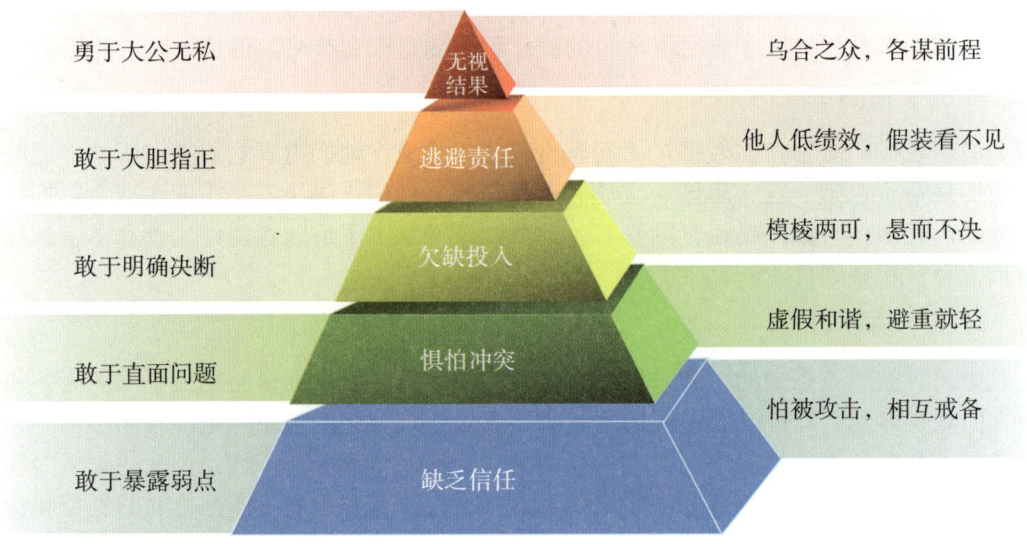

图4-8　团队协作的五种障碍

考。相反，如果一个团队开会的时候死气沉沉，任凭谁说什么就是什么，那只能证明，大家对这个集体漠不关心。

（三）欠缺投入，每个人都敷衍了事

很多人在团队中的定位就是"领导让干啥就干啥"，工作中缺乏主人翁意识，难以真正投入，自然也就敷衍了事。当个人对自己的工作目标和具体任务不清晰，工作热情低，缺乏团体认同感和归属感时，就很难做到投入和负责了。

（四）逃避责任，失误越来越多

逃避责任可能发生在自己身上，当问题出现的时候，有的人第一反应就是推脱和逃避责任。逃避责任也可能发生在关系之中，不论是社团还是公司企业，成员之间既要相互支持，也要相互监督提醒。当发现其他成员的行为有问题时，很多人出于人情关系方面的考虑，不愿意当面指出来，视而不见，内心的潜台词是反正搞破坏的又不是我。这其实也是在逃避责任。

（五）无视结果，目标难以达成

任何一个团队，都是围绕着事先确定的目标，努力达成，最终实现良好的效果。有的人会在团队中过于独立，只在乎自己手头的工作，从不考虑其他人的工作进度，似乎是认真工作，但并没有为团队创造利益。懂得协作的成员应该为了团队的共同目标作出贡献，在个人目标与团队目标发生冲突时，也要以团队目标、团队利益为先。

四、让"1＋1＞2"的"小贴士"

（一）建立信任，维系情感

当发现自己的团队出现信任危机之时，一定要鼓励彼此之间敞开心扉，了解彼此的过往，甚至是彼此的优缺点。因为只有对身边的人有所了解之后，才能够很真诚地对待自己和他人，敢于发表自己的意见。

（二）允许冲突，在磨合中成长

作为领导者要放弃维护表面和谐的执念，允许团队进行建设性的冲突。让成员可以在安全的氛围下表达自己。而团队成员也能够针对争议话题各抒己见，不害怕争论和冲突。当然，领导者要冷静审视，把握争论的幅度和方向，避免冲突失控。

（三）凝聚共识，牢记使命

团队成员欠缺投入通常是因为没有明确的目标，或者不了解工作的真正意义。如果你是团队的领导者，可以从提升团队成员的主人翁意识出发，改变成员欠缺投入的状态。比如，在讨论问题和决策时，充分调动团队成员的积极性；在执行和落实过程中，全面提高其参与度，关注每位成员的成长。在这种环境的熏陶下，每位成员切身体会到自己实实在在地参与团队的重要决策和行动，觉得自己在团队中发挥了应有的作用，价值感和获得感得到了满足，自然也会更加投入。

（四）明确责任，互帮互助

逃避责任，不单是指自己在遇到问题或者需要担责时一味推诿，更在于团队成员在看到同事的表现或行为有碍于集体利益的时候，不能够及时给予提醒。所以，提升团队协作就要解决逃避责任的问题。第一，公布工作目标和标准，让大家清楚彼此的目标和责任；第二，要把大家的利益拴在一起，让大家放弃明哲保身的观念；第三，要在他人可能犯错时勇于指出，帮助提升，而不是事后指责、相互怪罪。

（五）树立集体目标，奖励集体成就

学习协作，就要放弃个人英雄主义的观念以及"只扫自家门前雪"的自私自利价值观，深刻理解分工不分家的团队理念，把团队目标实现放在第一位。领导者要在制度设计上注重对集体成就的奖励，打造团队共同的愿景。

无领导小组讨论：荒岛逃生

团体协作和沟通能力是大学生职业素养的重要组成部分，也是大家普遍薄弱的环节。作为新时代的大学生，应该刻意练习，积极修炼，制订自己的能力提升计划。以下是经典的无领导小组讨论题目，供大家参考。

题目：

一架私人飞机坠落在荒岛上，只有6个人存活。

孕妇：怀胎八月；

发明家：正在研究新能源（可再生、无污染）汽车；

医学家：今年研究艾滋病的治疗方案，已经取得突破性进展；

宇航员：即将远征太空，寻找适合人类居住的新星球；

生态学家：负责热带雨林抢救工作组；

流浪汉。

这时，逃生工具只有一个能够容纳一人的橡皮气球吊篮，没有水和食物。那么，应该由谁乘坐气球离岛呢？请阐明离开的原因和让别人信服的理由

要求：

（1）将班级全体同学分成若干小组，每组 8～10 人；

（2）每组自由讨论选出组长，为小组取个名字，并设计小组的口号；

（3）组长组织本组同学认真读题，准备发言提纲，然后依次发言，表明观点并陈述理由；

（4）组内自由讨论，并达成一致意见；

（5）小组推举一位代表进行总结陈词。

▶ 第四节　"乐"观人生

一、塑造阳光心态

著名企业家史某曾经在自己的职业生涯中面临绝境，但最终渡过了危机，并实现了华丽转身。他的成功是各种因素促成的，但其中一个重要因素就是积极的心态。

在生活中，有的人把一手"好牌"打烂，有的人把一手"烂牌"打出"王炸"，其中关键的因素之一是面对生活的心态。积极阳光的心态能帮助我们获得健康、快乐和成功；而消极不良的心态容易带来痛苦和失败。所以筑牢"心"防线的第一步是塑造阳光心态，培育自己的积极心态苹果树（见图 4-9）。

图4-9　积极心态苹果树

（一）借助 PERMA 理论，修炼积极心态

美国心理学家马丁·塞利格曼（Martin E.P. Seligman）提出了幸福 2.0 理论，也称

为 PERMA 理论（详见图 4-10），其概括了积极心态的 5 个元素，明确了积极心态的内涵，指明了积极心态的培养方向。

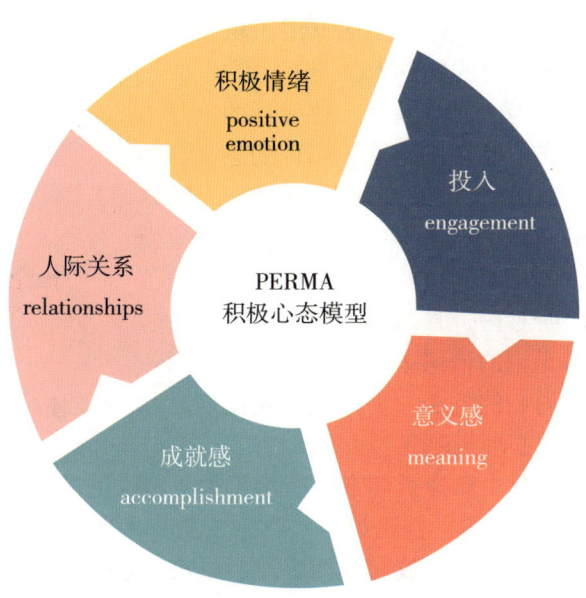

图4-10　PERMA积极心态模型

"P"指的是积极情绪（positive emotion）。积极心态首先体现在有能力创造人生中的快乐，体验丰富的积极情绪：愉悦、狂喜、入迷、温暖、舒适。每个人获得积极情绪的方式存在个体差异，不论是音乐、运动、阅读、游戏，还是旅行、美食或和朋友畅谈，重要的是建立自己的快乐工具箱。

"E"指的是投入（engagement）。当一个人能够全神贯注地投入到某种活动中时，时间好像停止了，自我好像消失了，会体验到高度的兴奋和充实感。不论让自己全身心投入的是兴趣嗜好，还是学习，都有助于稳定我们的情绪，是我们面对人生艰难时的保护因子。

"R"指的是人际关系（relationships）。孤独对人的身心健康伤害极大，他人是我们在人生低潮时最好和最可靠的解药。积极心态的第三个方面是有能力建立广泛和有意义的积极人际关系。

"M"指的是意义感（meaning）。其是指归属和致力于某种超越自我的目标和信仰。意义感超出了单纯的主观感受，是一种对让人和社会有价值的人生信仰和目标。拥有阳光心态的人往往有明确的人生规划和清晰的人生愿景，这会让他们更坦然地面对人生中的风风雨雨。

"A"指的是成就感（accomplishment）。成就感不一定是轰轰烈烈的大事，能够凭自己的能力完成一些生活中的小成就，也许是完成一件手工，也许是帮舍友拿个快递，也许是每天阅读 10 页经典书籍，都有助于我们看到自己的成长和闪光点，从而更积极地面对生活。

（二）培养恢复力，积极面对生活挫折

茅某，"80 后"创业领军人物。小学五年级开始玩电脑，14 岁开始在《大众软件》

等杂志发表文章，并自行设计开发软件。初中文凭，2004年正式创业。在其高光时刻，曾和另外两个"80后"创业者一起，做客央视经济频道《对话》节目，成为网络上炙手可热的偶像。茅某在遗书中记录了创业的艰难与过程，以及创业热情无人支持的心情。

同样经历了创业路上的困境，史某能够浴火重生，而茅某走向了末路。很大程度上是因为两人在面对危机和挫折时的恢复力不同。

积极心理学家勒纳认为，一个人经历挫折后的恢复力和心理韧性如何，关键在于能否发现挫折事件的意义。如果一个人善于以积极的方式解读逆境和挫折对个人的意义，并从中吸取成长的经验，他更有可能积极面对和重新评估，发展出成熟理性的应对之道，从而转危为安，破茧成蝶（参见图4-11）。而面对挫折时，倾向于负面思考的人，更有可能沉浸在失败和无望的情绪中，走向抑郁和焦虑，他们会把重点放在减轻内心的痛苦，而不是解决问题上，于是，发展出逃避痛苦的心理机制。

图4-11 恢复力的正向循环

以上研究，为积极面对生活挫折和逆境提供了如下科学的建议。

（1）冷静接受眼前的事实。鲁迅说，"真正的勇士敢于直面惨淡的人生"。能够接受发生的挫折和失败，才能把力气放在冷静应对，解决问题上。

（2）在痛苦中寻找积极的意义。"热爱自然，就是爱她所有的晴天、阴天以及风暴。"这句格言同样适用于人生。生活中的挫折和失败，往往也是成长的机会。往积极处想，人生中大多数事情不外乎两种结果：得到和学到。如果成功就是得到，如果失败也可以学到走向成功的宝贵经验。

（3）心中坚信"风暴"终将过去。遇到挫折和打击时，回顾过去自己从打击中走出来的经历，你就知道没有过不去的坎。

（4）积极沟通和求助，善用支持渡过危机。

（5）爱自己。无论发生什么事，都要善待自己，你才有能量实现人生的华丽转身。

（6）分清可控与不可控。关注自己可以掌控的事，而不是已经发生的失误或无法掌控的事。

二、别让情绪左右你

情绪真的有那么大的威力吗？答案是肯定的，严重的负面情绪，比如抑郁状态，会带来很高的自杀率。

虽然不是每个大学生都会经历抑郁，但很难逃避其他负面情绪。比如，你可能会因感觉各方面不如别人，竞争中屡屡落败而沮丧；因宿舍冲突而愤怒；因撰写毕业论文压力大，就业困难而焦虑。面对这些负面情绪，不要急，也不要怕，重要的是学习科学的情绪管理方法，与情绪共舞，有智慧地处理情绪问题。

（一）情绪管理五步曲

情绪是内心感受的外在表达，本身没有对错之分，所有的情绪都能给我们指引方向或提供能量。比如，愤怒是大家不喜欢的，但正是愤怒让我们有勇气和力量面对不公；焦虑是在告诉我们面对挑战还没有准备好足够的资源和能力。如何调节和管理自己的情绪却有高下之别。科学地管理情绪分五个步骤，详见表4-3。

表4-3　情绪管理五步曲

名称	步骤
觉察	任何强烈的情绪都是逐渐上升最后爆发的，情绪管理的第一步是觉察情绪是如何逐渐升起来的。能够觉察到情绪的起落，就获得了选择以何种方式调节情绪的自由
识别	觉察到情绪后，要对情绪进行识别和命名，写下自己的情绪。通过书写自己的情绪，我们能更客观地对待情绪，找到解决办法
接纳	第三步是接纳自己的情绪和情绪的自己，不和情绪对抗，而是当作客人好好招待
体验	接纳情绪后，要去体验自己的情绪，观察呼吸的变化、身体的感受、唤起的想法和画面
关照	一边体验情绪，一边关照有情绪的自己，能够抽离出来进行深度的觉察。每个情绪都是来自内心的信使，帮助我们看到内心深处的需要。比如，你感到焦虑可能是因为太在乎同学对你今天的穿着的看法；忧伤的背后可能是缺少朋友和想被爱的需要

（二）以积极思维代替悲观解读

面对半杯水，悲观的人看到的是半空并感到失望，而乐观的人看到的是半满并感到满足。同样是半杯水因为解读不同，而产生了不同的情绪感受。事实上，很大程度上不是外在的人事物带来了消极的情绪，而是负面的解读制造了负面的情绪。要管理好情绪，就要管理好内心的"找茬鬼"，养成积极思维的习惯。常见的非理性信念以及对应的积极思维，见表 4-4。

表4-4　常见的非理性信念与对应积极思维

非理性信念	积极思维
我应当让大家满意	我尽量让大家满意
出差错简直就是灾难	出差错没有关系，我可以从错误中吸取经验教训
最糟糕的事，即将发生	生活就是冒险，我会学着接受生活中的酸甜苦辣
我无法改变我的状况	如果慢慢地、一步一步来，我终将学会应对各种问题
如果我一直忧虑一件事情，事情就会有转机	焦虑无助于解决问题，行动起来才是上策

（三）合理宣泄情绪

情绪不但受大脑的控制，也受植物性神经系统的调节。情绪出现时，会伴随心跳加速、呼吸加快、排汗增多等身体反应，有时会非常强烈。情绪管理不仅要发展积极思维，同时要合理宣泄情绪，调节身体状态，可以从以下方面着手。

哭：把心中的委屈和压抑哭出来，会让自己轻松很多。

笑：哈哈大笑可以让情绪的能量流动和释放。

动：通过舞蹈、运动和劳动，可以疏解情绪，放松身体。

写：通过书写或绘画，捕捉和表达自己的情绪。

看：到大自然中走走，看看美景，有助于心情变好。

听：建立自己的情绪歌单，让音乐安抚自己的内心。

说：找信任的朋友，尽情地倾诉，在被抱持的环境中，梳理自己的情绪。

据调查，大学生情绪宣泄方式如图4-12所示。

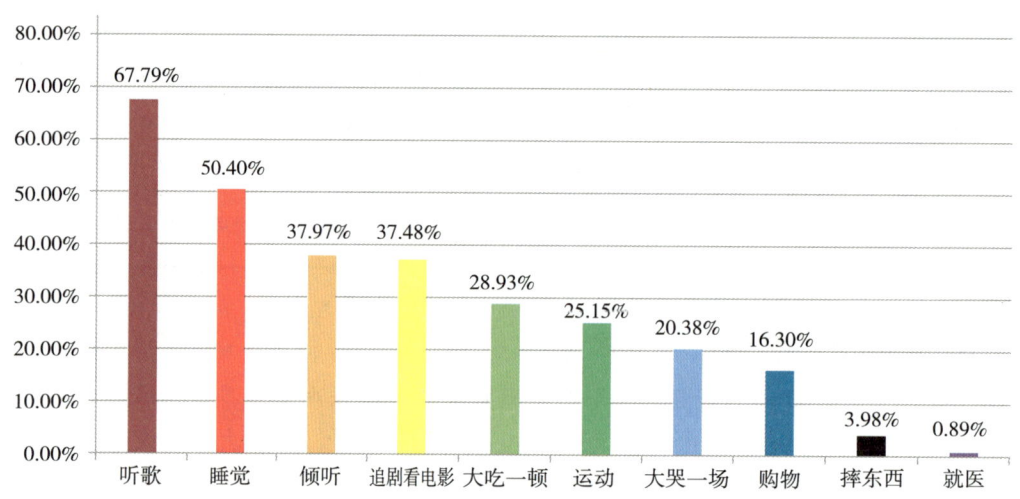

图4-12　大学生情绪宣泄方式调查

三、无压生活的艺术

进入大学前，经常有高中老师告诉学生，现在好好学习，进了大学有的是时间玩。实际上，大学生活也是充满了各种压力。

中国青年报社、中青校媒联合丁香医生共同发布的《2020 中国大学生健康调查报告》显示，60%以上的大学生表示，最近一年被学业压力所困扰。参加课题、做实验、培训考证占据着大学生的生活，学习成绩依然是导致他们焦虑的重要因素。对本科生和专科生来说，年级越高，受就业生涯规划困扰的比例越高。到了大三，"为未来做打算"被列入要考虑的问题中，就业压力成了学生学业压力以外的第二大压力源。（来源：中国青年报客户端）

压力的产生，通常有两个来源。一个来源是如果要面临的学业、生活、人际关系方面的要求太多，挑战太大，超出了我们的应对能力，就会感到身心疲倦，甚至出现身体疾病和情绪症状。压力的另一个重要来源是自身的性格和思维习惯，完美主义的人格特质以及过高的自我期待容易给自己制造压力。因此，无压生活的艺术可以从减轻外在压力源、克服完美主义性格、发展生活技能提高应对能力等三方面入手。

（一）做好自我管理，灵活应对挑战

有些压力是来自外部，比如考试和考证的压力、社团与学业的冲突、舍友关系的压力、就业的压力。面对外部的压力，可以从以下几个方面应对。

（1）分清楚事情的轻重缓急，学会取舍，不要眉毛胡子一把抓；

（2）明确自己的承受能力，学会拒绝，减少无关事项对自己的时间、精力的占用；

（3）学会求助，利用支持分担压力，渡过难关；

（4）做好学习和工作计划，优化方法，提高效率。

（二）走出完美主义，轻松面对人生

你是否无论做什么，都觉得不够好？面对生活中无法避免的小过失，你是否对自己很苛刻？如果是的话，你要警惕完美主义人格特质如何在生活中给自己制造了压力。以下是走出完美主义怪圈的专业建议。

（1）不要夸大小错误的严重性；

（2）把注意力集中在积极的方面；

（3）制定现实合理的目标，不要过于理想化；

（4）学习享受过程，努力追求但坦然面对任何结果。

完美主义的本质是难以接纳生活的不完美和不确定性，试图掌控无法掌控的人生。打破完美主义的关键是分清生活中的可控和不可控，坦然接受，进而灵活应对人生中的不确定性。

（三）学会关爱自我，提升应对能力

面对生活的要求和挑战，你是否感到压力，这在很大程度上取决于自己的应对能力和健康状态。无压生活的一个重要方面就是建立健康的生活方式，学会关爱自己。稳定有序的生活方式、丰富多彩的生活安排能够帮助我们保持良好的身心状态，及时恢复能量，积极灵活应对压力和挑战。健康生活，关爱自我可以从以下方面入手。

1. 关爱身体，健康生活

（1）健康的饮食：多吃高纤维食物，多吃低脂肪食物，不吃"情绪化"食品；

（2）体育锻炼：每星期坚持锻炼三次，可以改善心脏功能，增大肺活量，降低血压和胆固醇，改善免疫系统，提升积极情绪；

（3）生活规律：作息规律、饮食规律、劳逸结合；

（4）足够的休息：在任何情况下，要保持足够的休息和睡眠；

（5）学会放松：科学研究证明，放松和冥想对于减压和身心放松有明显的效果，学习并坚持一种适合自己的放松技术是无压生活的重要部分。

2. 劳逸结合，快乐生活

要保持良好的状态和应对压力的能力，应该劳逸结合，发展丰富多彩的休闲娱乐生活，培养兴趣爱好，这样才能在繁重的学业和生活压力之下，快速地恢复能量。你可以选择以下较为健康的休闲娱乐方式：阅读、音乐、舞蹈、适度游戏、养花种草、看喜剧片、练习书法、畅游大自然等。

3. 加强情感储备，建立支持系统

著名诗人北岛有首名诗，题目是《生活》，全诗只有一个字：网……。用最简洁的语言揭示了生活的本质就是关系的网络。研究表明，广泛的社会关系网络是隔离心理压力的最重要的绝缘体。无压生活的一个重要环节是扩大自己的朋友圈，建立强有力的情感支持系统。关于扩大社交圈，有以下几个建议。

（1）态度友好：友善地对待遇到的每一个人；

（2）主动与人交谈：扩大社交圈要跨越的第一个障碍就是害怕被拒绝，主动与人交谈，克服对拒绝的害怕非常重要；

（3）参加社团和兴趣团体：加入社团和兴趣小组，可以遇到志同道合的伙伴，更可能孵化出友谊；

（4）定期和老朋友联系：经常和老同学、老朋友打个电话或发微信问候一下，有助于维持已有的关系。

乐活人生的ABCDE

同样经历了面试被拒，一个人可能觉着自己很差劲，感到抑郁；另一个人却觉着从中学习到很多，对之后的面试更有信心。所以，带来负面情绪的不是事情，而是对事情的消极解读。梳理自己生活中经常出现的五种消极观念，试着练习用以下问题进行挑战和驳斥：

A. 有任何证据支持这个信念吗？回顾自己的人生经历，是支持的证据多还是否定的证据多？

B. 这个信念总是会在你的生活中应验吗？还是偶尔？

C. 这个信念考虑周全吗？它有没有同时考虑事情的积极和消极方面？

D. 这个信念有益于你的健康吗？让你内心安宁还是内心混乱？

E. 这个信念是自己的选择吗？还是把父母的信念内化到自己心里？

广师大"职"路人

（1）刻在骨子里的坚韧和顽强——广东技术师范大学1989届校友黎同学。

黎同学，广东技术师范大学中文系1989届校友，毕业后在某省人民政府机关工作。2006年，他辞职创业，创办了南粤第一个探险机构——广东省科学探险运动俱乐部。在2010年初，他筹集资金成立了中国第一家探险基金会——广东省科学探险基金会。

（2）积极的人生态度很重要——广东技术师范大学2000届校友张同学。

张同学，广东技术师范大学计算机应用及财务管理专业2000届校友。2001年，张同学到国外留学；2006年，创办华融金融集团公司。在他的带领下，华融信贷业务不断拓展，公司规模日渐扩大；2015年，被评为第二届世界广府人"十大杰出青年"。

延伸拓展

（1）情绪歌单。音乐可以放松身心，抚慰心灵的伤痛和疲倦。建立属于自己的情绪歌单，是纾解情绪，释放压力的良方。

（2）视频欣赏。电影《土拨鼠之日》构思巧妙，蕴含丰富，既让人开怀大笑，又引人深思。深刻探讨了如何在重复的生活中保持阳光心态，从而创造人生新的可能性。

章节小结

　　做好职业生涯规划和发展，除了学习好各种职业规划的理论与方法外，还要加强自我管理和素养的提升。在本章中，我们学习了运用四象限法则、GTD工作法、番茄工作法等工具实现有效的时间管理；通过避免沟通中的"雷"区，掌握高效沟通的六大原则来提升有效沟通的能力；找准定位，突破团体协作中的五大障碍，提升团体协作的能力；借助PERMA理论，塑造阳光心态；通过情绪管理五步曲、积极思维以及合理宣泄来培养情绪管理能力，通过做好自我管理、克服完美主义、学会关爱自我等掌握无压生活的艺术。掌握这些能力，重要的是边学边练，在日常生活中积极践行。拥有健全强大的心理素质，是实现职业发展目标的前提和基础。除了本章提及的几种素养外，综合素养还包括执行力、领导力、学习力、创新力等内容，也需要在大学期间有意识地加以培养。

本章拓展资料

第五章

打开职业世界大门

导语

通过前面四章的学习，你一定对自己有了更加深入的了解。此刻的你是否信心满满，跃跃欲试？理想的工作在哪里能找到？通过什么方式才能找到？在职场抢占先机，除了"知己"外，更要"知彼"，在了解了"想要什么"之后，通过外部的探索明确"如何能找到想要的"亦是职业生涯探索的重要一环。

本章通过介绍探索职业世界的内容及获取途径，助你在纷繁复杂的职场中了解职业世界发展变化的规律，掌握探索职业世界常用的工具，洞悉大背景下各行各业的未来动向，在职业世界里找到属于自己的位置。

思维导图

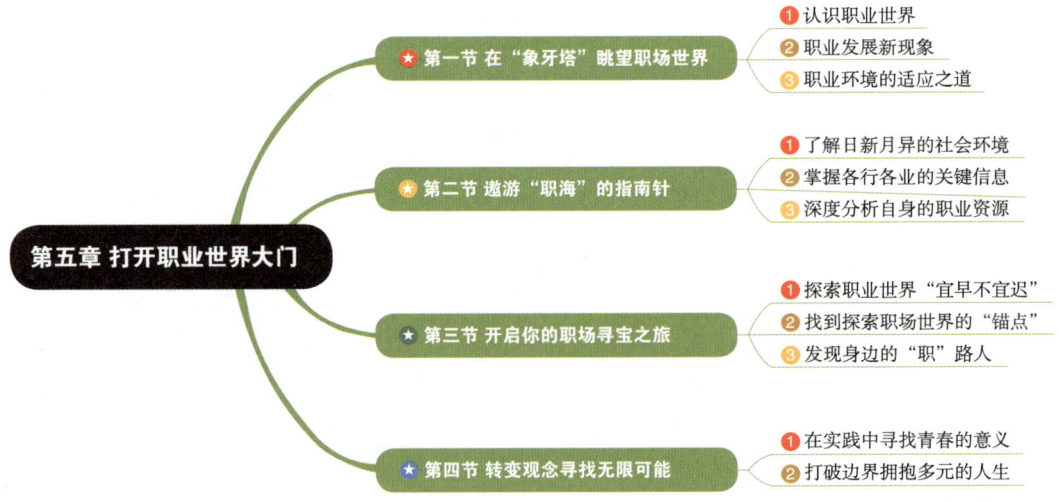

案例与思考

　　小王是汉语言文学专业大三的学生，她想利用暑假进行实习，提前了解本专业的就业方向。正当她信心满满准备投简历时，却发现不知如何选择，汉语言文学专业对口的实习岗位有兼职教师、新媒体运营、行政文员、文案策划、见习记者……每个岗位的工作内容、工作环境都不一样。家人建议她不如把暑期实习的时间用来专心复习准备考研、考公务员，提升学历或考取编制，以后才有更稳定的生活。作为准毕业生的她站在未来的十字路口，面对陌生的职业世界，该何去何从，她很迷茫。

●思考：
　（1）职场出现了哪些新变化？该如何看待和适应新变化？
　（2）探索职业世界时，如何少走弯路，准确获取需要的信息？
　（3）如何看待"慢就业"现象？

▶ 第一节 在"象牙塔"眺望职场世界

一、认识职业世界

（一）职业世界的变迁

职业是人们所从事的，赖以谋生的工作的性质、内容和方式。对于个人，职业具有维持生活、参与社会活动、发挥才能的作用；对于社会，职业具有实现社会控制、维持社会运转、为社会创造财富的功能。随着时代变化，职场环境也发生着改变，其中包括职业内涵、工作方式以及职业观念也随着外部环境改变而变迁。

以我国为例，20世纪80年代改革开放初期，大多数人追求的是一份稳定和体面的工作，最热门的职业有国企技术员、工程师、教师等；到了90年代，经历10多年的改革开放，中国的经济得到了迅速的发展，人们的视野得以开拓，薪酬和工作前景成为人们求职时的首选，最热门的职业也由此变成了外企、金融、海关等行业，还有不少人选择放弃一份稳定的工作，"下海"经商；进入21世纪后，互联网的发展打破了人们的传统观念，时刻改变着人们的生活方式。伴随着产业结构的转型升级，人们的职业选择更加多样化。互联网催生出一批新兴行业，如互联网金融、电子商务等，作为这些互联网行业的技术支撑，程序员自然成了一种新兴的热门职业。随着大数据的推广运用，一些新业态、新职业，乃至新的职业体系在细化与新生中重构。

（二）新职业不断涌现

在数字经济时代，数字技术的发展进步，社会分工的深化促使产业结构不断转型升级，推动新旧职业不断更替。在2015年修订的《中华人民共和国职业分类大典》中，取消了如"收购员""平炉炼钢工""凸版和凹版制版工"等894个不符合社会发展的传统职业。自2019年至2022年，人力资源和社会保障部、国家市场监督管理总局、国家统计局联合发布了五批共74个新职业。

2022年9月27日，人力资源和社会保障部正式向社会发布了新修订的《中华人民共和国职业分类大典》。与2015年版相比，在保持八大类不变的情况下，净增了158个新的职业，职业数达到了1639个。首次增加"数字职业"标识（标识为S），共标注了97个数字职业，占职业总数的6%。同时，延续2015年版对绿色职业标注的做法，标注了134个绿色职业，占职业总数的8%。其中既是数字职业也是绿色职业的，共有23个。这也反映出数字经济和绿色产业带来的职业变化。

网约配送员、直播销售员、电子竞技员、短视频博主……随着大数据、人工智能、区块链、云计算、5G等新一代信息技术加速创新，一批紧跟互联网发展进程的新职业吸引了越来越多人入职。这些新职业主要集中在数字产业、现代服务等新兴产业，这从侧面反映出我国经济产业的发展和升级。如区块链工程技术人员、互联网营销师、信息安全测试员、在线学习服务师等。

新职业不仅成为就业的"蓄水池",也满足了人们对美好生活的新需求。据《新360行: 2021年青年新职业指南》调查结果显示,18—35岁年轻人中有76%的愿意尝试新职业或已从事新职业。究其原因,主要是新职业满足了当代年轻人择业的多元化需求。

二、职业发展新现象

(一)职业环境新变化

1. 产业结构升级

产业结构升级指的是经济增长方式的转变与经济发展模式的转轨。从宏观角度看,产业结构升级指一个国家经济增长方式转变,如从劳动密集型增长方式向资本密集型、知识密集型增长方式转变,从资源运营增长方式向产品运营、资产运营、资本运营、知识运营增长方式转变,经济增长动力由要素驱动向投资驱动、创新驱动转变。广东作为改革开放的排头兵,在颁布的《广东省国民经济和社会发展第十四个五年规划和2035年远景目标纲要》中重点论述了"十四五"规划期间实施创新驱动发展战略、推动产业高端化发展的目标,进一步打造创造强省、制造强省。

产业结构升级对毕业生的影响直接表现在就业岗位的供给上。从国内的毕业生去向情况来看,珠三角、长三角等众多新一线城市地区对学生的吸引力较高,而从不同类型领域的就业情况来看,建筑、电力能源、制造和信息技术等相关领域需求量较为稳定,其中从事数字化岗位(如工业机器人、工业互联网、大数据、云计算、人工智能等)在制造业就业的本科毕业生中占比从2018届的12%上升到了2020届的14.2%,这体现了国家制造业转型升级过程中在数字化、智能化方面对人才提出了更高的要求。

2. 新科技变革的影响

21世纪以来,以人工智能、大数据、物联网、云计算等为核心的新科技革命进入飞速发展阶段,新一代智能机器,如3D打印、工业机器人等将进入大规模产业化运用阶段。伴随着技术的进步,产业形态及劳动者的就业状态也将随之发生巨大改变。在信息化革命的影响下,信息技术、智能机器在生产过程中的地位从辅助作用变成主导作用,劳动力资源两极化的趋势将加剧。基础性的岗位被机器所替代,劳动者胜任工作任务所需要的技能要求越来越高,逐渐从机械化的单一劳动向技术研发、产品设计、品牌运营管理、市场推广等复杂劳动转变。

3. 后疫情时代的影响

麦肯锡全球研究院(MGI)在《后疫情时代经济之未来的工作》(2021)中提到:"疫情对近距离人际接触度高的工作产生巨大影响,是对劳动力市场的又一次颠覆,而这一突如其来的颠覆将在未来几年持续影响工作的形式和方向。一些岗位曾经帮助抵消了自动化对劳动力替代带来的影响,但它们受到疫情长期影响最为严重,劳动力将面对前所未有的转型要求,需要全新的技能以进入薪资更高的职业。企业和政策制定者需要重新思考再培训问题,并找到新的方式来帮助员工建立所需的技能。如果机器人能够学会翻转汉堡,那么营业员就能学会怎么当护士、网络安全分析师或风力涡轮发动机技师——只要他们能够得到合适的支持。"在后疫情时代,受国内外市场需求缩减的影响,行业竞争压力进一步加剧,劳动力高低两极分化的现象更为明显,劳动者应对这种竞争所需要的技能要求将进一步提升。此外,在后疫情时代,认清就业环境,做好职业规划,尤其是正确的职业选择，尤为重要。

（二）职业发展途径多元化

每一代人的"理想职业"都不一样，"70后"偏向稳定、安全，"80后"更看重独立、拼搏，"90后"和"00后"他们接触信息更多更新，反映到对职业的看法上，他们的想法更多、束缚更少，对于工作，他们不再满足于谋生，更希望通过工作实现自我价值。

当代大学生面临社会转型和"互联网＋"飞速发展，他们在信息化浪潮中会面临一系列思潮的碰撞和交融，多元化的需求越来越凸显，向往自主性强、不限时间地点，可自由支配的工作形式，因此职业发展途径也从传统的单一路径变得更加多元化。

●延伸阅读

（1）"斜杠青年"。"斜杠青年"是近些年在全世界范围内崛起与发展的新兴群体，"斜杠"最早是在2007年由玛希•埃尔博尔提出的，原意为英文"slash"一词。该作家指出，目前社会上涌现出一种趋势和现象，许多年轻人尝试从事多种职业来体验生活，而不是像他们的父辈那样在一个岗位上勤勤恳恳一辈子；这些青年人以"斜杠"来代表个性，在进行自我介绍的时候用"斜杠"来区分不同的职业，让自己有别于其他人，更具个性化。多领域发展需求、多元收入诉求、多向就业的职业理念及创新创业观念的驱动是产生"斜杠青年"的基础条件，如今我们常能看到有稳定工作的上班族利用碎片化时间经营自媒体公众号等"斜杠"青年的身影。

（2）共享经济。共享经济是一种在利用互联网平台将分散资源进行优化配置，提高资源利用效率、便利群众生活的新业态新模式。在互联网商业化大背景下诞生了如爱彼迎和优步两大最具代表性的共享经济平台企业后，我国开始逐渐成为共享经济发展最快、最具潜力的国家之一，从分享交通工具到分享空闲房间，从跑腿办事到共享办公空间，共享经济对于"00后"等新一代大学生有着广泛深远的影响。从主体上看，传统经济以机构参与者为主，而共享经济以个人参与者为主，极大程度地促进点对点经济的发展，因此它为新时代大学生就业甚至创业提供了崭新的舞台。

三、职业环境的适应之道

（一）转变观念

在新职场环境下，唯一不变的就是变化。人们工作的内容、方式、环境等都将会在时代巨轮影响下缓缓向前。随着工作内容的变化带来的是工作观念的改变。传统的职业关系中，人们希望以"稳定""安全"的状态度过自己的职业生涯。新时代职业关系中，人们更希望在工作中发挥"创造"的主观能动性，积极"挑战"自己，从而实现个人价值。因此，在新形势下，大学生应主动转变就业观念，增强自身核心竞争力，以过硬的实力获取职场主动权。

（二）主动就业

马克思主义认为个人价值能否实现的基础首先是方向性，将个人的成长与国家社会的发展相联系，将小我融入大我。在习近平总书记给中国石油大学（北京）克拉玛依校区毕业生的回信中也提到"实现中华民族伟大复兴的中国梦需要一代一代青年矢志奋斗。希望全国广大高校毕业生志存高远、脚踏实地，不畏艰难险阻，勇担时代使命，把个人的理想追求融入党和国家事业之中，为党、为祖国、为人民多作贡献。"作为社会主义事业的接班人，大学生应当主动就业，积极投身社会实践，在实践中开辟出属于自己的天地。

（三）多元发展

近年来，人社部联合国家市场监管总局、国家统计局等单位多次发布了包含"互联网营销师""电竞运营专员""民宿管家""家庭教育指导师"等大学生关注度较高的新职业，这进一步拓宽了大学生的就业渠道，为毕业生求职就业提供更加多元的选择。据美团研究院发布的《2019 年生活服务业新职业人群报告》，三成新职业从业者为本科及以上的学历。与此同时，在国家政策及社会就业氛围的支持影响下，越来越多的毕业生通过灵活就业的形式，找到职业与兴趣、生活的平衡。

画一画你理想中的工作环境

十年前的社会环境和当今的社会环境有着相当大的差异，而未来十年的社会环境则更加日新月异。因此，比较当前的、过去十年的及未来十年的职业环境和就业形势有哪些不同具有很重要的意义。请查找资料进行分析，并以小组形式完成以下任务。

任务一：查找过去、现在和未来关于职业环境变化的关键词，列出频率最高的词语。

任务二：想象一下，你未来的工作环境是怎么样的？

任务三：尝试着画一幅你未来的工作环境图。

▶ 第二节　遨游"职海"的指南针

职业世界的探索由社会环境、组织环境、其他环境等探索组成，这几个部分是有机、统一、相互联系的整体。社会环境、组织环境属于同一时代背景下的内容，具有共通性，其他环境探索包括学校环境、家庭环境等则更具个性化，随着个人的情况而变化。在探索过程中，只有遵循先共性后个性的探索原则，对各部分内容进行系统、全面了解，才能掌握职场的制胜法宝。

一、了解日新月异的社会环境

职场是社会大背景下的职场，行业的兴衰成败、职业的发展前途均离不开社会宏观环境。社会环境探索是深度了解职场未来动向，寻找下一个行业风口的法宝。在社会环境探索中，国际、国内及所在地区的政治、经济、法制、科技文化、教育、历史环境等因素，是需要重点关注的。

国家、地方出台的关于经济、社会、科技、教育等领域发展的各项政策文件，是探索职业世界的重要风向标。政策文件中提及的相关领域，将为未来一段长时间内职场的发展提供方向和指引。国家、地方出台的相关规划、纲要文件，对未来一段时间内国家、地方重点发展的领域作出规划部署，这将对该领域的行业单位发展产生推动、促进作用。如国家"十四五"规划提出"加快构建以国内大循环为主体、国内国际双循环相互促进的新发展格局",以及国务院发布的《2030年前碳达峰行动方案》等利好政策,都将助力新能源、环保领域,汽车制造领域全面提速,进入发展快车道。从某平台大数据来看,自相关政策发布以来,相关领域的人才需求涨幅均超过100%。又如"双减"政策出台后,教育行业中义务教育阶段课外培训机构的发展受到严重影响,行业内的部分单位倒闭或转型。就广东省来看,2017年7月1日,《深化粤港澳合作推进大湾区建设框架协议》签署后短短数年间,大湾区这块不到全国0.6%面积的土地,在2020年创造经济总量超11万亿元,创造了全国12%的GDP,超过一个中等国家经济体,可入列全球十强。由此看来,社会各行各业的发展均受到国家、地方政策文件的深刻影响。因此,在探索职业世界过程中,必须高度关注社会时事政治,学会解读政策文件,把握社会宏观大环境。

二、掌握各行各业的关键信息

在职场中,常以行业、单位、职位三个不同维度来描述职场组织环境的状况,从组织环境探索中,我们可以快速掌握职业世界的概况,这是分析职业世界的关键脉络。

(一)行业

行业是指从事相同性质的经济活动的所有单位的集合。日常生活中从新闻媒体接触到房地产行业、金融行业、互联网行业等,就是由不同的从事相同性质经济活动的单位所组成的。如互联网行业,人们熟悉的"BAT"(B=百度,A=阿里巴巴,T=腾讯)指的就是互联网行业中的头部企业,这些企业均从事互联网相关的业务。

依据《2017年国民经济行业分类》,我国对行业划分了20个门类、97个大类、473个中类、1380个小类,从农、林、牧、渔业到公共管理、社会保障和社会组织、国际组织等,都做了详细的说明。通过行业分类,我们可以快速掌握国民经济的分类,对社会各行各业有初步的概览。

行业分析的基本框架主要包括行业概况、市场分析、产品研究、竞争格局、监管政策、其他影响因素等六大方面。

(二)单位

单位是有效开展各种经济活动的实体,是划分国民经济行业的载体。在我国国民经济中,存在国家机关、事业单位、营利性组织、非营利性组织等单位类型,每一种单位的具体类型如图5-1所示。

国家机关

"考公热"中的"公",
如税务、公安

事业单位

公益一类,如公办小学
公益二类,如公办高校/医院

营利性组织

如国有企业、外资企业、
民营企业

非营利性组织

如中国消费者协会、
中国红十字会

图5-1 单位的具体类型

单位是构成行业的重要内容，在任一行业中，均存在上述的几种单位类型。以互联网行业为例：中华人民共和国工业和信息化部作为互联网信息服务行业的行政主管部门，对应行业内的国家机关；百度、腾讯、阿里巴巴等公司对应行业内的营利性组织；中国互联网协会则是行业内的自律性非营利性组织。其各自对应关系如图5-2所示。

国家机关
中华人民共和国
工业和信息化部

非营利性组织
中国互联网协会

营利性组织
百度、腾讯、
阿里巴巴等

图5-2　互联网行业的对应关系

如对相关企业进行内部环境分析，可以着重从发展前景、企业特色、经营战略和人力资源评估等方面分析。我们在进行职业规划时，要把个人的发展和组织的发展进行综合考虑。

（三）职位

职位是指在企事业单位完成特定一项或多项相关工作任务的工作岗位。不同的职位发挥预设的职能，保证单位的正常运转。

在企业单位中，依据主要负责工作内容的不同，可以将职位分为市场类、销售类、产品类、研发类、人力资源类、行政管理类、财务会计类、客户服务类等职位。在不同类型的企业单位中，不同职位在公司中的地位和比重是有所差别的。在事业单位及国家机关中，同样存在着承担相同职能但名称不太一样的职位。

要全面了解职位，除了做全面的职业评估外，还要做工作分析。工作分析是指对工作进行整体分析，以便确定每一项工作的"6W1H"：用谁做（who）、做什么（what）、何时做（when）、在哪里做（where）、为什么做（why）、为谁做（whom）、如何做（how）。分析的结果或直接成果就是岗位说明书。它包括工作描述和工作规范两部分。工作描述如岗位名称、岗位的职责、权限等，工作规范如教育背景、工作经验、知识技能等。

三、深度分析自身的职业资源

（一）学校专业分析

高等教育阶段就读的学校、专业、学历层次等信息与求职择业息息相关，不同学校、学历层次的人才培养目标各不相同。高等学校教育体系分为专科教育、本科教育和研究生教育三个层次。随着高等教育入学率不断提升，为适应国家经济发展对高层次应用型人才的需求，教育部提出引导部分地方普通本科院校向应用型大学转变。应用型本科院校的人才培养模式更注重人才实践能力的培养，以专业为导向，以职业、技术为中心，进一步加强理论与实践的结合，提高人才走向职场的实操能力。应用型本科院校主要以地方本科院校为主体，地方本科院校相比起综合性大学，与地方经济联系更为紧密，其人才培养更多地集中服务于地方经济社会建设。就读于地方本科院校的学生在探索职业世界时，应更主动地通过身边的老师、师兄师姐了解当地经济社会发展趋势，专业就业方向等信息，积极投身社会实践，通过理论与实践相结合，提高自身的应用能力和综合素质。

以广东技术师范大学为例，"技术＋师范"是其优势。学校以"面向职教、服务职教、引领职教、特色发展"为办学理念，打造职业教育研究和职教师资培养培训两个"重镇"，深化职教师资培养体制改革，培养职业教育高素质人才；通过整合优势资源，推进产教深度融合，促进教育链、人才链和产业链、创新链的有机衔接，并对接信创产业，培养培训数字产业专业技术人才，助推广东突破"卡脖子"技术，提升学校及学生服务粤港澳大湾区的能力。与学校办学特色相对应的，较多毕业生服务于粤港澳大湾区建设，在职业教育领域及相关技术产业领域贡献自己的力量。

除了详细了解就读学校的优势和特色外，大学生还要深入了解就读专业。不同的专业有不同的知识结构和专业技能要求，对应的职业也不一样。因此，大学生应立足就读专业，分析专业对应的职业群，有关职业资格，专业的发展前景等，为以后就业筑牢基础。

实践活动

我们的学校是一座资源丰富的"宝库"，她就像母亲一样给予我们关心和关爱。请大家按照表5-1，梳理学校资源并填充在对应表格内。同时，思考如何更好地利用这些资源？

表5-1　我们学校的资源

序号	资源类别	细分类别	获取渠道	使用成本	是否使用过	使用效果或没使用的原因
1	图书和各类数据库资源					
2	校友资源					
3	实验室资源					
4	学校品牌资源					
5	实践基地资源					
6	优势学科资源					
7	名师资源					
8	其他					

（二）家庭因素分析

"家庭是人生的第一课堂"，家庭不仅在学生学习成长阶段扮演着重要角色，在学生求职就业过程中，家庭成员的择业观、职业经验、社会阅历和社会资源等，对学生职业观的形成、职业选择同样产生着重要的影响。

　　家庭环境探索是职业世界探索的重要组成部分，家庭中家长及其他重要社会关系的社会阅历中蕴藏着丰富的职业信息，同时，家长及家庭成员是学生身边最亲近的人，是学生了解职业世界最直观、最便捷的途径。

　　在探索职业世界过程中，应充分运用身边资源，深入了解父母、亲属、重要社会关系的职业观、职业经验及对社会各行各业的看法，帮助学生对职业世界形成更生动具体的印象。

实践活动

　　根据自己的实际情况，完成图 5-3。

图5-3　我的家族职业树

　　（1）他们的职业分别是＿＿＿＿＿＿＿＿＿＿＿＿＿＿＿＿＿＿＿＿＿＿＿＿＿＿＿。
　　（2）他们如何描述自己的职业？＿＿＿＿＿＿＿＿＿＿＿＿＿＿＿＿＿＿＿＿＿＿＿。
　　（3）他们认为自身职业的优点是＿＿＿＿＿＿＿＿＿，缺点是＿＿＿＿＿＿＿＿＿。
　　（4）他们平时会提到哪些职业？＿＿＿＿＿＿＿＿，他们的态度是＿＿＿＿＿＿。
　　（5）他们认为最好从事＿＿＿＿＿＿＿＿，最好不要从事＿＿＿＿＿＿＿＿。
　　（6）家族对彼此的职业，感到最满意或者羡慕的是＿＿＿＿＿＿＿＿＿＿＿＿＿。
　　（7）家人希望我将来从事＿＿＿＿＿＿＿＿，理由是＿＿＿＿＿＿＿＿＿＿＿。

第三节 开启你的职场寻宝之旅

职场是一个不断发展、练就人生的巨大宝库，如何更好地开启你的职场寻宝之旅？结合自身实际，掌握探索职业世界的途径，综合运用获取职业信息的方法是关键。

一、探索职业世界"宜早不宜迟"

大学生要开始探索职业世界，该从何处着手呢？探索职业世界我们将从探索形式、探索途径和具体方法三个维度来区分，详见表5-2。

表5-2 探索职业世界

序号	探索形式	探索途径	具体方法
1	静态资料的获取	线上求职平台 行业、企业网站 学校就业指导网站 出版物、音像制品	获取行业报告、企业年报、招聘信息等
2	动态资料的获取	家人 职场人士 专业协会或俱乐部	生涯人物访谈等
3	实地参与实践	校园招聘会 见习实习岗位	直接观察、直接工作经验

探索职业世界应趁早。不管是本科生还是研究生，都应在低年级时就开始了解职业世界，否则到了高年级，学业压力较大，校园活动丰富，每日行程忙碌，可能就顾不上浏览招聘网站，也顾不上与行业内部人员交流。另外，对职业世界的探索不是一蹴而就的。低年级时先做大致了解，高年级时就能有针对性地对感兴趣的行业、心仪的岗位进行深入了解，这对职业生涯规划很有帮助。即使毕业后选择升学，了解职业世界也有助于专业志愿的填报。

在学校的时候，同学们可以通过收集整理资讯来探索职业世界，比如应用网络、书籍、报刊等手段，收集有效的职业、职场信息。随着信息技术的发展，网络成为人们获取信息的重要渠道。利用搜索引擎，搜寻所感兴趣的职业，以及未来可能从事的行业、应聘的相关机构或公司的资讯，并深入了解其工作内容与任务。同时，同学们还可以多到校园招聘会现场，观察、体会应聘情景，许多用人单位在假期也为在校生提供了实习的机会，可以让同学们对职业世界有更近距离的体会和感受。

实践活动

求职前，需要对就业信息的掌握情况有清晰认知。请认真思考，你目前需要了解的就业信息及信息来源渠道，并做记录（见表5-3）。

表5-3 就业信息记录

序号	就业信息	信息要点1	信息要点2	获取渠道
1	就业政策和法规			
2	就业形势			
3	用人单位			
4	岗位需求			

二、找到探索职场世界的"锚点"

开始职业世界的探索后，我们会收集到职业环境中关于行业、企业、岗位等方方面面的信息，那么首先我们需要考虑的方面是什么呢？其实相比差异性较大且形势变化较快的企业和岗位信息，行业是在一定阶段能呈现出更强的稳定性和客观性，从这点来看，非常适合作为我们探索职业世界的首要考虑的方面，也就是"锚点"所在。

案例分析

小王是一名大四毕业生，学的是财务会计教育专业，经过一段时间应聘，他收到了三个分别来自传统媒体、职业教育和实体零售行业的用人单位发来的录用通知，岗位分别是财务会计岗、中职教师岗和管理培训生，待遇基本相同。"是当一名企业财务人员、管理人员还是一名中职教师？"迷茫的他找到就业指导老师咨询，老师和小王一起找到了很多相关行业的行业分析报告。通过查阅报告他渐渐了解到，传统媒体处于衰退期，实体销售行业也受到了互联网电商的冲击处在行业调整期，而职业教育行业在国家"十四五"期间中属于重点发展领域，国务院发布了《国家职业教育改革实施方案》，教育部重新修订了《职业教育法》。这预示着职业教育行业未来在很长一段时间有稳定的发展空间。他很快做出了选择，立志成为一名中职教师。

由案例可见，在职业选择中不同行业之间所处的状态和趋势是影响从业者未来职业发展的重要因素之一，要判断行业是否正处在"风口"，位于生命周期的哪个阶段。处于成长期和成熟期的行业，由于行业利润高，市场关注度高，能为该行业从业人员带来更丰厚的薪酬和更广阔的职业发展前景。处于形成期和衰退期的行业，由于行业自身发展的限制，其从业人员的职业发展也将相应受到影响。

要快速了解行业产业的情况，学会探索和读懂行业分析报告是关键。我们可以从行业概况、市场发展分析、竞争格局、政策环境、其他影响因素等5个大方面进行分析。下面以《艾瑞咨询：2022年全球职业教育行业发展报告》（以下简称报告）为例作分析。

（一）行业概况

根据国务院发布的《国家职业教育改革实施方案》，我国职业教育与普通教育是两种具有同等重要地位的不同教育类型。随着我国进入新的发展阶段，产业升级和经济结构调整不断加快，各行业对于技术技能人才需求日益迫切，职业教育的重要性也逐渐凸显。具体情况参见图5-4。

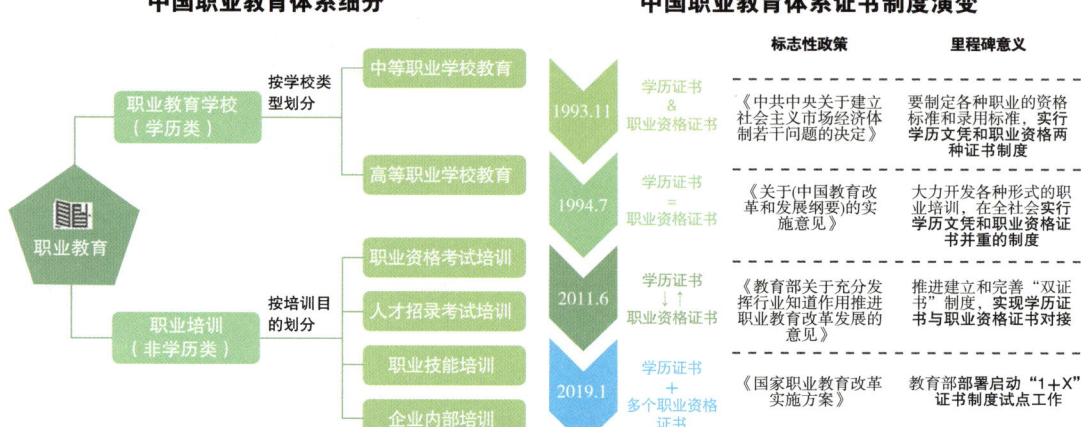

图5-4 中国职业教育体系细分与中国职业教育体系证书制度演变

（二）市场分析

可以从市场规模、用户群体的大小，行业情况以及通过业内企业的财务报表等方面综合观察行业的市场是否有成长的空间。2016—2023年中国非学历类职业教育市场规模及增速情况参见图5-5。由图5-5可见，2021年后职业教育有望持续蓬勃发展，非学历教育市场规模增速将恢复，到2023年职业教育市场规模将超6400亿。

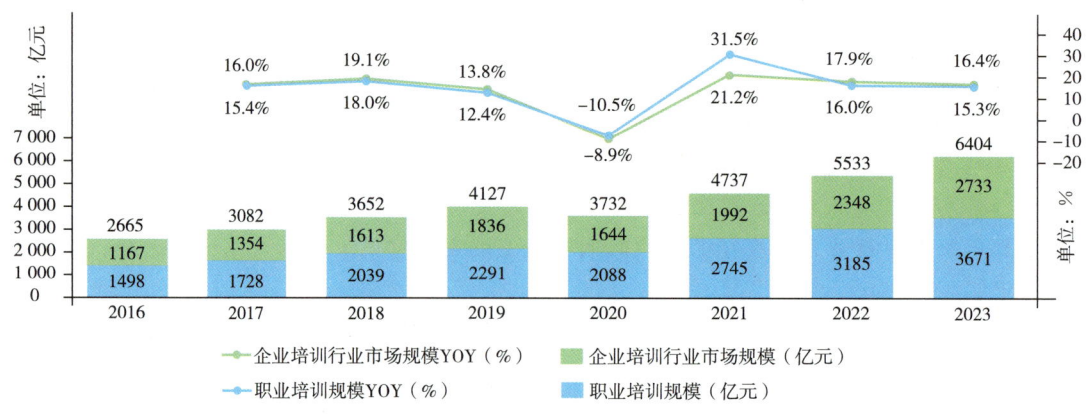

注释：
1. 企业培训行业核算口径为企业培训组织及企业培训系统的确认收入，其中，1）企业培训组织收入仅为企业向培训组织购买产品及服务时所产生的收入，仅包括课时劳务收入（如讲师酬金）和教学资料收入（如课件教辅），不包括政府补助、咨询项目收入、可取得学历或学位的培训项目收入（列如MBAE/MBA）和境外游学研学项目收入（例如出国访学），2）企业培训系统收入包括系统使用收入（例如SaaS订阅费、一次性支付的软件费）、增值内容收入（例如需额外付费的课程）和增值服务收入（例如需额外付费的维护、运营和咨询服务）。
2. 职业培训市场规模，1）统计口径为to C业务市场规模，不含企业培训等to B业务市场规模；2）未包含考研培训、成人学历教育培训等招生考试类培训；3）此处职业技能培训仅包含IT类、数字艺术类、成人实用语言类、金融财会类、运营类等专业技能培训，未包含汽修驾驶、烹饪、美容美发等偏蓝领工种的技能培训；4）未包含通识教育培训
来源：艾瑞咨询研究院自主研究与绘制。

图5-5 2016—2023年中国非学历类职业教育市场规模及增速

（三）竞争格局

通过行业产业报告了解行业或企业的市场份额是如何被分割的，从而评估目标行业或用人单位在未来发展的空间，比如报告中提出在就业市场供需关系的驱动下，偏重专业技术的职业教育必将日益受到重视。在健康的职普分流环境下，人才供需失衡才能够得到长远改善，因此职业教育将和普通教育在未来达到平衡的比例状态。

（四）政策因素

行业的发展离不开国家政策因素的影响，要顺应国家政策利好方向，规避国家政策限制方向。例如新修订的《中华人民共和国职业教育法》除了打通职业教育与普通教育的发展及成果互认通道外，还明确了国家采取措施大力发展并重点支持的社会化主体，社会弱势群体、产业工人、行业技术技能人才、新兴专业从业者等各社会阶层均被提及，这都为职业教育行业的发展提供了政策利好。

（五）其他影响因素

其包括区域分布、经济水平、人口结构、文化背景等影响因素。例如随着经济的发展，大湾区对人才的需求越发强烈。根据广东省人社厅发布的《粤港澳大湾区（内地）急需紧缺人才目录》显示，大湾区内地9市紧缺人才需求总量达到33万人，其中制造业人才需求占比过半数，约为19.9万人。职业教育以"职业"为核心，通过职业教育能为社会定向补充即用人才，进一步服务大湾区建设发展等。

行业报告具有即时性的特点。通过行业报告，可以清楚了解当前相关行业的整体状况和发展趋势，为探索职场世界提供了多视角、多维度的有利参考。

延伸拓展

搜寻行业产业报告

通过搜索查阅对应的政府机关、行业协会、行业媒体官网，也可以通过搜索相关学术网站、咨询机构官方公众号或出版物等。

（1）政府官方数据平台：国家统计局等；

（2）学术网站：中国知网等；

（3）咨询机构公众号或出版物：德勤、麦肯锡、毕马威、艾瑞咨询研究院等；

（4）行业权威网站：中国汽车工业协会、中国食品工业协会等网站。

实践活动

请上网查找与你专业相关的行业报告，针对行业概况、市场分析、竞争格局、政策环境、其他影响因素等方面，用2～3个关键词进行解读，在自我评估基础上做一次职业环境探索，完成表5-4。

表5-4 行业报告解读

项目	关键词1	关键词2	关键词3
行业概况			
市场分析			
竞争格局			
政策环境			
其他影响因素			

通过此次职业环境探索，希望你能进一步了解：大学生探索"职业世界"的方法和途径；我国目前职场的现状，不同职业对人素质的要求；对"职业"有更清晰的认识：行业、职业、岗位、工作、专业的关系，以及职业分类等。

三、发现身边的"职"路人

通过解读产业行业报告能够帮助同学们从整体上了解职业环境情况，而进一步有效获取职业相关信息的方法则是生涯人物访谈，即通过与意向行业从业者的深入交流而获取职业信息的方法。它除了能印证前期调查获得的信息真伪，同时更能了解关于行业中一些潜在或特殊的问题或需要，如潜在的入职标准、核心素质要求、晋升路径及工作者的内心感受等。

生涯人物访谈的六个步骤参见图 5-6。

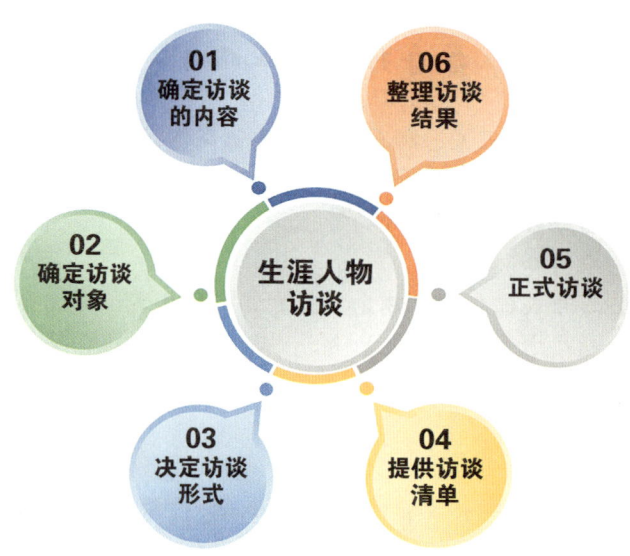

图5-6 生涯人物访谈的六个步骤

其一，确定想要了解的职业，想要采访的业内人士，以及想访谈的问题，可以与同学一起把问题进行分类，并探讨确定访谈对象的标准，逐步生成自己的生涯问题访谈清单。例如：

访谈对象1：基层公务员

（1）您为什么选择到基层工作？

（2）您在基层工作中最主要的困难是什么？

（3）公共服务部门的工作会不会有时不被理解？这会不会消磨掉自己的工作热情？

访谈对象2：中职教师

（1）职业教育对您来说是什么？

（2）您在什么时候，遇到过什么挑战，才找到了自己想研究的学术方向呢？

（3）教学的工作成就感怎么样？

访谈对象3：程序员

（1）提升学历对就业的帮助大吗？

（2）从现在的工作强度看，您觉得自己会从事这一职位到多少岁？

其二，选择线上或是线下的形式进行生涯访谈，结束访谈后再将访谈内容进行梳理，将寻访被访者的过程和访谈过程中印象最深的地方等内容通过组间分享等形式进行总结。可以发现，通过生涯人物访谈我们能收集到了许多身边职场人士的经历，而形成访谈案例的形式可以看出这些"过来人"的宝贵经验是如何给予我们启发的。

生涯人物访谈

请对自己身边感兴趣的职场人士通过线上线下形式进行一次采访。

访谈目的：获得精准且深入的职业信息，检验其他渠道获得的信息；

访谈时间：30～60分钟；

访谈人物：在本领域工作3年内的，建议1年内的1个人，2年内的1个人，3年内的1个人；

访谈人数：一般2～3位，不要少于2位；

访谈方式：面对面访谈，电话次之。

▶ 第四节　转变观念寻找无限可能

对职业世界的探索，包含认知及观念两个层面。探索职业世界，仅停留在认知层面是不够的，作为新时代大学生，除了在认知上掌握更多的职场知识外，更需要在观念上冲破束缚，用开放的心态，开阔的视野，积极拥抱职业世界。

一、在实践中寻找青春的意义

近几年，"慢就业"开始成为社会大众讨论的热门话题，越来越多大学毕业生在毕业后选择暂时居家、游学、陪伴父母、创业考察或反复准备各种职业应考等主动的不就业行为。

在"慢就业"群体中，大概分为以下几类：出于对职业的高标准，对稳定工作的向往而选择备考公务员、事业单位等体制内工作的毕业生；出于对增强自身实力及更高平台的渴望，选择再次备考研究生及其他职业资格考试的毕业生；缺乏过硬的职场竞争实力而不得不"慢"下来毕业生；缺少职业规划，对自己的发展感到迷茫而消极逃避的毕业生；逃避"996""007"等工作方式或职场复杂人际关系的毕业生。前二者属于主动的"慢就业"，后三者则归于被动的"慢就业"。

"慢就业"之所以引起社会热议，是因为这一现象背后折射出大学生就业观念局限、职业目标单一、缺少清晰职业规划等一系列问题。

案例分析

小蕾是管理专业的大四毕业生，她希望毕业后考取国家公务员进入体制内工作。从大三下学期开始，她便积极备考，没有求职的想法。但遗憾的是，她每次都差几分，与"上岸"失之交臂。她与父母商量，打算继续备考一年，父母支持她的想法。面对父母期盼的眼神、亲朋好友的关心、不确定的未来，她压力倍增。在高压之下，她的备考状态大不如前。一年过去了，她仍未"上岸"。未来何去何从，她陷入了迷茫……

小蕾同学的故事，属于主动"慢就业"的行为。她看似求职目标十分明确，却陷入了就业观念局限，职业目标单一的困境。

就业观念是指导毕业生做出求职就业行为的态度和想法。同学们在求职择业时应"端正择业观念，精准定位，在社会的广阔天地大显身手"。大学生是国家宝贵的人才资源，青年学生要将自己的命运同国家民族的命运紧紧联系在一起，到基层去、到边远地区去、到社区去、到农村去、到军营去、到祖国和人民需要的地方建功立业。

小新是某理科专业大四毕业生，大学毕业后他入职了一家与专业相关的公司，工作一段时间后，他明确自己未来不愿意从事与专业相关的工作。他不愿意随便找一份工作浪费自己的时间，于是他决定停下来，暂不就业，给自己更多的时间思考未来的方向。在这段时间，他深入地思考了自己以后想做什么，喜欢什么工作等问题，从小对数字敏感的他决定转行当一名财会人员。他开始备考财会类的职业资格考试，自学专业知识。通过一年的努力，他从"门外汉"成长为能独立应对财会工作的人，最终成功转行成为一名财会人员。

从以上案例可见，小新经过一段曲折的探索，才找到了适合自己的职业发展道路。同学们要尽早思考自己的职业兴趣、未来职业方向等问题，争取少走弯路。

在大学期间开展职业生涯规划思考是学习生活的重要课题，在完成学业任务的基础上，应主动参加实习实践活动，通过短期的职场体验，在实践中理清自身职业方向，提前感受职场的节奏和氛围，掌握就业主动权。读万卷书，行万里路，通过高等教育掌握了丰富知识的大学生，只有投身于社会实践中，才能将所学知识内化为自身的真才实学，做到知行合一。

二、打破边界拥抱多元的人生

从近年就业数据来看，毕业生就业单位与自身所学专业对口率较高。随着社会多元化发展，许多毕业生则选择跳出专业的限制，结合自身兴趣特长，积极响应国家号召，在广阔的职场天地中寻找属于自己的一片天地。

案例分析

　　小雪，女，本科就读的是工科专业，在了解到工科专业不符合自身兴趣后，她便下定决心毕业后跨专业就业。"经过一番摸索，我觉得电子商务行业更适合我"。因此，在修读本专业课程基础上，她利用课余时间一边自学电子商务的专业知识，一边积极参加电商公司的实习实践活动，在大四时获得心仪电商企业的录用通知。

　　小辉，男，某本科高校大四毕业生，就读人力资源管理专业。从小在乡村长大的他，希望长大后能回报家乡。进入大学后，他通过了解基层就业政策，向参加基层就业项目的师兄师姐取经，更加坚定了毕业后回乡就业的信念。毕业时他获得专业内顶尖公司抛来的橄榄枝，但他毅然放弃，报名参加"三支一扶"计划，选择为粤北山区基层群众服务。"在家乡扎根是我一生中最坚定的选择。"

　　小柏，男，就读汉语言师范专业，个性风趣幽默，在校期间活跃于各大社团组织。毕业求职时发现网络主播是个热门的职业，顶住家人希望他从事教师职业的压力，应聘某新媒体平台主播。现成为行业内小有名气的头号主播。

　　以上三则案例的主人公在毕业时均选择了跨专业就业，在求职中选择了或与自身兴趣特长、个人理想相匹配的职业，或投身社会新职业，并在职场中收获了成功和满足。在他们的身上，可以发现在多元化的职场中，专业对口的工作并不是求职的唯一选择。

　　打破认知的边界，在职场中练就过硬的本领，无论专业是否对口，同样能在职场中取得成功。"海阔凭鱼跃，天高任鸟飞。"在瞬息万变的职场中，不断增强自身的竞争实力是唯一不变的应对之道。

实践活动

典型的一天

　　分组讨论，选择一个职业，并提前收集该职业信息，了解该职业的工作内容、典型的工作状态等，编导和排练一个节目，展现该职业典型的上班场景，但在剧中不得以语言或者文字形式暴露该职业名称；其他小组猜测该职业并说出原因；最后小组总结和分享感受。

广师大"职"路人

　　（1）林深时见鹿，海蓝时见鲸——广东技术师范大学2020届校友关同学。

　　关同学，广东技术师范大学财经学院金融学专业2020届校友，2020届优秀毕业生，现就职于上海某教育科技有限公司。

　　（2）突破自我迎难上，踏踏实实步步——广东技术师范大学2009届校友陈同学。

　　陈同学，广东技术师范大学自动化学院测控技术与仪器专业2009届校友，现任广州某电子科技有限公司CEO；2020年度以第一发明人身份获得一个发明专利授权，并以项目参与者身份获得累计3个软件著作、实用新型等专利授权。

　　（3）玫瑰一枝摇曳红，阳光绽放等闲风——广东技术师范大学1998届校友张同学。

张同学，广东技术师范大学中文系 1998 届校友，现就职于广州市某机关服务中心（信息中心）。

章节小结

本章主要介绍职业环境探索的内容、渠道和方法。首先，职业外部环境一直在不断变化，充分探索社会、组织、学校及家庭环境，能更加从容地应对职业世界的变迁；其次，在众多的职业环境探索方法当中，通过做行业分析或生涯人物访谈，深度了解日新月异的职业世界；最后，自身的职业观还需要与职业生涯规划相辅相成，树立正确的就业观，在求职择业时及时转变观念，减少束缚，大胆寻找你的理想职业，让未来充满无限可能！

本章拓展资料

第六章 拥抱职业教育春天

导语

　　职业教育作为与普通教育具有同等重要地位的教育类型，是培养技术技能人才、传承技术技能及促进就业创业创新的重要途径。改革开放 40 多年来，特别是党的十八大以来，党中央、国务院高度重视职业教育和职教师资队伍建设，我国职业教育实现历史性跨越，已建成世界规模最大的职业教育体系。党的二十大报告指出："统筹职业教育、高等教育、继续教育协同创新，推进职普融通、产教融合、科教融汇、优化职业教育类型定位。"同学们经常会接触到与职业教育相关的信息，那么你对职业教育的概念与内涵、发展现状与未来发展趋势的认识是否清晰？

　　通过本章的学习，你将了解我国职业教育及职教师资的发展趋势，掌握职教师资应具备的能力和素质要求，明白"工匠之师"是怎样炼成的。

思维导图

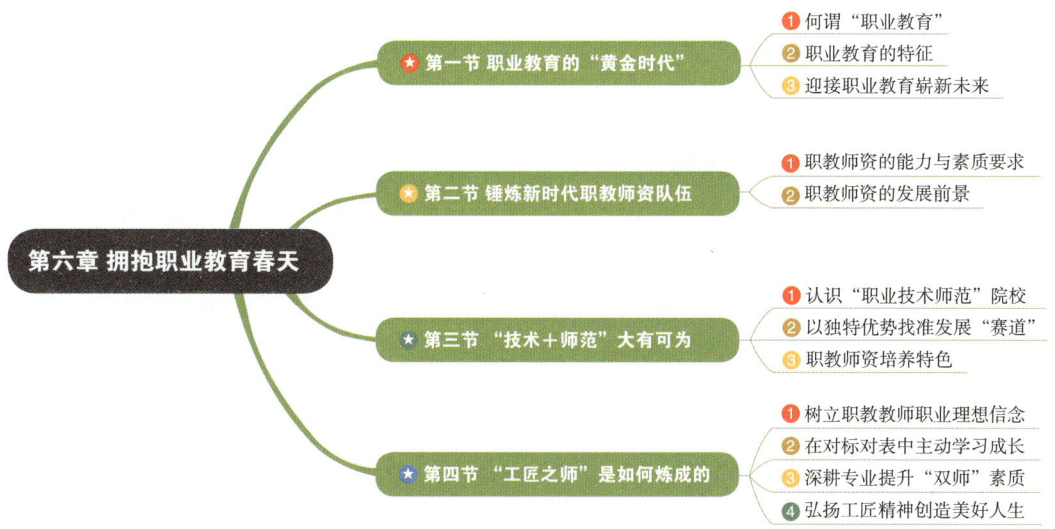

案例与思考

小安是机械设计制造及其自动化（师范）专业大一新生，在入学初接受专业教育时，她了解到，该专业是培养从事中职教育工作的教师。对于"职业教育"这个词，小安感觉到陌生又困惑。

一般来说，大学生对普通教育较为熟悉，但是对职业教育知之甚少。其实，职业教育与普通教育是两种不同的教育类型，具有同等重要地位。让我们带着以下问题，走进本章的学习。

●思考：

（1）职业教育是什么？

（2）职业教育的发展前景如何？

（3）"工匠之师"需要具备哪些能力？怎样做准备？

▶ 第一节 职业教育的"黄金时代"

一、何谓"职业教育"

2019年，国务院印发的《国家职业教育改革实施方案》（简称"职教20条"）指出："职业教育与普通教育是两种不同教育类型，具有同等重要地位。"正式将职业教育确定为我国教育体系中一个单独的教育类型。

何谓职业教育？根据最新修订的《中华人民共和国职业教育法》的定义，"职业教育是指为了培养高素质技术技能人才，使受教育者具备从事某种职业或者实现职业发展所需要的职业道德、科学文化与专业知识、技术技能等职业综合素质和行动能力而实施的教育，包括职业学校教育和职业培训。"

可见，职业教育是与基础教育、高等教育和成人教育地位平行的四大教育板块之一，主要内容囊括了职业学校教育和职业培训两部分。职业学校教育分为中等、高等职业学校教育；职业培训包括就业前培训、在职培训、再就业培训及其他职业性培训，可以根据实际情况分为初级、中级、高级。职业教育的目的是培养社会生产、服务、建设及管理一线需要的，既具有一定文化水平又掌握实践操作技能的应用型人才。进入新时代后，职业教育更强调将专业精神、职业精神和工匠精神融入人才培养全过程。

二、职业教育的特征

（一）职业性

职业教育最基本的特征是职业性。职业教育培养的是具备就业谋生所必需的专业知识及技能，具有某一特定职业的综合素质与能力的专门人才。其培养的每个步骤及过程都要与劳动市场的需求和社会生产的实践环环相扣，培养目标具有强烈的职业针对性。因此，职业教育的发展是以职业需求作为导向的。

（二）实用性

职业教育的课程设置、专业招生、教学内容、培训目标等都根据特定的职业技能标准和用人单位需求来确定。理论教学内容突出职业的应用性和服务性，实训操作教学部分强调产教融合，重视学生动手实操、职业适应和应变等能力的培养。

（三）适应性

职业教育与社会经济活动紧密联系，以服务经济建设为目的，关注社会产业的发展需求并不断调整适应。在数字经济时代，新职业不断涌现，促使职业教育不断革新，通过调整办学模式、办学方向及层次、教学内容侧重点等，以适应经济社会与产业发展的变化。

三、迎接职业教育崭新未来

党和国家对大力发展现代职业教育高度重视。2022年10月7日，中共中央办公厅、国务院办公厅印发《关于加强新时代高技能人才队伍建设的意见》指出："技能人才是支撑中国制造、中国创造的重要力量。加强高级工以上的高技能人才队伍建设，对巩固和发展工人阶级先进性，增强国家核心竞争力和科技创新能力，缓解就业结构性矛盾，推动高质量发展具有重要意义。"习近平总书记指出："在全面建设社会主义现代化国家新征程中，职业教育前途广阔、大有可为。要坚持党的领导，坚持正确办学方向，坚持立德树人，优化职业教育类型定位，深化产教融合、校企合作，深入推进育人方式、办学模式、管理体制、保障机制改革，稳步发展职业本科教育，建设一批高水平职业院校和专业，推动职普融通，增强职业教育适应性，加快构建现代职业教育体系，培养更多高素质技术技能人才、能工巧匠、大国工匠。"

随着社会对技能型人才需求的增长，政策与需求的双重驱动使得职业教育迎来全新发展机遇，职业教育的重要地位也越发凸显。新修订的《中华人民共和国职业教育法》首次以法律形式明确了职业教育的地位，确定了职业教育是与普通教育具有同等重要地位的教育类型；从法律层面畅通了职业教育学生的发展通道，通过统筹推进职业教育与普通教育协调发展、确立本科职业教育顶层制度设计，实现职业教育从"层次教育"向"类型教育"转变。

我国进入新的发展阶段，开启建设社会主义现代化国家新征程，产业升级和经济结构调整不断加快，职业教育迎来新发展战略机遇期。一是国家教育改革为职业教育发展提供广阔空间。国家出台《国家职业教育改革实施方案》《职业教育提质培优行动计划（2020—2023年）》《关于推动现代职业教育高质量发展的意见》《关于加强新时代高技能人才队伍建设的意见》等政策文件，突出职业技术教育类型特色，增强职业技术教育适应性，大力培养技术技能人才。二是产业升级与经济发展为职业教育提供了广阔空间。职业教育与社会经济的发展紧密联系，二者相互制约又相互促进。随着产业的迅速升级发展，各行各业对高质量人才的需求逐渐增多，为职业教育的发展提供了机会。三是技术发展使得职业教育前景广阔、大有可为。进入信息技术时代，我国高水平技术技能型人才结构性缺口比较突出，职业教育作为培育现代信息技术素养人才的重要渠道，发展前景较为广阔。根据摩根士丹利（知名金融咨询服务机构）2021年发布的关于未来10年中国大消费市场展望的报告——《中国消费2030》，我国教育行业的未来10年，职业教育市场规模将保持10%的年增长率。

实践活动

选修一门职业教育专业课程

在国家职业教育智慧教育平台上选修一门感兴趣的职业教育专业课程，学习优质课程开发、教学设计和教学艺术等，在学习借鉴中不断提升教育教学能力。

▶ 第二节　锤炼新时代职教师资队伍

一、职教师资的能力与素质要求

百年大计，教育为本；教育大计，教师为本。作为教学活动的主体，职业教育教师是履行教育职责、培养人才最重要的践行者，高素质职教师资队伍建设是职业教育高质量发展的关键因素。职业教育的发展目标决定了职业教育教师所应具备的能力素质特征，主要体现在思想品质、专业能力、现代教育手段等几个方面，参见图6-1。

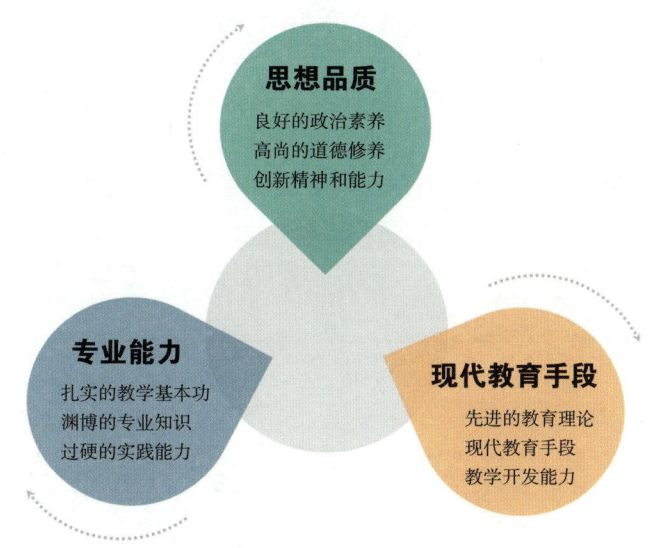

图6-1　职教师资的能力与素质要求

二、职教师资的发展前景

根据教育部有关数据统计，我国已建成全世界规模最大的职业教育体系，2021年高职学校招生557万人，中职学校（不含技工学校）招生489万人，中高职学校每年培养1000万左右的高素质技术技能人才。截至2021年，全国职业学校专任教师规模达到129万人，其中：中等职业学校专任教师69.5万人，高职专科学校57万人，本科层次职业学校2.5万人；从学历结构看，中职学校本科及以上学历专任教师占比94%；高职学校本科及以上学历专任教师占比99%，研究生及以上学历专任教师占比41%。高素质职教师资队伍为职业教育高质量发展提供了有力支撑。

（一）职业教育培养结构正在转型升级

随着产业升级带来的技能型人才的快速迭代，我国职业教育的主体逐步由中等职业教育向高等职业教育转变。在2011—2020年的10年间，职业教育的结构发生了巨大的变化：中等职业教育在校生逐年萎缩（从2011年的2205.33万人缩减至2020年的1663.37万人，减幅32.58％）；高等职业教育在校生则逐年增长（从2011年的958.85万人增长至2020年的1459.55万人，增幅34.31％）；本科层次职业教育2019年开展试点，"十四五"期间本科职业教育将高速发展。这些都对加强高素质职业教育"双师型"教师队伍建设，为职业教育高质量发展提供关键环节和智力支撑提出了更多更高的要求。

（二）职业教育教师的需求及发展前景

衡量职教师资短缺与否的指标是生师比（学校在校学生数与专任教师数的比例），"十三五"期间中等职业教育生师比呈缩小趋势，整体已小于20:1，但省域、区域差别明显，个别地区师资缺口仍然较大。高等职业教育生师比则呈增大趋势，已高于普通高校平均水平，超过20:1，高等职业院校师资亟需扩充。特别是高职百万扩招、到2025年职业本科教育招生规模不低于高等职业教育招生规模的10％。政策的实施，使得高等职业教育师资短缺的情况更加凸显。2011—2020年两类院校生师比参见图6-2。在结构和质量方面，截至2020年，中等职业教育和高等职业教育硕士及以上学历层次教师占专任教师总数的比例分别为8.6％、50.6％；"双师型"教师占专任教师总数的比例分别为30.82％、39.93％，结构仍需优化。总体来看，随着国家创新驱动发展战略、乡村振兴战略、数字中国战略等国家战略的实施及服务"一带一路"建设，职业教育对高素质职教师资的需求较为迫切，呈现出逐步从本科层次提升到硕士层次甚至博士层次的趋势。

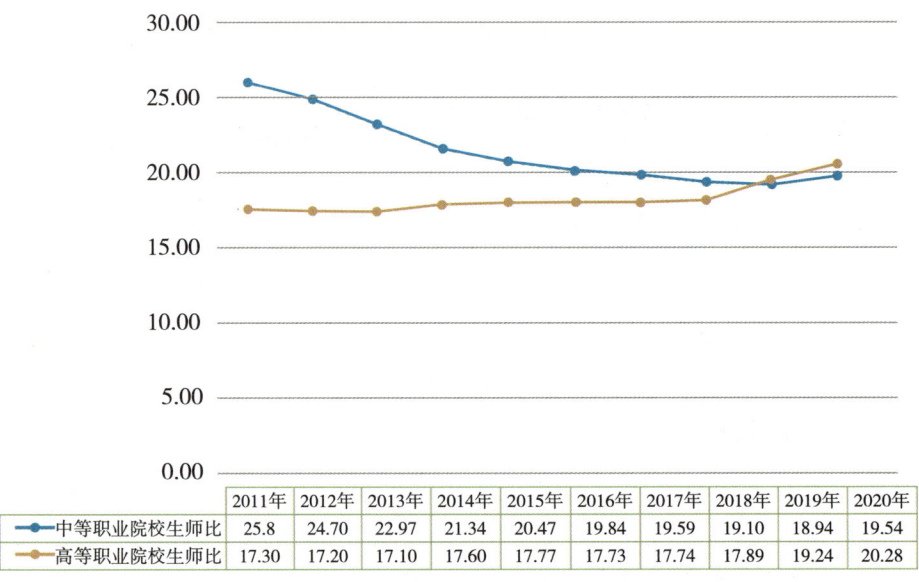

	2011年	2012年	2013年	2014年	2015年	2016年	2017年	2018年	2019年	2020年
中等职业院校生师比	25.8	24.70	22.97	21.34	20.47	19.84	19.59	19.10	18.94	19.54
高等职业院校生师比	17.30	17.20	17.10	17.60	17.77	17.73	17.74	17.89	19.24	20.28

图6-2　2011—2020年全国中等和高等职业教育生师比变化示意图

 实践活动

参加一次师范生社会实践活动

学生参加一次师范生假期社会实践活动，目的是提高师范技能，锻炼实践能力，了解

成为一名优秀职教教师需要掌握的素质要求和努力方向，并撰写实践心得。

▶ 第三节　"技术＋师范"大有可为

一、认识"职业技术师范"院校

（一）职业技术师范院校功能定位

我国独立设置的职业技术师范院校，大多数诞生于 20 世纪 80 年代。1985 年颁布的《中共中央关于教育体制改革的决定》中要求，大力发展职业技术教育，建立若干职业技术师范院校，有关大专院校、研究机构都要担负培训职业技术教育师资的任务，使专业师资有一个稳定的来源。强化"双师型"教师队伍建设是办好职业教育，提高职业教育人才培养质量中最关键一环。职业技术师范院校肩负着服务职业教育的使命，主要职责是"双师型"职教师资的人才培养，职业院校教师的职后培训，以及职业教育理论、教育政策和教学实践研究。

（二）全国职业技术师范院校概况

职业技术师范院校作为培养培训职业教育教师的主阵地，被称为职业教育的"母机"，在其近 40 年的发展历程中，为我国职业教育培养培训了大批专业职教师资，在服务职教和引领职教方面发挥了重要作用。职业技术师范院校是我国普通师范院校的一个重要分支，也是我国高等院校的重要组成部分。在全国 1270 多所本科院校中，独立设置的职业技术师范院校仅有 12 所，包括传统的"老八所"和新设四所，"老八所"即广东技术师范大学、天津职业技术师范大学、江西科技师范大学、河北科技师范学院、吉林工程技术师范学院、江苏理工学院、河南科技学院和安徽科技学院；近几年新设立的四所，即 2015 年以来新增设的广西科技师范学院、滇西科技师范学院、广西职业师范学院和福建技术师范学院。随着国家加强职业技术师范院校建设，支持各省（自治区、直辖市）一批高校转型为或转设职业技术师范大学，并推动一批高水平工科大学举办职业技术师范教育，职业技术师范院校数量还将进一步扩容，全国职业技术师范院校建设体系将进一步完善。

二、以独特优势找准发展"赛道"

广东技术师范大学创办于 1957 年，前身为广东民族学院。1998 年，为适应广东经济社会迅速发展对于高级技能人才和职业教育师资的需求，学校转型为以培养职教师资为基本定位的全国独立设置职业技术师范院校，广东职业技术师范学院成立（见图 6-3）。2002 年更名为广东技术师范学院（见图 6-4），2018 年更名为广东技术师范大学（见图 6-5），实现了历史性的重大跨越，成为全国首批"职教专硕"试点高校。

学校作为广东省唯一一所以培养职教师资为主要任务的高等院校，自 1998 年转型开展职业技术师范教育以来，始终坚定"面向职教、服务职教、引领职教、特色发展"的办学理念，以培养高素质"工匠之师"为使命担当，着力打造职教师资培养培训品牌和职业教育理论与实践创新基地，在职教师资培养模式改革与实践方面获广东省教育教学成果奖一等奖 10 余项，形成了自己鲜明的办学特色。牵头组建了"粤港澳大湾区职业教育教师发展联盟""广东省职教师资培养培训联盟"，毕业生遍布全国 20 余个省份，已成为广东全部 600 余所中职与技工学校的中坚力量。作为全国重点建设的职教师资培养培训基地、国家级职业院校校长培训基地，20 年来，学校为全国 31 个省（市、自治区）职业院校提供校长及骨干教师等各类培训 9 万余人次。学校依托粤港澳大湾区经济和职业教育发展区位优势，打造中国"双师型"职教师资培养的高地，培养出越来越多高素质"工匠之师"和高水平应用型专门人才，努力构建学校高质量发展新格局。

图6-3　1998年广东职业技术师范学院成立

图6-4　2002年更名为广东技术师范学院

图6-5　2018年更名为广东技术师范大学

根据《广东技术师范大学"十四五"发展规划》，学校到2025年发展目标是：坚定办学定位，服务国家战略，做强新工科、做特新师范、做优新文科、做大国际合作与社会服务，努力建设成为特色鲜明、国内一流、综合实力领先的技术师范大学，达到新增博士学位授予单位基本条件。到2035年，力争把学校建设成为优势突出、国际知名的技术师范大学；到2050年，建设成为中国特色、世界水平的技术师范大学。

三、职教师资培养特色

学校充分发挥"技术＋师范"特色优势，主动对接国家和广东省重大战略需求，重点突出技术性、师范性和民族性三大特色，构建"技术＋师范"人才生态体系，坚定不移培养高素质职业教育"工匠之师"，面向全国开展职业院校中职校长、骨干教师、教学管理人员以及社会人员的技能培训，已成为中国职教师资培养的高地、产教融合的促进者。

（一）理念创新："三性融合"协同培养"工匠之师"

学校坚持"三性融合"的协同培养理念，突破职教师资培养体制机制障碍，促进校内外各种资源集聚，"校企校"协同制定职教师范专业的专业教学标准和课程标准。学校坚持将专业理论与职业实践相结合、职业教育理论与教育实践相结合、学历教育与职业资格教育无缝对接，夯实专业性、凸显职业性、强化师范性，实现"三性"有机融合，着力提高师范生的专业能力、实践能力、执教与教研能力，并能在毕业前获取"三证书"。

（二）模式创新：实施"六个三"培养模式

学校创新"校企校"三方协同的培养体系，创建"校内实践基地（学校）＋校外专业实践基地（企业）＋校外教育实践基地（中职学校）"三方共赢的实践基地，组建"校内导师、企业导师、中职导师"三导师制的教学团队，实施"教学一做一教"三位一体的教学模式，培养师范生"专业能力、实践能力、执教能力"三优互融的职业能力，促进师范生获得"学历学位证书、职业资格证书、教师资格证书"三证齐备的证书，从而实现了职教师资培养的专业性、职业性、师范性"三性融合"。

（三）机制创新：创新"校—企—校"协同培养机制

学校探索构建了大学、行业企业和中等职业学校的"三位一体"的"开放、集成、高效"的职教师资协同培养机制。在此基础上，学校形成了广东技术师范大学（职教师资培养单位）、行业企业（师范生校外专业实践基地和中职毕业生用人单位）、中等职业学校（师范生校外教育实践基地及师范生用人单位）等"三轮"驱动的职教师资培养与培训联盟。学校服务国家及粤港澳大湾区职业教育发展，组建并成为粤港澳大湾区职业教育教师发展联盟、广东省高等职业技术教育研究会、广东职教师资培养培训联盟、中德合作职教师资培养培训联盟理事长单位、广东省产教融合促进会会长单位，打造职教师资人才培养共同体。

寻求一个科研提升的机会

学校主动联系学校课程教师或其他比赛指导老师，进团队、进课题或进实验室，参与相关教育教学研究活动，培养教育科研兴趣和能力，撰写一篇论文或研究报告。

▶ 第四节 "工匠之师"是如何炼成的

职业教育教师集"教师"与"师傅"的角色于一身，又称为"工匠之师"，既要有理论专业知识，又要有技术技能，还要具备师范教育能力，即"双师型"教师。其职业发展过程可分为职前培养期、职初适应期、稳定成长期和职业成熟期等阶段。成长阶段可分为职教师范生、新入职教师、骨干型教师、卓越型教师及教育家型教师等不同层次。作为一名技术师范大学的学生，应早立信心、树目标，提前谋划、早布局，做好职前培养阶段的学习和职业教育教师生涯发展规划，立志成长为"工匠之师"。

一、树立职教教师职业理想信念

中共中央总书记、国家主席、中央军委主席习近平2022年9月7日给北京师范大学"优师计划"师范生回信时勉励同学们："希望你们继续秉持'学为人师，行为世范'的校训，珍惜时光，刻苦学习，砥砺品格，增长传道授业解惑本领，毕业后到祖国和人民最需要的地方去，努力成为党和人民满意的'四有'好老师，为培养德智体美劳全面发展的社会主义建设者和接班人贡献力量。"对于有志从事职业教育教师职业的学生而言，首先要坚定职业理想信念，有甘于奉献的教育情怀，对教师职业发自内心认同，并充满热爱与热情。

人民教育家、广东技术师范大学第二任党委书记汪达之先生就是无私奉献、艰苦奋斗和充满博爱的楷模，他将自己的青春热血和家国情怀，全部融进了他挚爱的教育事业。1980年3月27日，汪达之在北京逝世。他的遗物只有一块用了40多年的手表、几件换洗衣服和一些书籍、笔记。汪达之生前所穿的衣服没有一件是新的，所穿的中山装、大衣等衣物补丁缀补丁，使用了几十年的钢笔早已磨秃，笔帽上的挂钩也不知去向，他一生未留下任何积蓄，全部奉献给了教育事业，人民教育家陶行知也曾赞美汪达之"捧着一颗心来，不带半根草去"。

二、在对标对表中主动学习成长

同学们要认真学习国家出台的关于职业教育教师的相关标准及规范，特别是《中等职业学校教师专业标准（试行）》《中等职业教育专业师范生教师职业能力标准（试行）》等标准，国家关于职业教育教师队伍建设的系列政策文件。这些文件对职业学校教师的能力素质要求、专业知识、职业能力、基本规范和专业发展等都有明确和具体的要求，需要认真研读、理解掌握，主动对标对表，剖析自身知识和能力的短板、找到努力的方向，全面提升自己的综合素质、专业知识与职业能力。

三、深耕专业提升"双师"素质

在本科学习阶段，学生要系统性地学习和掌握专业知识，提升专业素养；进一步了解行业发展趋势、技术前沿，培养具备从事本专业教学工作和研究工作的基本能力；考取本专业相关的职业技能证书，强化理实一体化的教育教学能力，达到职业教育教师"双师"素质要求。

夯实师范技能尤为重要。要掌握教育学、教育教学及学生身心发展规律，熟悉班集体建设、班级教育活动组织的方法，遵循教育教学规律开展教学管理；强化"三笔字"、教学设计、新式教学模式、现代化教学手段等基本教育教学技能的掌握，在教育课程实训、教育实习、教育见习与教育研习中培养和锻炼教育教学实践工作的能力；积累职业教育课程建设与教材开发经验，了解拟任教专业课程独特的育人功能，推动"课程思政"教学改革，强化教育教学研究能力。

四、弘扬工匠精神创造美好人生

优秀教师和名师专家对教师的成长具有重要的引领和示范带动作用。学生通过向职业教育领域的优秀教师、教学名师和模范教师学习，自觉向优秀看齐、向名师看齐，深刻领会和弘扬"工匠精神"。在国家职业教育智慧教育平台及国内外公共慕课平台上，观摩与学习名师、名家授课，积极参加教育教学能力培养培训、专业技能培训、现代教学手段培训和职业道德培训等，博采众长、在学习中不断成长。

随着时代的进步，新知识、新理论、新业态不断涌现，学生要树立终身学习的理念，注重培养终身学习的能力。在本科学习阶段要有发展高阶思维和整体的学习规划，通过参加培训、继续攻读硕士博士等路径，更好胜任职业教育发展新要求的教育教学工作。以博学多识的知识、积极乐观的心态、丰富多元的爱好，做学生锤炼品格的引路人、学习知识的引路人、创新思维的引路人和奉献祖国的引路人，成为高素质"工匠之师"，成就出彩人生，创造美好未来！

章节小结

随着 2022 年新修订的《中华人民共和国职业教育法》的实施，我国职业教育进入提质培优、增值赋能的高质量发展新阶段，本章介绍了职业教育的内涵、特征与发展趋势，职教师资应具备的能力与素质要求、职业发展前景及如何成长为新时代职业教育"工匠之师"。建议有志于成为"工匠之师"的同学们深入学习关于职业教育、职教师资职业成长的知识，阅读相关专业拓展书籍，提前做好教师成长规划，努力实现职业理想，成为党和人民满意的"四有"好老师。

本章拓展资料

第七章

决策点燃青春梦想

 **导语**

大学毕业后，是求职还是继续深造？是留在大城市还是扎根基层？

……

决定越重要，决策往往越困难。选择最适合个人的发展道路，学会做决策，掌握决策的方法，才能克服职业发展中的障碍，实现自己的生涯目标。

本章将带领同学们判断自己的决策风格，学会使用决策工具，综合考虑关联因素，选择最适合个人的发展道路，点亮职业人生！

思维导图

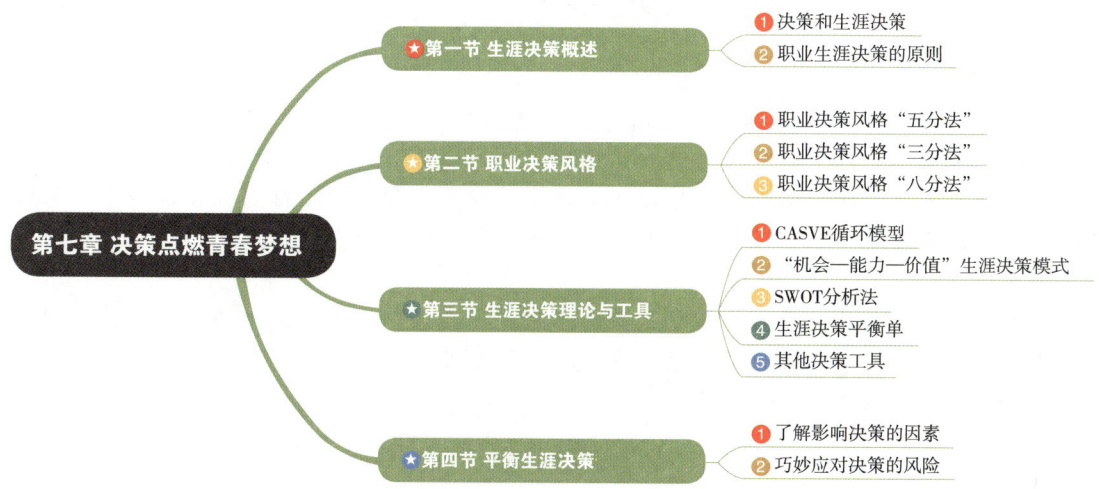

案例与思考

　　小李，某校计算机专业的硕士研究生毕业，本科曾任校学生会主席，读硕士期间成功发表学术论文两篇。面向未来的发展，他有三个选择的机会：一是继续攻读某知名大学的博士研究生；二是成功应聘父母工作所在地的国企单位；三是考取珠三角某中职院校的专任教师岗位。

　　读博士将来主要是走学术路线，从事学术研究。在国企从事的工作与本专业关联度很高。当教师就是走教学路线，潜心教书育人。当小李面对多个录用通知时，对于自己的发展方向却拿不定主意。

　●思考：
　　（1）在校期间履历优秀的小李为何在职业路口会犹豫不决？
　　（2）根据小李的情况，回想一下迄今为止，你在生活中是否有遇到类似的多重选择？
　　（3）当你面临这种情况时，你是如何形成解决方案的？又是如何落实到具体行动中的？

▶ 第一节　生涯决策概述

　　小佳很喜欢历史文化方面的知识，但高考时听从了长辈的建议，报考了国内某财经类名牌大学的财经类专业。大三暑假回家期间，一个偶然的机会，小佳得以到当地博物馆实习，担任讲解员。实习结束后，小佳把她对博物馆工作的认知、观察到的问题及对博物馆的建议，写成了一份实习心得，提交给博物馆馆长。这份实习心得得到了馆长的充分肯定，馆长亲自回信给小佳，欢迎她到博物馆工作。然而，当时的小佳一门心思只想考研，所以就谢绝了馆长的邀请。

　　全力以赴考研的小佳，最终以几分之差与财经类硕士研究生失之交臂。她调整好心态加入了求职大军的行列。因品学兼优，她相继收到了一些较好企业的聘用通知。但是在小佳的内心深处，她还是最喜欢博物馆的工作。经与父母沟通后，小佳向博物馆投出了求职信，并通过考核、顺利入职。

　　小佳的职业生涯决策是否正确？大学生在进行职业生涯决策时，应遵循哪些原则？

一、决策和生涯决策

　　决策（decision making）是指个人对将要遇到的重要问题，或将要从事的重要事件做出审慎的最后决定。决策是根据所获得的信息，面向未来的冒险。

　　生涯决策是指个人面临生涯发展方向而犹豫不决时的选择历程。这个过程综合了个人对自我的认识，对所受教育与职业状况等外在因素的判断，在面临生涯抉择时所做的各种反应，其影响因素参见图7-1。

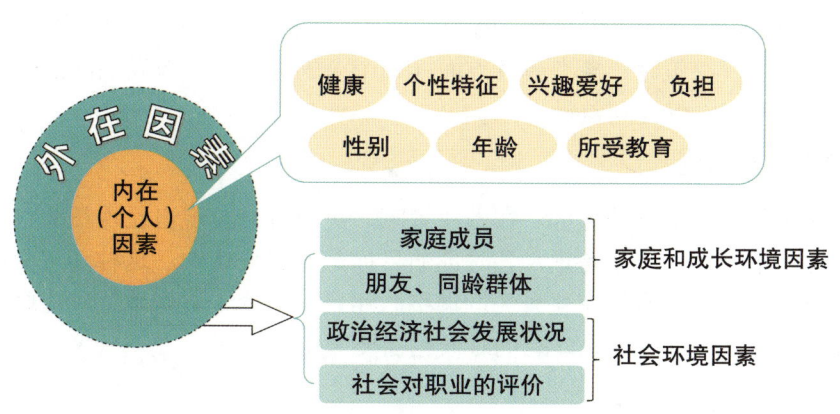

图7-1　生涯决策影响因素

　　外在因素主要包括家庭和成长环境因素、社会环境因素；内在因素诸如个人能力、专业知识、兴趣爱好、性格等。任何生涯决策都是一个阶段内的人生方向和目标的选择，但随着"个人能力的提升、机会的增加、社会的变迁"等多种因素，我们还会根据这些情况作出下一次的人生生涯方向决策。

外在因素和内在因素相辅相成，共同影响着我们的生涯决策，但如果没有前期认真、深度的"自我探索"和"专业探索"，不了解自己的"兴趣、性格、能力和价值观"，不了解不同专业的"课程设置、能力要求、性格和价值观要求"等，就没有办法进行科学理性的"生涯决策"。

二、职业生涯决策的原则

（一）社会需求原则

社会需求原则是职业生涯决策最基本的原则。每个人都生活在大的社会环境中，职业生涯决策必须与社会需求相结合，以社会需求为基本出发点的职业生涯决策才具备现实性和可行性。时代在快速发展，新的职业不断涌现，旧的职业不断消亡，这就要求大学生在职业生涯决策过程中，不能忽视社会背景和社会需求，紧跟时代步伐。

（二）兴趣发展原则

研究表明，当一个人做一件自己喜欢的事情时，即使很忙、很累，也不会感觉压力大，反而觉得很充实。可见，兴趣对一个人来说有多么重要。如果你打算从事某职业，就应该在所学专业或该职业对人才的基本要求的基础上，努力挖掘和培养自己的兴趣，逐渐找到学习和工作的乐趣。

（三）能力胜任原则

每个职业都需要相应的知识和技能，大学生在进行职业生涯规划时，需要对自己的能力有所探索和了解，根据自己的能力来判断自己能否胜任这个职业。若发现自己的能力有欠缺，可以通过努力学习来提升。例如，发现自己的表达能力有所欠缺，那么在大学期间，可以通过参加学生会、演讲比赛等方式来锻炼和提升。

（四）利益整合原则

职业生涯决策不仅涉及个人的兴趣、特长和性格，还涉及职业的报酬、发展等。因此，大学生在进行职业生涯决策时，要考虑各方面（如个人的成就、职业发展的前景等）的利弊，然后对其进行整合，保证利益最大化。

（五）动态目标原则

职业生涯决策是一个动态的过程。在做决策时，决策者会发现自己现在的目标可能和几年前的目标完全不一样，也就是说，各时期的目标是动态变化的。这种动态变化与社会的快速发展和决策者自身因素的变化有关，调整职业目标是为了更好地适应这些变化。但是，动态目标并不是随时都要变化，有的时候也需要坚持。

 实践活动

帮小凡做决策

小凡是一名才华出众的大学毕业生，他面临两个工作选择：工作 A，起薪很不错，有相当好的社会福利，还有友好、宽松的工作环境，但晋升机会一般；工作 B，起薪和社会

福利都一般，但是工作环境舒适，有非常好的晋升机会。

正当小凡在工作 A 和工作 B 之间举棋不定时，工作 C 又向他投来了橄榄枝。工作 C 在一个魅力十足的城市，之前小凡从来没有考虑过工作地点的问题，但现在他觉得可以考虑一下。那么，工作 A 和工作 B 所在的城市与工作 C 所在的城市相比，哪个更吸引人呢？工作 C 在薪水、社会福利上能否和工作 A 相媲美呢？

随后，事情变得更复杂了。小凡又得到了一个工作 D，其工作地点离家和朋友们所在的城市很近。这一点小凡之前也没有考虑过。然而小凡的女朋友在工作 A 所在的城市找到了工作……

小凡需要回答以下几道难题：

（1）愿意放弃高薪而选择晋升机会吗？

（2）愿意牺牲更好的工作去一个更有魅力的城市吗？

（3）愿意用高薪和去魅力十足的城市工作的机会来换取与全家团聚吗？

……

【活动流程】

（1）5 ～ 6 人组成小组。

（2）各组成员分别讨论如果你是小凡的职业咨询师，该如何为他提供帮助？或者如果你是小凡，你会如何选择？为什么？

（3）各组选出一名代表，在课堂上陈述本组所做出的决策及理由。

▶ 第二节　职业决策风格

决策风格是指个体在长期的决策过程中形成的比较稳定的决策倾向，决策风格对决策效果具有重大的影响。这是对决策风格的非正式评估，每个人在遇到问题的时候都会有不同的选择和解决问题的方式，从中可以反映出自我的决策风格。

职业决策是一个复杂的认知过程，是决策者收集有关自我和职业环境的信息，仔细考虑各种可供选择的职业前景，作出职业行为的公开承诺。在现实生活中，很容易发现不同的人使用不同的方法进行决策，因此，了解自己的决策风格，对职业生涯规划是非常有帮助的，许多专家都对个体的职业决策风格有过研究。

一、职业决策风格"五分法"

美国职业生涯专家斯科特和布鲁斯于 1995 年提出职业决策风格。他们认为生涯决策风格是在后天的学习经验中逐步形成的，将决策风格分为五种类型，每种风格拥有不同的优缺点及特征。

1. 理智型

理智型是以周全的探求和对选择的逻辑性评估为特征。其优点是信息较全面，决策较客观；其缺点是需要很多精力时间，有可能延误时机，过于追求信息全面可能导致不理性。

2. 直觉型

直觉型以依赖直觉和感觉为特征。其优点是快速，潜意识中整合了一些信息和偏好；

其缺点是信息可能太少，决策偏差大。

3. 依赖型

依赖型以寻求他人的指导和建议为特征。其优点是人际敏感，节省自己的资源；其缺点是不敢、不愿为自己承担责任，缺乏主动性。

4. 回避型

回避型以试图回避决策为特征。其优点是回避了焦虑和失败，有时候可能确实不适合马上进行决定；其缺点是逃避了责任，有时甚至会自欺欺人。

5. 犹豫型

犹豫型以犹豫不决，无法进行决策为特征。其优点是能收集到充分完整的信息；其缺点是容易纠结，对良好的决策制定会产生消极影响。

事实上决策风格没有好坏之分，关键是认清自身风格，并根据实际情况有意识地进行决策。

二、职业决策风格"三分法"

著名职业生涯学者哈瑞恩（Harren）研究表明，大部分人的职业决策方式归纳为以下三类。

1. 理性型

此类型的人崇尚逻辑分析，往往在系统收集足够的自我和环境信息基础上，权衡各个选项的利弊得失，按部就班地做出最佳的决定。

2. 直觉型

此类型的人以自己在特定的情景中的感受或者情绪反应，直接做出决定。这种风格的人做决定全凭感觉，比较冲动，很少能系统地收集相关信息，但他们能为自己的抉择负责。

3. 依赖型

此类型的人常常等待或者依赖他人为自己收集信息做出决定，比较被动和顺从，作选择时十分注重他人的意见和期望。他们以社会赞许、社会评价和社会规范作为做决定的标准。

三、职业决策风格"八分法"

著名学者丁克赖吉（Dinklage）根据人做决策的不同行为特征，把职业决策分为八种类型。

1. 延迟型

此类型的人知道问题所在，但是经常迟迟不做决定，或者到最后一刻才做决定。

2. 宿命型

此类型的人不愿自己做决定，把决定权交给别人或命运，认为做什么选择都是一样的。

3. 顺从型

此类型的人自己想做决定，但是无法坚持己见，常会屈从权威的决定。

4. 麻痹型

此类型的人害怕做决定的结果，也不愿意负责，选择麻痹自己来逃避做决定。

5. 直觉型

此类型的人凭感觉做决定，多数情况下只考虑自己想要的，不在乎外在的因素。

6. 冲动型

此类型的人不愿意思考太多，往往基于第一想法做出决定。

7. 犹豫型

此类型的人考虑过多，在诸多选择中无法下决定，常常处在痛苦的挣扎状态中。

8. 计划型

此类型的人做决定时不仅会倾听自己内在的声音，也会考虑外在的环境要求，从而做出适当的决策。

探索你的决策风格

【活动目的】
通过回顾自己人生中的五个重大决策，发现并反思自己的决策风格。

【活动流程】
（1）请回想一下到目前为止你所做的五个重大决策，将其填写在表7-1的"情境"栏中，然后根据实际情况填写其他栏，并根据填写的内容反思自己的决策风格。

表7-1　决策风格自测

名称	情境	有哪些选择	是如何做决策的
示例	高考选择的大学和专业	省内的二本院校有xxx等，所选的专业有xxx等	咨询班主任，咨询目标学校的招生办，自己上网查资料等
决策一			
决策二			
决策三			
决策四			
决策五			

（2）分析自己在上述五个重大决策中的决策风格，并分析如何调整能让决策更完美，然后将相应内容填入表7-2中。

表7-2 决策风格回顾

名称	对效果的评价	决策风格	如何调整
决策一			
决策二			
决策三			
决策四			
决策五			

实践活动

路边有一个蟠桃园，假如你可以进桃园摘桃子，但只许前进不许后退，只能摘一次，要摘一个最大的，你会怎么办？

A：对视野内的桃子进行比较，形成一个大概的标准，再根据这个标准选择最大的桃子。

B："我感觉这个大"，就摘这个了。

C：去问看桃园的人，让他告诉我什么样的最大；或者问旁边的人什么样的最大。

D：先别管了，走到后面再说吧。

E：犹豫不决，内心纠结，迟迟无法决定。

如果是你进入桃园，你会如何采摘桃子？请小组内讨论，并互相交流。

▶ 第三节　生涯决策理论与工具

一、CASVE 循环模型

如何确认你的职业方向？

不久的将来，每个人都会走向职场，成为一名真正的"社会人"。面对就业市场上成千上万的行业、组织、岗位，你是否会感觉到迷茫？我们究竟该如何确认自己的职业方向，进而作出合理选择呢？

下面，为大家提供一种有效的决策方法，用来辅助大家确认职业方向，并且在实践中可以对所选职业方向进行检验和调整，这就是 CASVE 循环模型（见图7-2）。

C（communication）：沟通。包括内部及外部的信息交流，通过交流使个体意识到理想和现实之间存在的差距。

针对上述问题，在沟通阶段，我们将自己的专业背景、优势能力及职业价值观等内部信息与求职市场上各种职业的岗位需求、岗位价值等外部信息进行比照，估计现有的能力资源与目标职业之间的差距。

图7-2　CASVE循环模型

 **小贴士**

（1）防止信息不对称——通过各种感官和思考充分接触问题，识别问题的存在，收集职业理想与现实之间存在的差距；

（2）积极的沟通方式——在沟通阶段的积极思考能察觉所有与生涯问题相关的信息，意识到自己需要作选择。

A（analysis）：分析。通过思考、观察和研究，对兴趣、性格、能力和价值观等自我认知及各种环境知识进行分析，进一步理解现存状态和理想状态之间的差距。

针对上述问题，在分析阶段，从专业背景、职业通用能力、自我管理技能、用人单位其他需求等方面细化现实情况与理想目标之间的各种差距，精准分析。

 **小贴士**

（1）了解我自己——价值观、兴趣、技能、就业偏好；

（2）了解我的选择——了解特定职业、学习项目或工作；

（3）了解我如何做出重要决定——理性思考、直觉感受或从他人那里获得建议等。

S（synthesis）：综合。根据分析阶段所得出的信息，首先把选择的范围扩展开来，然后再逐步缩小，最后确定3～5个最可能的选项。

针对上述问题，在综合阶段，根据得出来的信息，结合自己对差距的可接受程度及实现职业目标的可行性，初步选择较为适合的3～5个职业方向。

我认为最好的职业、学习项目或工作是

（1）_____。

（2）_____。

（3）＿＿＿＿＿＿＿＿＿＿＿＿＿＿＿＿＿＿＿＿。

（4）＿＿＿＿＿＿＿＿＿＿＿＿＿＿＿＿＿＿＿＿。

（5）＿＿＿＿＿＿＿＿＿＿＿＿＿＿＿＿＿＿＿＿。

小贴士

（1）不断缩小差距——尽可能多找一些消除差距的方法，发散地思考每一种办法；

（2）尝试解放头脑——采用"头脑风暴"等，进行创造性思维。

V（evaluation）：评估。对于综合阶段得出的3～5个职业进行具体的评价，评估获得该职业的可能性，以及这个选择对自身还有他人的影响，从而进行排序。

针对上述问题，在评估阶段，可采用本章第三节的决策平衡单帮助自己对这3～5个职业方向进行排序。评估将来从事该职业的可能性，以及从事该职业将会带来的各种正负面影响，完成表7-3。

表7-3　决策平衡单

职业、学习项目或工作	对我自己、我的家庭、我的朋友、文化群体、社区、社会有哪些益处？	对我自己、我的家庭、我的朋友、文化群体、社区、社会有哪些成本或代价？
（1）		
（2）		
（3）		
（4）		
（5）		
排序：		
我的最优选项：		
我的备选项：		

小贴士

（1）联系现实情况——立足实际，充分考虑各职业选项的现实可能和执行难度；

（2）及时更新选项——增加新选项，删除旧选项，替换选项，获得决策优先权。

E（execution）：执行。前面的步骤确定了最适合的职业，还不能够带来职业选择的成功，需要在执行阶段把所有想法都付诸实践。

针对上述问题，在正式求职之前，你可以利用寒暑假时间或者学习之余对排好序的目标职业进行一一尝试，通过实习、参观走访等途径亲自实践执行，确定最终的职业方向。

 小贴士

（1）学会自我对话——自我对话能产生一种积极的期待，让个体对即将开始的行动很有信心，强化积极的行为；

（2）学会自我觉察——自我觉察会促进个体能成为更有效的问题解决者，可以知道自己的身心状态，明确积极或消极的自我对话；

（3）学会自我监控——自我监控能够监督自己完成决策过程的方式，时间分配会更灵活，也能及时调整自己的方式和策略。

CASVE 循环模型是一个不断重复的持续过程。它采用了一种系统化的方法，帮助那些面临生涯选择的人澄清困惑，找到可行性方案并付诸实施。在执行阶段之后，生涯决策者又回到沟通阶段，确定已经选取的选择是不是最好的，是否能最有效地消除理想与现实间的差距。CASVE 循环模型，可以运用于你职业生涯的各个阶段，助力你系统性地规划完美生涯，提升自我幸福感和成就感。

实践活动

根据"决策练习指南"（见图 7-3）尝试练习 CASVE 循环模型。

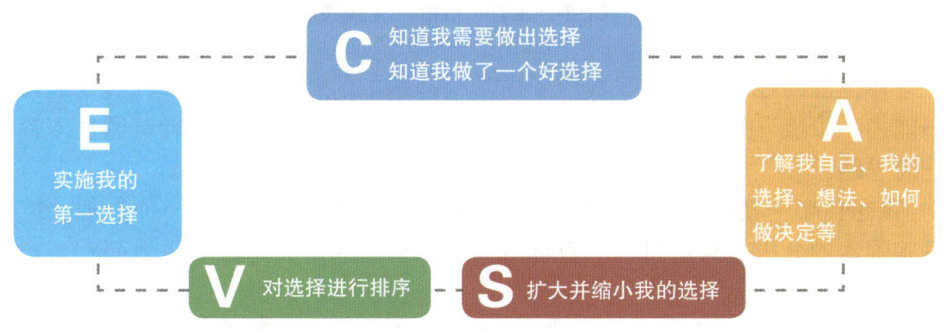

C 知道我需要做出选择
知道我做了一个好选择

A 了解我自己、我的选择、想法、如何做决定等

E 实施我的第一选择

V 对选择进行排序

S 扩大并缩小我的选择

图7-3 决策练习指南

二、"机会—能力—价值"生涯决策模式

案例分析

小华从小就表现出极强的语言天赋，文字嗅觉很敏锐。在高考填志愿时，她结合自身实际，填报了新闻传播学专业。大学期间，在担任校报记者和校广播台播音员的过程中，她逐渐明确了自己的职业方向——"成为一名优秀的记者"。

她对照"机会—能力—价值"生涯决策模式进行剖析，从价值取向来看，她认为记者不仅报道了现实，而且创造了现实，与她的兴趣及职业追求高度相关；从能力取向来看，她演说能力强、文字功底过硬；从机会取向来看，在融媒体时代，记者扮演着重要角色，

对新闻传播起着重要推动作用。因此，小华对自己的兴趣、专业技能有着清晰的认识，通过不断自我分析，综合考虑各方面的因素，做出合理的职业选择。

职业选择是个人和职业岗位的相互选择适应。如何综合考虑各方面的因素，做出合理的职业选择，是职业生涯管理的重要内容。在整个职业生涯乃至整个人生，职业选择都是非常重要的环节。下面我们一起来学习"机会—能力—价值"生涯决策模式（见图7-4）。

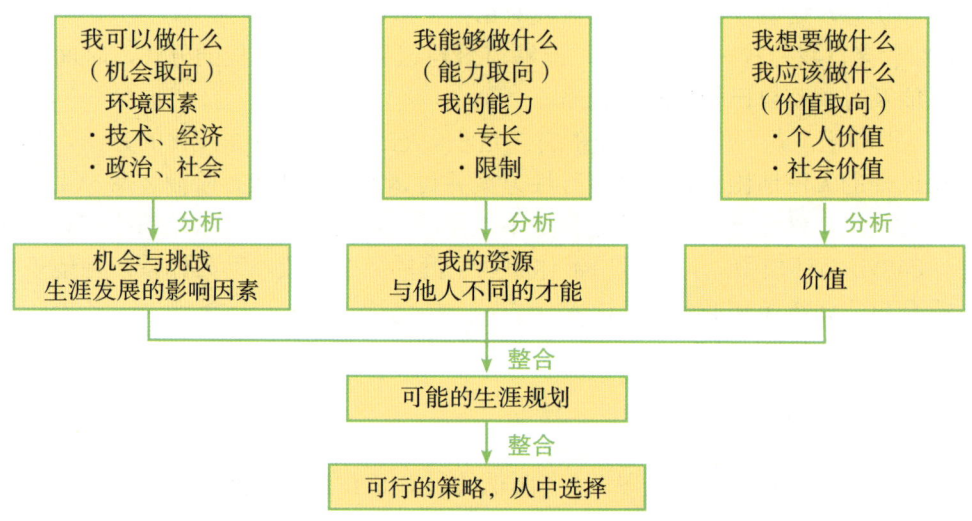

图7-4 "机会—能力—价值"生涯决策模式

关于个体生涯路径的选择，一般应考虑三个问题，即机会、能力、价值，通常称其为"机会—能力—价值"生涯决策模式，运用该模式进行决策时，决策者可通过回答以下三个问题理清思路。

（1）我想往哪一条路线发展？即价值取向。通过对自己的兴趣、价值观念、理想、成就动机等因素的分析，确定自己的目标取向，即自己的意向是在哪一方面？自己非常希望走哪一条路线。

（2）我能往哪一条路线发展？即能力取向。通过对自己的性格、特长、智能、技能、情商、学识、经历等因素的分析，确定自己的能力取向，即自己能向哪一条路线发展，自己是否具有这方面的特长和优势。

（3）我可以往哪一条路线发展？即机会取向。通过对当前及未来的组织环境、社会环境、经济环境的分析，确定自己的机会取向，即内外环境是否允许自己走这一条路线，是否有发展的机会？

三、SWOT 分析法

SWOT 分析法具有多面性，它可以应用在企业的决策中，也可以用于个人的决策中。"SWOT"分析法，就是将与研究对象密切相关的各种主要内部优势、劣势和外部的机会、威胁等，通过调查列举出来，并依照矩阵形式排列，然后用系统分析的思想，把各种因素相互匹配起来加以分析，从中得出一系列相应的结论，而结论通常带有一定的决策性。S（strengths）是优势、W（weaknesses）是劣势，O（opportunities）是机会、T（threats）是威胁。其中，"S"和"W"是基于自身的考量，"O"和"T"则是对外在环境的分析（见

图 7-5）。

S：优势（strength）	W：劣势（weakness）
你最优秀的品质是什么？ 你的能力体现在哪里？ 你曾经学习了什么？ 你曾做过什么？ 你最成功的方面是什么？ ……	你的性格有什么弱点？ 你的经验或者经历方面还有哪些缺陷？ 你最失败的是什么？ ……
O：机会（opportunity）	T：威胁（threat）
社会环境对你发展目标的支持， 包括地理位置优越、专业发展带来的机会、 就业机会增加等……	各校毕业的竞争者 同专业的大学生带来的竞争……

图7-5 SWOT分析法矩阵图

一般来说，我们在进行职业生涯决策分析时，应遵循以下 6 个步骤，具体流程如图 7-6 所示。

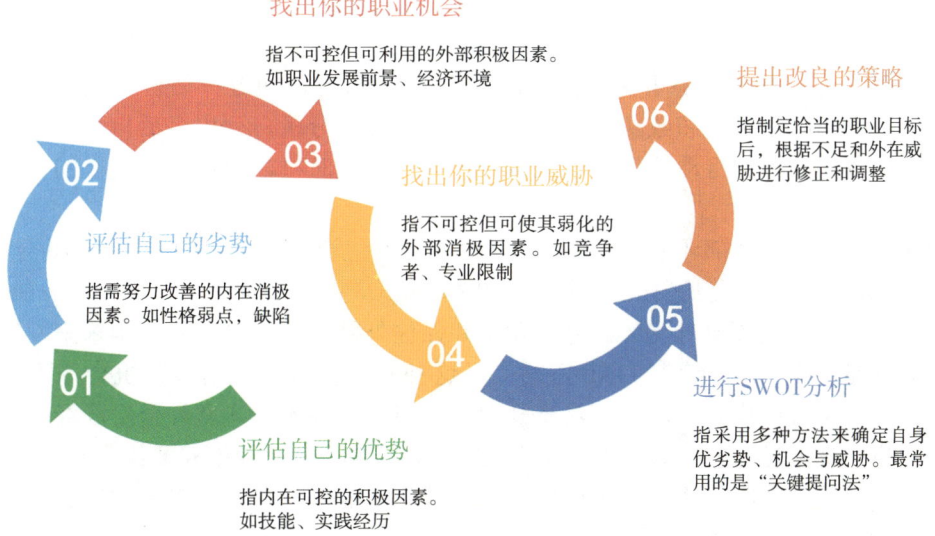

图7-6 SWOT分析法六步骤

案例分析

小丁是环境设计专业学生，在校期间专业成绩优秀，多次参与家庭、办公楼、商场规划方案的设计，且一直担任学生干部，得到了老师和同学的认可。但是小丁性格有些急躁，遇事易冲动，有时候很难踏踏实实完成工作。现在，小丁临近毕业，想找一份与专业相关的工作。那么，她是如何进行自己的 SWOT 分析呢？见图 7-7。

内部环境分析（SW） 外部环境分析（OT）	机会（opportunity） 1.环境设计方面人才需求旺盛 2.环境设计行业发展前景不错 3.环境设计专业人才较受重视	威胁（threat） 1.设计行业竞争激烈 2.区域经济形势不乐观 3.企业看重经验与专业能力
优势（strength） 1.专业成绩优秀 2.学生干部经历 3.设计实践经验 4.人际关系和谐	**优势机会策略（SO）** 1.发挥专业优势，融入企业 2.发挥担任学生干部的优势	**优势威胁策略（ST）** 1.准确定位竞争优势 2.强调自身经验能力 3.合理明确职业定位
劣势（weakness） 1.工作阅历缺乏 2.性格急躁，容易冲动	**劣势机会策略（WO）** 1.增加跨行业经验 2.学习职业技能课程 3.完善自身性格	**劣势威胁策略（WT）** 1.克制冲动的个性 2.专业细分，差异化竞争 3.积极寻找发挥优势的机会

图7-7 小丁的SWOT分析

从案例中可以看出，小丁在对自己进行 SWOT 分析时，通过评估自身优劣势，发现长处和不足，找出职业机会和威胁，最后根据内外部环境分析，列出今后自身的职业目标，并拟订一份实现目标的行动计划，放大自身优势，把握时机，尽量规避自己的劣势和外部威胁。

此外，在 SWOT 内外部环境因素中具有 4 种不同的组合策略：首先是优势—机会策略（SO策略），这是四种战略模式中最有利的一种发展模式，个人职业选择广泛，职业前景较好。因此小丁需要充分发挥自身优势，努力发现并抓住外部机遇，进行有利于未来发展的职业选择。其次是劣势—机会策略（WO 策略），这种模式要善于运用外部机会，不断克服自身不足。在这种战略模式下，小丁要充分利用有限的条件不断丰富社会实践经验，依靠外部优势弥补自身不足。再次是优势—威胁策略（ST 策略），这种模式要依靠自身内部环境，同时还要回避外部威胁。因此小丁可以通过选择先就业再择业，积累工作经验，为今后发展奠定基础。最后是劣势—威胁策略（WT 策略），这种情况下要尽可能减少内部劣势，同时回避外部威胁。面对这种情况，应当对自己进行积极规划，切不可自暴自弃，等到自身优势明显比外部环境有利时再进行职业选择。

总之，SWOT 分析能够让你找出有利的值得发扬的因素，注意不利的需要规避的因素，在分析问题的同时找出解决的具体对策，明确今后的发展方向，从而进行较好的决策和规划。需要注意的是，并不是做一次 SWOT 分析就能解决自己的未来决策，随着环境和自身情况的变化，决策选择也要适时调整，大家可以每隔一段时间做一次分析，及时对自身定位和目标做适当的调整和修正。

四、生涯决策平衡单

目前在国内广泛运用的生涯决策方法，是美国心理学家詹尼斯（Janis）和曼恩（Mann）设计的平衡单法。"生涯决策平衡单"主要用于协助咨询者较为科学、系统地分析每一个可能的选项，判断分别执行各选项的利弊得失，然后依据其在利弊得失上的加权计分排定各个选项的优先顺序，以执行最优先或偏好的选项。这种方法将重大决策的思考方向集中在 4 个主题上：个人物质方面的得失、他人物质方面的得失、个人精神方面的得失、他人精神方面的得失。各主题的分析内容如表 7-4 所示。

表7-4　生涯决策平衡单中4个主题

方案考量向度		某方案		分析的内容
		得	失	
个人相关	物质上			收入、住宿、升迁、工作时间、环境、资源等
	精神上			名声、成就感、满足感、挑战、自我成长等
他人相关	物质上			家庭经济和地位、与家人相处的时间、资讯等
	精神上			父母、配偶等的名声、负担、生活方式、情绪波及等

（一）平衡单的加权计分规则

1. 每个因素的权重分析

每个因素对于决策者的价值是不同的，可以主观给每个因素赋予一定的权重，以数值（1～5）表示价值的大小。

2. 每个因素的利弊分析

"＋""－"分别代表得与失，对于每一个考虑因素，以数值（1～10）的大小代表得失的程度。

3. 算出各职业选择的总分

通过得失程度与权重的数学计算，得到其中得分最高的一个，而这个就很可能是决策者最终选择的方向或目标。

（二）生涯平衡单使用

其步骤包括充分了解自己、全面获取信息、保持适度前瞻。每个项目的重要性因人、因时、因地不同，对于此刻的你，可以根据考虑项目的重要性与紧迫性，给他们乘上合适的权数。

（三）平衡单操作步骤

平衡单操作步骤参见图 7-8。

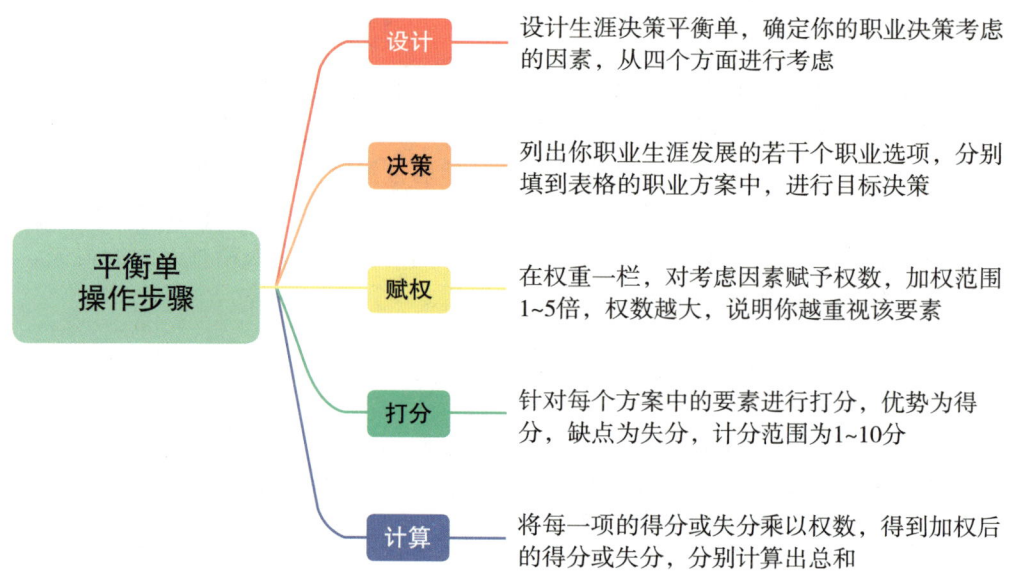

图7-8　平衡单操作步骤

在计算出总和时，需包括加权后的得分总和及加权后的失分总和，最后用加权后的得分总和减去加权后的失分总和得出"得失差数"，并以此分数来做出最终的决定，即比较每个选择方案的得失差数，总分最高的那个职业选项，就是最适合自己的职业目标。详见表 7-5。

表7-5　生涯决策平衡单样表

考虑因素		权重/倍	职业选择1		职业选择2		职业选择3	
			加权分（＋）	加权分（－）	加权分（＋）	加权分（－）	加权分（＋）	加权分（－）
个人物质方面得失	1.个人收入							
	2.健康状况							
	3.升迁机会							
	4.环境安全							
	5.休闲时间							
	6.社交范围							
	7.其他							
他人物质方面得失	1.家庭收入							
	2.与家人相处的时候							
	3.其他							

续表

考虑因素		权重/倍	职业选择1		职业选择2		职业选择3	
			加权分（＋）	加权分（－）	加权分（＋）	加权分（－）	加权分（＋）	加权分（－）
个人精神方面得失	1.生活方式的改变							
	2.成就感							
	3.自我实现的程度							
	4.兴趣的满足							
	5.性格							
	6.价值观							
	7.挑战性							
	8.社会声望的提高							
	9.其他							
他人精神方面得失	1.父母支持							
	2.师长支持							
	3.配偶/男（女）朋友支持							
	4.其他							

分析：

填表人：　　　　　　　　　　　　　日期：

案例分析

　　王同学，女，教育技术学（师范）专业三年级学生，性格外向，开朗活泼，喜欢与人交往，口头表达能力很强，是学院学生会干部，组织能力强。还有一年就要毕业了，她考虑自己的职业有3个发展方向：外企员工、中职信息技术教师、考取研究生。我们一起来体验一下生涯平衡单的使用过程。

　　下面是王同学利用生涯决策平衡单得出的职业决策的结果，见表7-6。

表7-6　王同学的生涯平衡单（原始得分）

考虑因素		权重（1~5倍）	外企员工		中职信息技术教师		考研	
			得分（＋）	失分（－）	得分（＋）	失分（－）	得分（＋）	失分（－）
个人物质方面得失	1.符合自己的理想生活方式	—	—	-3	9	—	5	—
	2.适合自己的处境	—	8	—	9	—	7	—
	3.有较高的社会地位	—	5	—	—	-3	9	—
	4.工作稳定	—	9	—	—	-9	9	—
	5.其他	—	—	—	—	—	—	—
他人物质方面得失	1.优厚的经济报酬	—	5	—	8	—	9	—
	2.足够的社会资源	—	8	—	7	—	9	—
	3.其他	—	—	—	—	—	—	—
个人精神方面得失	1.适合自己的能力	—	8	—	9	—	7	—
	2.兴趣的满足	—	5	—	9	—	—	-8
	3.价值观	—	6	—	8	—	—	-5
	4.性格	—	7	—	9	—	6	—
	5.未来发展空间	—	—	-3	8	—	9	—
	6.就业机会	—	3	—	8	—	9	—
	7.其他	—	—	—	—	—	—	—
他人精神方面得失	1.符合家人的期望	—	6	—	5	—	9	—
	2.与家人相处时间	—	7	—	4	—	9	—
	3.其他	—	—	—	—	—	—	—
合计			—	—	—	—	—	—
得失差数			—		—		—	

　　表7-6是王同学的生涯平衡单原始得分，经过将每个考虑因素都赋予了一定权重后，得到表7-7。

表7-7　王同学的生涯平衡单（加权后得分）

考虑因素		权重（1~5倍）	外企员工		中职信息技术教师		考研	
			加权分（＋）	加权分（－）	加权分（＋）	加权分（－）	加权分（＋）	加权分（－）
个人物质方面得失	1.符合自己的理想生活方式	5	—	–15	45	—	25	—
	2.适合自己的处境	4	32	—	36	—	28	—
	3.有较高的社会地位	3	15	—	—	–9	27	—
	4.工作稳定	5	45	—	—	–45	45	—
	5.其他	—						
他人物质方面得失	1.优厚的经济报酬	4	20	—	32	—	36	—
	2.足够的社会资源	5	40	—	35	—	45	—
	3.其他	—						
个人精神方面得失	1.适合自己的能力	4	32	—	36	—	28	—
	2.兴趣的满足	5	25	—	45	—	—	–40
	3.价值观	5	30	—	40	—	—	–25
	4.性格	4	28	—	36	—	24	—
	5.未来发展空间	5	—	–15	40	—	45	—
	6.就业机会	4	12	—	32	—	36	—
	7.其他	—						
他人精神方面得失	1.符合家人的期望	2	12	—	10	—	18	—
	2.与家人相处时间	3	31	—	12	—	27	—
	3.其他	—						
加权后合计			322	30	399	54	384	65
加权后得失差数			292		345		319	

综合平衡之后，中职信息技术教师是较为符合王梅的职业生涯目标。在进行职业选择时，王梅最为看重的是：是否符合自己的兴趣和职业价值观，职业是否有发展空间，是否符合自己的理想生活等几个方面。

平衡单的设计，是用来协助决策者进行最理性的重大决定。它可以帮助决策者具体分析每一个可能的选择方案，考虑各种方案实施后的利弊得失，最后排定优先顺序，择一而行。大家要注意，在使用平衡单的时候，不要只把注意力全部放在最后的排序结果上，期间填写的过程也是非常重要的，因为列举各项考虑因素，给各项价值观分配权重，以及给各项打分的过程，就是一个自我澄清的过程。一个仔细思考和反复推敲的过程，也许比单纯得出一个结果更为重要，更能帮助自己得出适合于自己的生涯决策。

画一个圆,将其八等分,然后将生活中你最重视的八个方面:健康、家庭、事业、爱情、朋友、财富、个人成长和休闲填入等分的圆中并思考以下问题。

(1)它们的优先顺序是怎样的?

(2)哪一方面对你来说是最重要的?

(3)如果 10 分是满分,你给每一方面打几分?在图中用阴影表示各方面的分数。

(4)你对目前的状况满意吗?如果选一个你最想改变的地方,它是什么?

(5)如果让你对自己不满意的状况进行打分,满分为 10 分,你会打几分?

(6)假如不满意的状况能得到改善,你希望提升几分?那时,你的生活会有什么不同?你会选择哪些方法去改善?请尽可能多地列出来。

(7)所列方法中,哪一个是你可以马上付诸行动的?当你做到了,谁会为你的改变而高兴?那时的你会对自己说些什么?

五、其他决策工具

(一)决策树法

决策树法利用了概率论的原理,并且利用一种树形图作为分析工具。其基本原理是用决策点代表决策问题,用方案分支代表可供选择的方案,用概率分支代表方案可能出现的各种结果,经过对各种方案在各种结果条件下损益值的计算比较,为决策者提供决策依据。

(二)5W 分析法

5W 分析法是用一个"who"、四个"what"来思考职业生涯规划,具体来说就是要解决职业生涯规划的 5 个具体问题。如果你能够成功解答出这 5 个问题,你就有了最后的答案。

▶ 第四节　平衡生涯决策

一、了解影响决策的因素

案例分析

是要再次考研?还是早日步入人生的下一站?

小张是我校工商管理系的学生,未来想要成为一名优秀的人民教师,因此他在大四期间全力备考某师范院校硕士研究生,但最终却以 2 分之差与理想院校失之交臂。

临近毕业,小张一直在"再次考研"和"就业择业"这两个想法中犹豫,但当他看到目前商业发展迅速，未来大有前途，加之自己又没考上研究生，于是他和一家中型商场签了约，做好了进入职场的准备。

但是，工作几个月后，他觉得自己无法融入单位的那种商业氛围中，而且自身优势不能充分发挥，因而他感到压抑，情绪低落。最后，小张决定辞职，全力备考硕士研究生，最终他如愿以偿考上某知名高校，继续追求他人民教师的职业理想。

（1）小张是在什么情况下作出第一次决策的？

（2）为什么他最后没有继续从事商业工作，还是选择再次考研？

（3）结合案例，谈谈在进行职业决策的时候需要考虑哪些因素？

日常生活中，我们无时无刻不在进行决策，这些决策大致可分为三种类型：确定无疑的决策、有一定风险的决策和不确定的决策。其中，确定无疑的决策是指决策者对所有的选择及其结果都非常清楚；有一定风险的决策是指决策者对每种决策的结果并不完全确定，但在一定程度上知道可能会有什么样的结果；不确定的决策是指决策者对于有哪些选择、各种选择会产生什么结果，几乎完全不清楚。

生活中的大多数决策都属于第二种，因为个人在做决定时，通常很难掌握全部的信息，大多数决定都有预测的成分，都具有不确定性和风险性。

二、巧妙应对决策的风险

一个人对一件事情进行决定，就意味着要为该决定的结果承担责任。可是，没有人能确保决策的结果总是有利的，这种犯错误的可能性必然会使人在一定程度上感到焦虑和不安。决策的风险性容易使人采取随波逐流或让他人做主的方式来逃避决策，进而逃避对决策结果所要承担的责任。

那么，如何应对决策风险呢？

（一）增强决策动机

面对决策，积极、主动的态度是非常重要的，不能一味地等待，或总是依靠他人做决策。如果缺乏决策动机，可以多和已经作出决策的人交流，从他们身上感受及时做出决策的重要性；也可以与那些入职不久的人交流，理解他们做决策后的感受，进而增强自己决策的动机。

（二）强化信息搜集

部分同学不了解社会和工作环境，也不清楚如何获取这些信息，从而造成决策困难。在做决策的过程中，同学们应强化信息的搜集与利用，因为只有掌握足够多的信息，才能有效地进行决策。具体而言，可以通过职业测评、他人评价、社会实践、生涯人物访谈等方式来了解自己的特质和职场需求。

（三）寻求专业支持

同学们可以通过学习职业生涯规划课程、"工作坊"课程等来提升自己的决策技能。如果存在内部冲突或外部冲突，不知道如何进行决策，则可以向职业咨询人员寻求帮助。

（四）突破行动障碍

一个人若总是犹豫不决、畏缩不前，可能会错过好的机遇。因此，同学们应增强职业生涯行动意识，提高行动能力，以此来发现新的兴趣和潜能，或者发现新的就业机会。

（五）构建积极的自我对话

自我对话是自己在内心与自己交流的过程。自我对话有时是积极的，有时是消极的。同学们应有意识地构建积极的自我对话。具体而言，可以从三个方面着手：首先是培养积极思考的习惯，其次是锻炼自我觉察能力，最后是增强自我监控能力，参见图7-9。

培养积极思考的习惯	锻炼自我觉察能力	增强自我监控能力
要想有效地解决职业生涯问题，首先应认为自己能胜任某个领域的工作，即对自己作出积极的评价。摆脱消极思维，培养积极思考的习惯。	指个体知道自己正在做什么和为什么这样做。在决策过程中，对自我身心状态进行觉察非常重要，有利于发现阻碍自己做出决策的因素，从而有针对性地解决问题。	指个体对自己所做事情的进展状况进行思考和调控。通过自我监控，个体能够监督自己完成决策的过程，进而及时调整自己的决策方式和行动策略。

图7-9　如何构建积极的自我对话

小贴士

遇到职业生涯决策问题时，可以采用合适的情绪管理方法来提高理性决策的能力。例如，当父母质问为什么不选择某专业时，你可以从情感的角度出发，耐心地向他们解释，以避免争执的发生；在参加招聘面试之前，可以通过深呼吸来放松身心；因职业选择的不确定性使自己的情绪起伏时，可以在头脑中描绘出有利于情绪安定的景象等。

广师大"职"路人

（1）考研系列：梦想，是青春的勋章——广东技术师范大学2019届校友梁同学、胡同学。

梁同学，广东技术师范大学财经学院财务会计教育专业2019届校友，广东技术师范大学会计专硕，本科期间多次获国家级、省级竞赛奖项。

胡同学，广东技术师范大学财经学院财务管理专业2019届校友，广东工业大学会计专硕，曾连续3年获得学校"三好学生"荣誉称号。

（2）教师招聘：你走的路，每一步都算数——广东技术师范大学2020届校友林同学。

林同学，广东技术师范大学文学与传媒学院汉语言文学（师范）专业2020届校友，现就职于某师范大学附属东莞学校。

（3）抓住命运的每一张牌，张张有惊喜——广东技术师范大学2022届校友徐同学。

徐同学，广东技术师范大学管理学院行政管理专业2022届校友。2018年入伍，曾任某战区海军基地通信站传输员兼新闻报道员，荣获基地通信站军事体能训练标兵等。

 **章节小结**

　　诺贝尔曾经说过："有什么样的选择，就有什么样的人生。"职业选择是人生选择的一个重要环节，而职业决策是人生决策中的重要决策之一。本章重点讲解了如何判断你的决策风格、CASVE 循环模型及怎样使用决策工具。通过本章的学习，将助力同学们提高职业决策技能，学会使用职业决策工具，科学决策，构建美好职业生涯！

本章拓展资料

第八章　描绘职业生涯蓝图

导语

在明确了"我是谁""我在哪里""我到哪里去"之后，还需明确"我如何到达"，这就需要树立正确的职业生涯发展目标，并综合运用好前面章节所学的工具与方法，描绘属于自己的职业生涯规划蓝图。

本章将带领同学们结合自身实际，设定个人生涯目标、做好行动计划、撰写职业生涯规划书、学会评估和及时修正职业发展规划。

思维导图

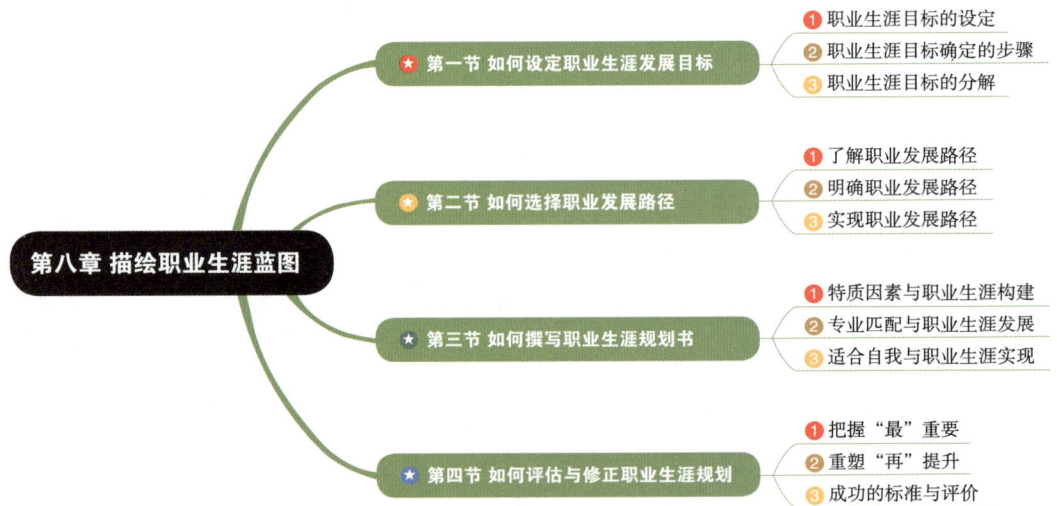

案例与思考

　　作品多次获得奥斯卡金像奖，执导的电影叫好又叫座，两获奥斯卡最佳导演，被誉为"电影奇才"的美国电影造梦者——斯皮尔伯格，想必大家都有所耳闻，像《侏罗纪公园》《辛德勒名单》《拯救大兵瑞恩》等，都是大家耳熟能详的作品。他在 36 岁时就成为世界上最成功的制片人，电影史十大卖座的影片中，他个人就有四部。在他 17 岁的时候，有一次到一个电影制片厂参观，他就偷偷立下了目标，要拍最好的电影。第二天，他穿了一套西装，提着爸爸的公文包，里面装了一块三明治，再次来到制片厂。他装成大人模样，来到厂里面，找到一辆废弃的手推车，用一块塑胶字母，在车门上拼出来"斯蒂芬·斯皮尔伯格""导演"等字样。然后他利用整个夏天去认识各位导演、编剧等，天天以一个导演的标准来要求自己。从与别人的交谈中学习、观察、思考，并最终在 20 岁那年，他成为正式的电影导演，开始了他大导演的职业生涯。

●思考：

（1）结合案例分析斯皮尔伯格如何确立自己的目标，并为之努力的？

（2）如果斯皮尔伯格经常变换自己的目标，他是否能成功？

（3）如果案例的主人公是你，你也会这么做吗？

▶ 第一节　如何设定职业生涯发展目标

一个人事业的成败，很大程度上取决于其有无合适的目标。没有目标如同驶入大海的孤舟，四野茫茫，没有方向；只有树立了目标，才能明确奋斗方向，犹如海洋中的灯塔，引导你避开险礁暗石，走向成功。

一、职业生涯目标的设定

职业生涯目标的设定，是以自己的最佳才能、最优性格、最大兴趣、最有利的环境等信息为依据。职业生涯的规划是为了获得人生的成功，因此目标必须是明确的。

（一）职业生涯目标的内涵

其内涵包括目标的内容、标准与实现目标的时间。职业生涯的目标可以简单地分为资历目标、生活目标和事业目标。

1. 资历目标

资历目标一般在成长期、导入期和发展期都处于重要的地位，是成功人生的必须投资与基础。如考大学、进入特定行业或者企业、获得与工作资质和水平相关的职称证书等。

2. 生活目标

生活目标是指个人日常生活、健康、休闲、社交与社会生活有关的目标集合体。人生的不同阶段通常有不同的生活目标。

3. 事业目标

事业目标是职业生涯的主要内容和关键，是职业发展过程中的明确指引和方向，包括个人从事的行业、企业、职位、收益、付出等各方面。

（二）设定职业目标遵循的原则

职业目标设定是否科学、合理，对目标是否能顺利实现具有非常重要的意义。这里主要介绍四个基本原则。

1. SMART 原则

S —— specific（具体的）。职业目标必须明确而具体，切忌模棱两可或笼统宽泛，只有这样在实施过程中才能更好地实现。

M —— measurable（可度量的）。职业目标必须有测量方法和具体的标准，能量化的尽量有具体量化指征，不能量化的要有明确参考标准。

A —— attainable（可达到的）。职业目标要符合个体实际情况，避免设置过高或过低的标准，在付出努力的情况下保证具有挑战性并可实现。

R —— relevant（相关联的）。职业目标与其他目标是相互联系相互影响的，在达成职业目标过程中，其他目标也可一并完成。

T —— time-bound（有期限的）。要给职业目标设定一个完成期限，同时要保证这个期限对于职业目标的达成是有效且合理的。

 **案例分析**

杜拉拉升职记中的SMART解读

（1）关于"量化"。行政主管和她说行政的工作很多都是很琐碎的，很难量化，但现实工作也需要量化。比如对前台的要求：要接听好电话——这可怎么量化、怎么具体呢？什么叫接好电话？比如接听速度是有要求的，通常理解为"三声起接"。一个电话打进来，响到第三下的时候，你就要接起来，不可以让它再响下去，以免打电话的人等得太久。

（2）关于"具体化"。公司电话系统维护商告诉她，要保证优质服务。什么是优质服务？很模糊。要具体点，比如保证对紧急情况，正常工作时间内4小时响应。那么什么算紧急情况，又要具体定义：比如四分之一的内线分机瘫痪等。如果不规定清楚这些，到时候大家就会吵架了。

（3）关于"可达成"。公司前台需要提升工作人员英语水平。你让一个初中英文程度的工作人员，在一年内达到英语四级水平，这个就不太现实了，这样的目标是没有意义的；但是你让他在一年内把《新概念英语》第一册拿下，就有达成的可能性，他努力地跳起来后能够（摘）到的果子，才是意义所在。

（4）关于"相关性"。工作目标的设定应与岗位职责相关联，不要跑题。例如，一个前台接待，当你让她学英语以便接电话的时候有可能会用到，就很好，但让她去学习六西格玛，就比较跑题了。

（5）关于时间限制。比如你和你的下属都同意，他应该让自己的英语达到四级。你平时问他：有没有在学呀？他说一直在学。然后到年底，发现他还在二级三级上徘徊，就没有意思了。这里，我们就得在最初要求时就规定好。比如他必须在今年的第三季度通过四级考试。要给目标设定一个大家都同意的合理的完成期限。

——选自《杜拉拉升职记》（有删节）

2. SCI-ART（科学与艺术原则）

S—— specific（明确的）。具体而不空泛，便于比照，能够揭示实质与核心。

C—— clear（清晰的）。目标采用某种尺度进行衡量。

I—— image（景象化的）。目标是具体的、生动的，能够把目标转换成视觉形象，而不是模糊的文字表述。

A—— acif-now（现在时的）。目标是当前个人为之努力的方向，是明确的、具体的。

R—— realistic（可实现的）。高低适中，有检验标准，要求在可以实现的范围内。

T—— timed（有时限的）。决定一个合理的时间段，然后执行，限期完成。

3.A＋B（积极平衡原则）

A—— active（积极的）。不仅目标内容要正面积极，而且表达目标的方式也要积极。

B—— balance（平衡的）。需要考虑职业目标与生活目标方面的平衡。

4. 先理智后情感原则

人的大多数决定过程是先情感决定，后理智证实。而职业目标应该先充分考虑可能的选择，然后用自己的感觉去评估决定。

二、职业生涯目标确定的步骤

生涯规划是层层递进的，每一个阶段每一个步骤都是关键且必要的。制定科学、合理的职业生涯规划，要充分考虑到个人的个性特征和发展方向，结合组织发展和职业岗位特性及社会需要，对影响职业生涯的各种主客观、内外部因素进行探索、分析和总结，确定适合自身特点、明确可行的职业目标，编制相应的学习、工作、技能提升等行动计划，注重目标与自身相适配，最终形成个人的个性化、职业化奋斗目标。

具体来说，职业生涯目标的确定要经历两个步骤。

一是目标选择不能偏离个人自身基础。要在结合自身实际情况和现实环境的基础上正确选择职业，确定可行的横贯职业生涯的发展路径。

二是确定阶段性的职业目标，体现具体化原则。目标要明确清晰，不能含糊不清，确保对生涯行动的引领和促进。

三、职业生涯目标的分解

确定好个人职业生涯目标后，接下来还必须将这一目标拆解为一个个更具体、更明确的子目标，使生涯目标更具有可实施性和可操作性。目标分解就是将总目标清晰化、具体化的过程，是制订、执行及实施计划的关键一步。在分解过程中，总目标与各分目标要上下连贯，方向一致，各分目标在时间和内容上要协调平衡。在实际过程中，拆解职业生涯目标比较常用的方法是按时间与内容性质进行分解，参见图8-1。

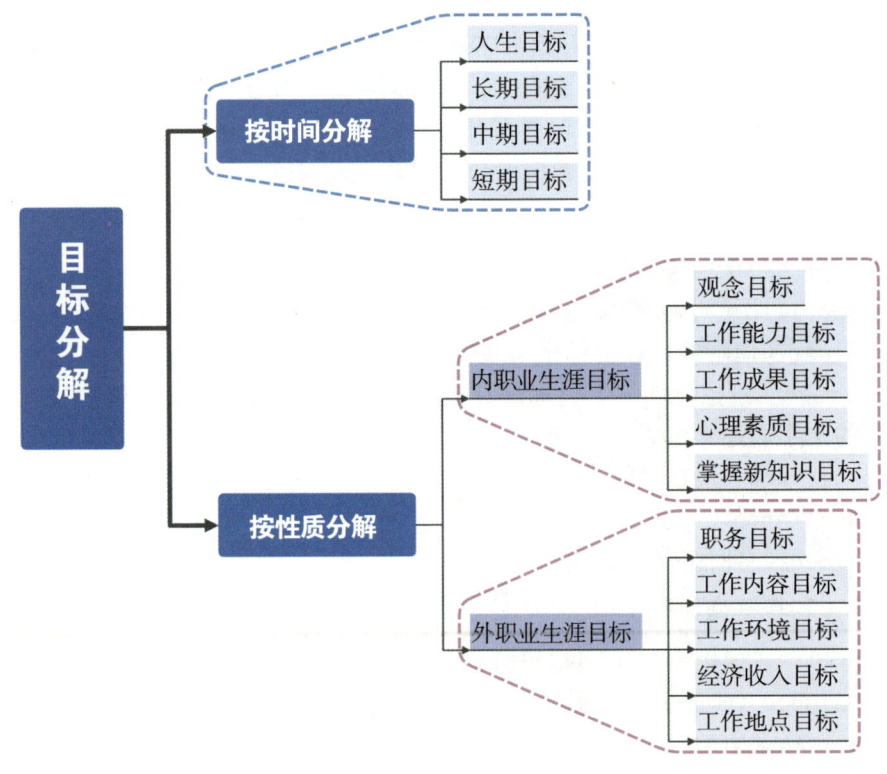

图8-1　目标分解图示

（一）按时间进行分解

个人职业生涯目标按时间和完成期限可分为人生目标、长期目标、中期目标与短期目标，它们分别与人生规划、长期规划、中期规划和短期规划相对应。我们首先要根据个人的专业、性格、气质和价值观及社会的发展趋势确定自己的人生目标和长期目标，然后再把人生目标和长期目标进行分化，根据个人的经历和所处的组织环境制订相应的中期目标和短期目标。

1. 人生目标

人生目标是整个人生的职业生涯发展总目标，也可称之为终极目标，时间跨度最长，引领着各分目标的发展方向。

2. 长期目标

长期目标一般指时间为 5 年以上、10 年以内的规划，主要设定较长远的目标。长期目标通常比较宽泛、不够具体，可能随着个体状况和社会环境的变化而变化。

3. 中期目标

中期目标一般为 2～5 年内的目标与任务，它与长期目标要保持一致，有比较明确的时间，相对于长期目标而言要更具体一些，且在可控范围内能做适当的调整。如在大学四年学习过程中，需考取与专业相关的资格证书，获得毕业证、学位证等。

4. 短期目标

短期目标是指 1～2 年以内的规划与目标，是中期目标和长期目标的基石，具备可操作性，明确规定具体实现的时间，切合实际和适应当下环境，是最清楚的目标。

在确定以上各种类型的职业生涯目标后，就要制定相应的行动方案来实现它们，把目标转化成具体的方案和措施。这一过程中比较重要的行动方案有职业生涯发展路线的选择，职业的选择，相应的教育和培训计划的制订。

（二）按性质进行分解

个人职业生涯目标按性质可分为外职业生涯目标和内职业生涯目标，它们之间的关系是相辅相成的，内职业生涯是内部因素，外职业生涯是外部因素。只有内部因素与外部因素有效结合才能组成正确的职业生涯规划目标。

1. 外职业生涯目标

外职业生涯目标是指从事某种职业时的职务目标、工作内容目标、工作环境目标、经济收入目标、工作地点目标等因素的组合及其变化过程。它是依赖于内职业生涯的发展而增长的，侧重于职业过程的外在标记，以内职业生涯发展为前提条件，具有不可控性和不等偿性，构成要素大多由他人或组织给予，特别是在职业初期时容易被收回和否定。

2. 内职业生涯目标

内职业生涯目标是指从事某种职业时的观念目标、工作能力目标、工作成果目标、心理素质目标、掌握新知识目标等因素的组合及其变化过程。它是靠自己努力追求才得以获得的，且一旦获得后是别人无法替代和窃取的人生财富，具有自我实现性和不可剥夺性，在一定情况下可转化为外职业生涯。

生涯目标障碍排除

（1）有效性障碍：这种做法真的有效吗？

排除方法：诚实地面对自己的内心需求，拒绝虚伪和强迫，尊重内在意愿。

（2）时间障碍：要花很长时间吗？

排除方法：调整观念心态，实现目标的过程好比滚雪球，"球核"总是最难滚起的，开始的过程非常缓慢，后期将是加速前进的过程。

（3）难度障碍：比我想象的难多了！

排除方法：调整观念，困难是成长和进步的机会，人生中大部分事只要我们努力就能做到。只有天才才能做到的事情占绝对的少数。

（4）奖励障碍：到底有什么好处？

排除方法：对自己每一次进步进行及时奖励。

（5）保持障碍：要坚持下去不容易啊！

排除方法：描述你的进步过程，每一个进步之后做下标记。

思考下列问题并完成表8-1，毕业后你最想要去的地方是哪里？你为了成功到达自己理想的地方，毕业前你需要做哪些准备？

表8-1　设计你的毕业清单

毕业阶段	毕业行动	时间节点	所需材料	注意事项
就业准备时期	1.			
	2.			
	3.			
双向选择时期	1.			
	2.			
	3.			
计划派遣时期	1.			
	2.			
	3.			
就业后续时期	1.			
	2.			
	3.			

当你在毕业过程中遇到困难的时候，你可以通过哪些途径寻求帮助？

▶ 第二节　如何选择职业发展路径

职业发展路径，即生涯策略，是指为了达成职业发展目标所选择的道路。职业生涯蓝图是由层层递进的职业目标组成的，面对一个个想要实现的目标，需要为之付出实实在在的努力。尽管目标的指向非常明确，但在实际行动的过程中，可能面临诸多困难和阻碍。因此，明确职业发展路径很重要。

一、了解职业发展路径

职业生涯目标确立后，就面临职业发展路径的选择，其关系到职业发展历程顺利与否。常见的职业发展路径见表 8-2。

表8-2　常见的职业发展路径

类型	典型特征	职业成就	职业方向
技术型	具有一定的专门技术性知识、技能和较好的分析能力，这些技能需要经过长期的培训与锻炼才能具备	职称的晋升、技术性成果的认可及专业知名度的提高等	工程、财会、销售、生产、法律等
管理型	具有良好的个人综合素质、人际关系技巧、沟通能力和领导才能	行政职位的晋升、管理权限的扩大等	政府机构、企业组织及其各部门的主要负责人
创业型	综合素质要求较高，需要有充足的资本及条件、敏锐的市场大局观、过硬的心理素质和综合能力	打造自己的品牌并成功立足于市场，在经济收入上有丰厚的回报	风险投资者、企业家、工商个体户等
自由型	随心所欲制订自己的时间表、计划表等，生活方式及习惯比较随性	在工作中得到自由与欢乐	自由领域中发展自己的个人事业

上述几条路径并不是一条道走到底的，其中也可能会出现交叉和并轨，例如在技术型岗位上奠定专业基础、充实专业知识，在适当的时候转向专业技术部门的管理岗位，有跨越发展的现象。

此外，职业发展路径有不同的形态，每种形态具有不同的典型特征，参见表 8-3。

表8-3　职业发展路径形态的典型特征

形态类型	典型特征
单一型	从业者的职业生涯只从事一种职业，不断丰富阅历和学识，使职业生涯向纵深发展
平行型	从业者可能在技术型路径和管理型路径上并行，如高校管理干部，一般都是技术和管理"双肩挑"
交叉型	从业者的职业发展路径呈现两种或两种以上路径交替发展状态，如先走技术路径，后走管理路径

二、明确职业发展路径

（一）职业发展路径图

了解了职业发展路径后，便可规划职业发展路径。典型的职业发展路径图是一个"V"形图（见图8-2）。"V"的最低点即开始工作的年龄和起点，"V"的两边代表两个不同的职业发展路线（分为主路线和备选路线）和阶段性目标。假设你22岁大学毕业参加工作，"V"形图的起点为22岁，从起点向上发展，"V"形图的左侧线路为管理型发展路径，右侧线路为技术型发展路径。将两侧线路分为若干等份分别表示不同年龄段，并将相应等级或职务标注在图上，作为个人职业发展历程中不同阶段的生涯目标。

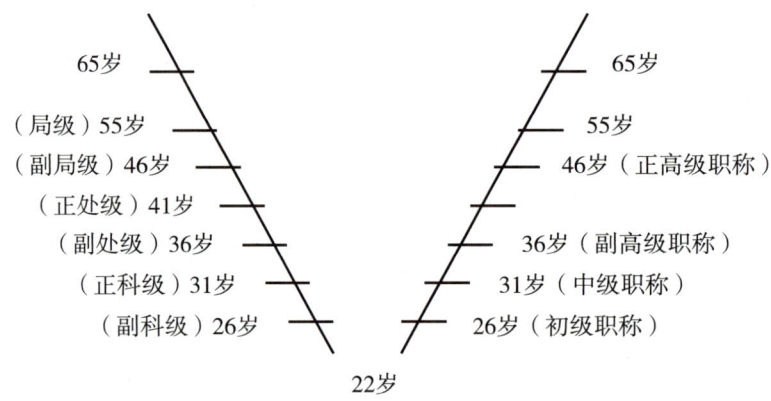

65岁　　　　　　　　　　65岁
（局级）55岁　　　　　　55岁
（副局级）46岁　　　　　46岁（正高级职称）
（正处级）41岁
（副处级）36岁　　　　　36岁（副高级职称）
（正科级）31岁　　　　　31岁（中级职称）
（副科级）26岁　　　　　26岁（初级职称）
22岁

图8-2　职业发展路径"V"形图

（二）职业发展路径特征模型

在职业生涯发展过程中，有多种不同的发展路径特征，可以用不同的模型来描述。

1. 上升直线型

其特点是目标始终不变，一生坚持不懈，以量变换质变。总体发展趋势呈上升直线状态，发展过程中会有正常的曲折情况，如图8-3所示。

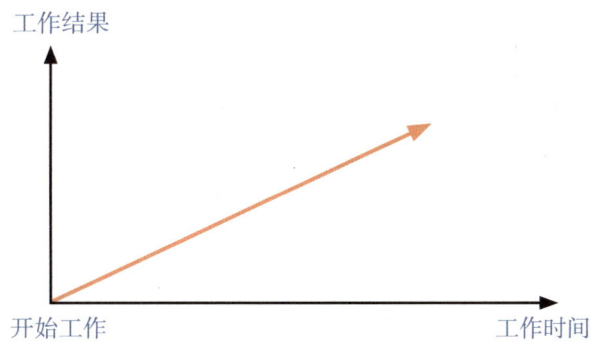

图8-3　上升直线图

2. 台阶路线型

其特点是在职业生涯发展过程中，每上一个新的台阶后，会有一个相对较长的平台发展期进行放松、反思、学习和蓄势，并对自己取得的目标进行巩固、拓展，为下一个目标做好准备，如图 8-4 所示。

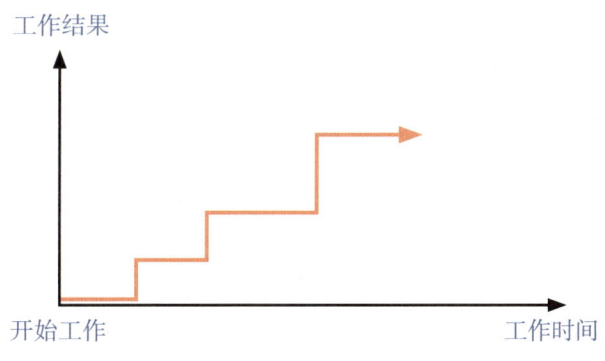

图8-4　台阶路线图

3. 上升折线型

其特点是每达成一个目标后，就会经历一个低谷。可能是岗位交替所影响，需要从头开始，也有可能是进行查漏补缺，弥补发展过程中的不足，但最终的人生目标还是实现了，如图 8-5 所示。

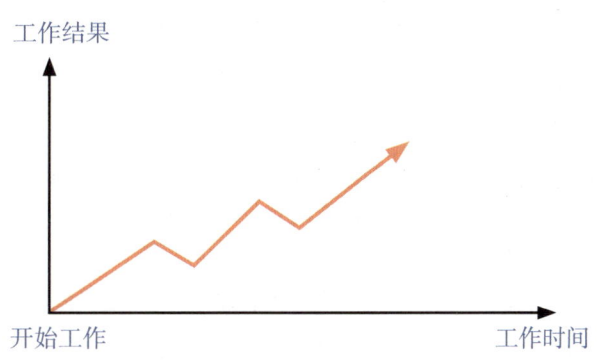

图8-5　上升折线图

4. 抛物线型

其特点是在职业生涯发展过程中，上升到一定高度后开始走下坡路，渐渐退出职业生涯。由于种种原因，每个人的职业生涯发展会有许多不同的选择，有的人因为健康状况、职业价值观、家庭变故等主客观原因选择退出职业生涯，如图 8-6 所示。

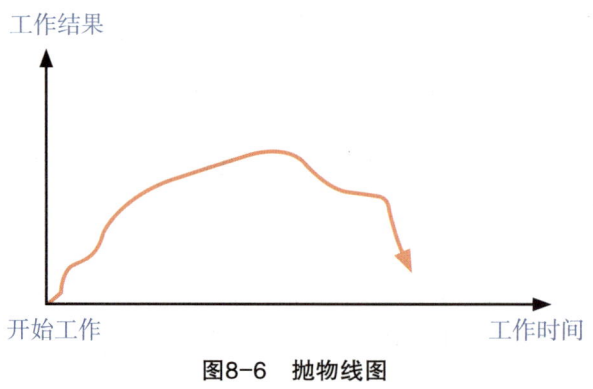

图8-6　抛物线图

5. 水平线型

其特点是不会受社会和时代影响，始终按部就班地工作，职业生涯发展呈水平状态，没有大的变化，这种人容易被不断发展的社会所淘汰，如图 8-7 所示。

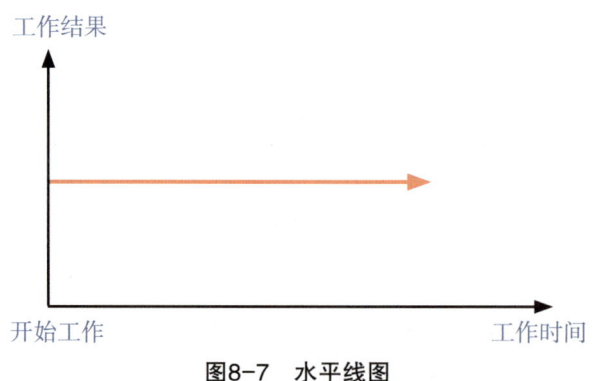

图8-7　水平线图

每个人的职业发展都是动态的。在进行职业定位、职业规划的时候，明确职业发展路径可以帮助我们对自己未来的发展有一个很好的设想，避免对自己发展状况不清晰，盲目转换工作。

三、实现职业发展路径

职业生涯发展路径的实现通常需要循序渐进，例如要作高级技术专家（长期目标），实现路径可以是毕业后直接就业，从技术员做起—工程师（短期目标）—高级工程师（中期目标）—技术专家—高级技术专家，如图 8-8 所示。

职业发展路径没有绝对的"最佳"，只有你能把握的"最佳"，不断明确并实现你的职业发展路径，提升职场竞争力。不论选择哪条职业发展路径，都需要时间，要结合实际综合考虑自己的个性、价值观、兴趣、能力等自身条件和社会与组织环境，反复权衡再予以确定。

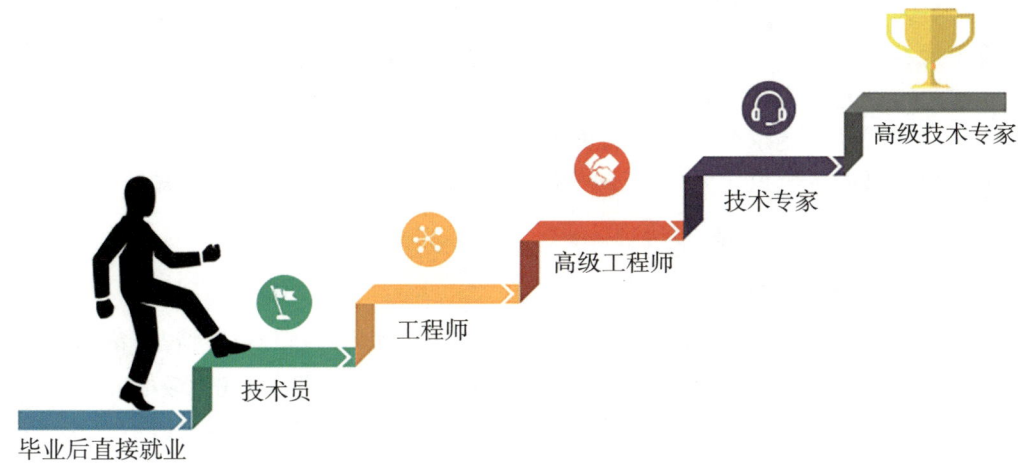

图8-8 高级技术专家职业目标实现路径

设计你的职业发展路径

结合本节知识要点，设计你的职业发展路径，并结合短、中、长期目标进行说明，制订详细计划，具体操作步骤如下。

（1）在白纸的最上方写上"某某某的职业发展路径"。

（2）确定你的职业发展路径发展形态：单一型、平行型、交叉型。

（3）如果将自己的职业总目标分为6个阶段目标，那么就分出6个层级。若有多个路径则用分支表示。

（4）在第一个层级上写上"1"并标注达成目标的年龄，然后在第二个层级上写上"2"也标注到达成这个目标的年龄，以此类推，最高的层级上写上"6"及达成目标的年龄。

（5）将自己的职业发展路径与同学讨论，请他们给自己绘制的职业发展路径提建议，以便进一步完善。

▶ 第三节 如何撰写职业生涯规划书

准确定位、快速适应、协调平衡、持续发展，可以帮助你更好地适应环境变化，确定自己的职业目标，找到动态发展的职业生涯之路。在生涯之路探索时，为自己打造一份通关秘笈——职业生涯规划书，并不断探索、试行、调整、坚持、发展，激发自我内驱力，在生涯之路上不断构建升级。

一、特质因素与职业生涯构建

从特质因素论出发，职业生涯规划书的逻辑常为"知己—知彼—匹配—平衡"模式。但随着现代社会的发展，职业内容和形式不断更新，职业发展路径不断重构，职业业态不断涌现，特别是生涯构建理论的兴起，让个人在进行职业生涯规划时，由关注外在成功转变为内在成功，寻求个人生命的更大可能性，更偏向于动态协调平衡和发展，因此职业生涯规划书的逻辑也变为"知己—知彼—匹配—平衡—再知己—再知彼—持续发展"的模式。

二、专业匹配与职业生涯发展

从专业匹配角度进行规划时，对自己的职业生涯发展方向和路径进行分析和设计的过程主要分为内、外两部分。其中内部因素包括自我探索（含性格、兴趣、能力和价值取向）、职业目标分析、职业发展实施方案的评估和修正等；外部因素包括家庭情况、社会环境分析和行业（企业）发展分析。

（一）内部因素

1. 自我探索

其主要是对个人的性格、兴趣、能力和价值取向等方面的自我探索和分析。

2. 职业目标分析

在自我探索和分析的基础上，将职业目标按时间、阶段分成过程性目标，并进行有机整合。

3. 方案评估和修正

结合目标寻求差距，制定具体实施方案，并根据自身情况适当调整和修正。

（二）外部因素

1. 社会环境分析

其主要是指政治、经济、文化、生态等外部环境对职业生涯的影响。

2. 行业（企业）发展分析

其主要是指个人所学专业与目标职业所处的行业（企业）的现状和发展前景等。

3. 家庭情况

其主要是指个人所在家庭经济水平、家庭各成员工作情况，同时还包括家人对个人未来工作的期待等。

职业生涯适应调整

在生涯构建理论的影响下，随着逻辑模式发生改变，职业生涯规划书的内容在专业匹配的基础上，更倾向于把个人放在职业的宏观视角。在强调匹配的同时更关注适应调整，当出现不匹配时，个人要进一步适应、学习、协调和发展，不断进行动态调整，以达到新的平衡和发展，创造无限可能。

（1）内部因素部分：个人性格、兴趣、能力、价值取向这四个基本维度可通过专业测评获取测评报告，但也不能过于依赖测评结果，可适当增加个人优势、360度评估等主观分析内容，结合过往学习、生活实践进行综合评价分析；在职业目标分析时，在找到适合目标时也要看到存在的差距；在方案评估和修正时，聚焦多元角色、协调平衡，主动获取、积累和提升。

（2）外部因素部分：在个人家庭基本情况分析时，需注重挖掘家庭成员在个人职业发展方面的精神支持和价值影响；在社会环境和行业（企业）分析时，依托专业—企业—行业的关联性探索工作内容、环境、晋升发展的同时，也要增加业态发展趋势及衍生的职业分型，分析备选职业目标与匹配职业目标之间的关联性，为个人提供评估成长的关联路径。

三、适合自我与职业生涯实现

职业生涯规划书的制作需内容完整，把握重点和细节，而不是夸夸其谈，必须具备实用性和个人特性，从而使职业生涯规划更贴近个人实际、更便于达成个人职业生涯目标。制作职业生涯规划书时需注意以下几个方面。

（1）客观性。在制作前期，对自我探索即性格、兴趣、能力和价值取向方面要进行客观分析，充分认识自己，了解自己，在分析的过程中不断总结反思和审视自己，特别是当测评报告结果与主观自我认知存在不相符的情况时，要不断反思、充分总结。

（2）可行性。在确定职业目标时，不要好高骛远、眼高手低，要实事求是、剖析透彻。尽可能收集意向目标的内外环境信息，加深对实际情况的掌握和理解，充分运用生涯人物访谈、实地走访调研等操作性强、可行性高的方式和手段去拓宽职业目标信息收集的渠道。

（3）预见性。在进行家庭情况和职业环境分析时，要保持包容开放的态度，对家庭情况和意向目标所在的行业（企业）的发展趋势有前瞻预见性，做好风险预判和应对策略，及时评估，适时调整，不断修正和优化。

（4）独特性。职业生涯规划书是基于个人自身实际情况量身定做的，因人而异、因时而变，不能盲目照搬、盲目模仿。每个人存在个体差异，别人的成功路径和模式可作为参考，但不一定完全适合自己。在学习、借鉴的基础上，确定适合自己的职业发展路线，才是完美的。

实践活动

请参考图8-9职业生涯规划书撰写基本步骤，为自己量身打造一份职业生涯规划书。

信念	认知	环境	定位	目标	行动	修订
树立自信	客观实际	职业机会	职业定位	目标分解	实施方案	评估标准
	职业性格	信息收集	定地点	时间	针对性	备选方案
	职业兴趣	信息整理	定行业	内容	目标性	决心意志
	价值观	关注动向	定单位	SMART	阶段性	
	职业倾向		定岗位		问题导向	
			定路径			

图8-9 职业生涯规划书撰写基本步骤

延伸拓展

广东技术师范大学历来重视学生的职业生涯规划教育，在历届大学生职业规划大赛中屡获殊荣，详见表8-4。

表8-4 历届大学生职业规划大赛广东技术师范大学获奖信息

序号	获奖年份	大赛名称	获奖奖项	获奖选手	其他奖项
1	2005	第二届广东省大学生职业规划大赛	"职业规划之星"	王洁（美术学院）	"最佳组织奖" "最佳组织人员奖"：李向明、黄英、赵珲、朱晓旋、苏瑜 "特别鼓励奖"：黄雅璐
2	2006	"航天杯"首届中国大学生职业规划设计大赛	"全国十佳职业规划之星"	张议元（文学院）	"全国最佳组织奖金奖" "先进个人奖"：幸小涛、李向明
3	2006	第三届广东省大学生职业规划大赛	"十佳职业规划之星""决赛总冠军"	张议元（文学院）	"最佳组织奖金奖" "先进个人奖"：李向明 "优秀个人奖"：朱德喜、徐光伟
4	2007	第四届广东省大学生职业规划大赛	"十佳职业规划之星"（总分第二名）	邓淑琦（文学院）	"最佳组织奖" "先进个人奖"：肖志贤 "优秀指导老师奖"：黄英 "特别激励奖"：卢沛刁 "大赛讲师"：李向明、黄英
5	2008	"南粤杯"大学生网上人生规划大赛	一等奖	林莹（外国语学院）	"优秀组织奖" "优秀指导老师奖"：郭磊、钟健雄
			三等奖	罗宇东（电子与信息学院）	

续表

序号	获奖年份	大赛名称	获奖奖项	获奖选手	其他奖项
6	2009	第五届广东省大学生职业规划大赛	本科组"十佳职业规划之星"	罗宇东（电子与信息学院）	"最佳组织奖" 本科组"优胜奖"：胡瑾瑾 创业组"特别激励奖"：戴文杰创业团队
			创业组"规划之星"	谢彬创业团队（管理学院）	
7	2009	"荣盟易职杯"全国大学生职业生涯规划大赛总决赛	优秀奖	罗宇东（电子与信息学院）	"优秀指导老师奖"：钟健雄、杨继福 "最佳组织人员奖"：丁燕红
8	2011	第六届广东省大学生职业规划大赛	一等奖、最佳计划实施奖	曾立衡（外国语学院）	"最佳组织奖" "优秀指导老师奖"：郭磊、李峰 "最佳组织人员奖"：蒋鹏
			二等奖	傅文强（电子与信息学院）	
9	2017	金湾杯第七届广东省大学生职业规划大赛	一等奖、"十佳职业规划之星"	林菁（文传学院）	"先进集体奖" "优秀组织者"：陈薇 "优秀指导老师"：林庆
10			三等奖	吴妙婷（法知学院）	
11	2019	第九届广东省大学生职业规划大赛	二等奖	汪梓伊（文学与传媒学院）	"优秀组织高校" "优秀组织者"：吴涛
12			三等奖	张燕柠（数学与系统科学学院）	
13			优胜奖	吴思婷（文学与传媒学院）、迪丽胡玛尔·艾散（计算机科学学院）	
14					

规划生涯，点亮梦想！广东技术师范大学的获奖选手们绘制了自己的职业生涯蓝图，较好地实现了职业理想。下面列举几个典型人物。

人物 1：张同学，女，2003 级汉语言文学（师范）专业，现任教于某省轻工业技师学院，"航天杯"首届中国大学生职业规划设计大赛"全国十佳职业规划之星"获得者。

职规心语：回想我之前学生时期参加的首届全国职业生涯规划大赛，不禁感叹：比赛造就了我的前半生，并直接影响了我的后半生。当年如果没有参加比赛，我不会如此认真清晰梳理自己的人生理想，看到自己隐藏的实力，确定自己的职业锚，并为此进行社会环境探索，努力走稳人生的职业之路。

飞速发展的中国赋予了我们更多职业选择的空间，确定努力的方向真的很重要，不然在最黄金的时段会浪费太多摸索的时间，甚至最后发现一无所有。也许在朝着这个方向奔跑的过程中历经坎坷，但只要方向对了，过程中只需要不断提升自我装备和攻击能力，便能拥有打"怪"的动力。虽然打"大 boss"看似永无止境，但只要有迹可循，事先做规划，那么当你玩起来的时候就不会慌张。

做好职业生涯规划，每个人都会有人生出彩的机会！

人物 2：罗同学，男，2007 级应用电子技术教育专业，现任职于某省教育厅事务中心，第五届广东省大学生职业规划大赛本科组"十佳职业规划之星"，全国大学生职业规划大赛优秀奖获得者。

职规心语：2009 年，我参加职规赛，带着自己的教师梦、教育梦走上赛场。一个平凡的梦，一句"到乡村去当一名职业学校教师"，被教育部评委点赞为广东最有社会责任感的职业目标，我最终获得广东省的"十佳职业规划之星"。但比赛所给予我的，没有就此结束。赛事当中一位评委老师问我："你认为，教师与教育家之间的关系是什么？"这个问题一直伴随着我到如今，引导着我在教育的追梦路上寻找答案。

我想，职业规划，不仅仅是一个比赛，也不仅仅是一个计划书、或者一个激情流畅的演说，而是带着你不断探索人生的一把钥匙。你在撰写规划书的时候，同时带入的是你职业的理想和人生的困惑，在不断修改完善规划书的时候，会得到很多启发。希望学弟学妹带着问题意识做好职业规划，能够投入一份规划，悟出一番道理。

人物 3：林同学，女，2014 级汉语言文学（师范）专业，现任教于某小学，2017年"金湾杯"第七届广东省大学生职业规划大赛"十佳规划之星"获得者。

职规心语：职业规划是一件不断探索、不断发现、不断调整自己的事，非常有趣。在职业规划大赛中，我接触了很多与职业规划相关的理论、模型等，也慢慢尝试去问自己，"我是谁？""我可以成为谁？""我该成为谁？"。虽然陷入过迷茫，甚至多次自我否认，但最终，我找到了想要的答案。那就是做真实的人，对所遇均报以真诚。这样，内心"小小的我"便会收获大大的能量。

人物 4：曾同学，女，2010 级英语师范专业，现任教于某小学，第六届广东省大学生职业规划大赛一等奖、最佳计划实施奖获得者。

职规心语：职业生涯活动伴随我们的大半生，拥有成功的职业生涯才能成就完美人生。因此，职业规划具有特别重要的意义。

在大学一年级的时候，我参加了学院的职业生涯规划大赛。相信很多人一开始都会以完成一份作业的心态来完成这份任务，但在我准备参赛的过程中，通过具有科学性的测评工具、各方面的调查、调研和社会实践，越发觉得这并不是一项简单的任务，并意识到在职业规划中越是认真地了解自己、了解社会现状，越能让我们在大学四年时光中更有目的、有方向地努力发展，而不是等到毕业选择工作的时候迷茫或是不知所措。当今社会处在变革的时代，到处充满着激烈的竞争。要想在这场激烈的竞争中脱颖而出并立于不败之地，必须做好职业规划，让自己做到心中有数，增强职业竞争力。

人物 5：傅同学，男，2008 通信工程专业，现任职于某邮电职业技术学院，集客部负责人，第六届广东省大学生职业规划大赛二等奖获得者。

职规心语：职业规划大赛是大学阶段一个集结着学习、实践和思考的比赛平台。大赛让我掌握了有利于职业生涯的科学评测方法、周详考衡维度，从而对职业规划未来有了全面的视角、系统化的思考和实用的成长路径，助推我从毕业到就业快速过渡和发展。职业规划大赛结束好多年了，但这些方式方法、思维习惯一直惯性推动我迎接着职业生涯的每个阶段，受益无穷！感谢母校老师们给予我在职业规划大赛中的锻炼和培养！

▶ 第四节　如何评估与修正职业生涯规划

职业生涯规划是一个动态平衡发展的过程，外部环境不断变化，个人因学习、生活不断经历成长，一些不确定因素的存在会使职业生涯规划在实施过程中与原本计划出现偏差。在此情况下，规划要行之有效，就需要预判风险、适时调整、评估和修正以达到最佳效果（见图8-10）。

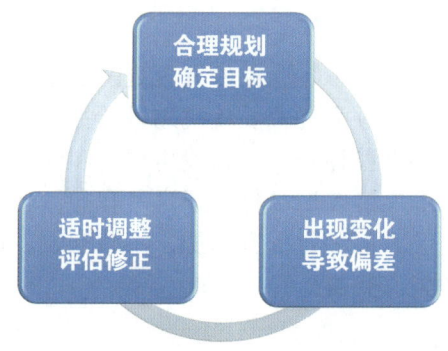

图8-10　职业生涯规划动态平衡图

一、把握"最"重要

（一）选择最关键的

在面对新职业、新方向、新策略和自身其他因素变化调整时，要结合个人实际，选择最重要的一两个方面进行评估修正。对职业目标、职业路径、实施策略和机遇、意外等情况进行综合排序，选择最关键且易实现的进行调整。

（二）提升最薄弱的

我们常用"短板效应"来寓意组织和个人的整体竞争力是由其最薄弱的环节决定的。在修正反馈过程中，要肯定自己的优势和特长，但更重要的是契合新形势、新变化扬长避短。通过调整观念、提升能力、扩大视野、增强素质等进行修正和替换，降低短板效应，提升长板效能。

（三）探索最前沿的

针对时刻不断变化的内外部环境，要善于发掘最新的趋势和寻求最佳的转变，即"与时俱进""华丽转身"。对于新变化和新需求，选择更适合个人的发展方向，寻求突破。

二、重塑"再"提升

通过评估与修正，个人职业生涯规划应达到的目标为继续坚持还是改变生涯目标，生涯发展路径是阶段性调整还是重新确立，审时度势制定新的职业生涯发展规划和自我提升措施。

（一）自我再剖析

对自我的探索是一个长期、持续、动态变化的复杂过程，在个人条件变化及职业体验等基础上对自我进行再剖析，加深对自我的再认识，尽可能减少主、客观因素造成心理不成熟和经历太单一造成的自我分析偏差。

（二）环境再评估

在实施阶段，社会环境、行业（企业）业态的不断更换也会给职业生涯规划目标带来新的冲击和挑战。对动态环境进行动态评估，如分析当前社会政治、经济形势，行业发展趋势，企业组织氛围等，在前期分析的基础上增加体验性、实操性的感受，围绕初选目标进行发展机会再评估。

（三）计划再调整

俗话说"计划赶不上变化"，影响职业生涯规划的因素很多，有些因素变化是可以预测的，而有些因素的变化是难以预测的。要使规划设计行之有效，就需要我们根据内外部环境的变化，适时评估修正并调整计划。在自我再剖析和环境再评估的基础上，重新评估职业生涯发展机会，修正职业生涯发展目标。通过"我想做什么""我能做什么""我愿做什么""我应该怎么做"等方面制定提升措施，不断回顾、反思、展望，使职业生涯规划更贴近个人实际，有的放矢，获得提升。

三、成功的标准与评价

职业生涯成功是指个人在职业生涯规划目标实现和发展过程中所取得的阶段性的成果，或在心理上所获得的满足感和成就感。因个人具有差异性，如有的人追求职业地位，有的人追求职业报酬，有的人追求职业挑战等，导致成功的标准与评价也不同，很难用一个绝对的标准来衡量。职业生涯成功的含义因人而异，具有很强的相对性，对于同样的人在不同的人生阶段也有着不同的含义。因此，对个人而言，能够清晰认清自我内在需要，并能有规划、有步骤去实现，就是成功的体现。

实践活动

致未来成功的自己

请给未来的自己写一封信，描绘心目中对未来"成功自己"的画像，帮助自己明确职业生涯目标，合理规划自己的大学学习和生活，为了心目中的"成功自己"奋进。

广师大"职"路人

（1）上善共举，平步致远——广东技术师范大学 1996 届校友张同学。

张同学，广东技术师范大学中文系 1996 届校友，毕业后一直在家乡工作，现任某镇党委书记。他爱民亲民，谦逊平和，以实干的精神，带领百姓脱贫致富奔小康。

（2）努力、幸运、担当、成长——广东技术师范大学 2001 届校友罗同学。

罗同学，广东技术师范大学中文系 2001 届校友，某职业技术学院人文学院文秘专业带头人，某省高职秘书类协作委员会副主任委员、某省秘书学会常务理事、某秘书科学联盟理事，某形象设计协会"注册形象礼仪讲师"，2008 年度"某市十佳教师"。

章节小结

职业生涯蓝图好比一幅个人职业发展地图，它将展现你的身份、你所拥有的资源、身处何处、朝哪个方向发展、怎样发展、怎样选择适合自己的人生路径……而这张蓝图也将指引你走向未来的道路，走出一个怎样的你。所以，从现在起，认真绘制一幅属于自己的职业生涯蓝图吧。

本章拓展资料

第九章 毕业季的通关攻略

导语

　　面试是能否成功获得心仪工作的重要环节之一。面临毕业，很多同学一直在咨询面试的技巧以及各类面试问题的答案。事实上，每个单位、每位求职者的应聘方式都是不同的。只有在校期间做好各方面的准备和积累，应聘时充分展示自己的优势与匹配度，才是应对面试的"唯一技巧"和"标准答案"。

　　本章将带领同学们进入求职技能的学习，从获取求职信息、建立求职档案、学会制作简历、掌握职场礼仪和掌握面试技巧等方面，提升就业竞争力，找寻心仪工作。

思维导图

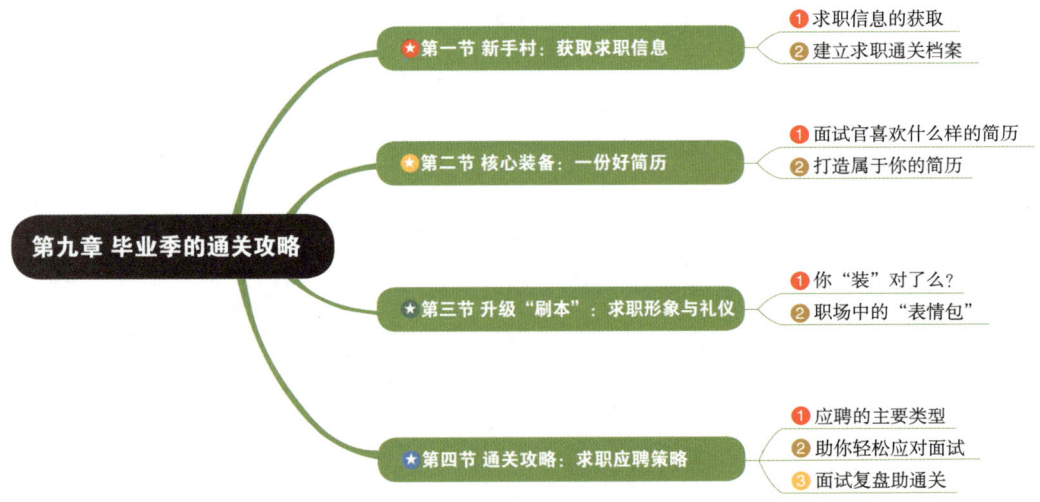

　　小飞是某高校电气工程及其自动化（师范）专业的应届毕业生。临近毕业，小飞出入在各大招聘会和企业宣讲会中。他前后投出简历13份，收到面试机会只有3次，都是一到面试环节就败北。有相似经历的其他同学跟他一起面试同一家公司同一岗位，但别人拿到录用通知了，他还在一次又一次地奋斗。对此，他很困惑。

　　●思考：
　　（1）与别的同学拥有相似经历，但在同一家公司同一岗位招聘中，小飞为什么未能通过？
　　（2）在求职过程中，小飞应该注意什么？
　　（3）小飞可以通过什么方式提高求职的成功率？

▶ 第一节 新手村：获取求职信息

一、求职信息的获取

（一）求职者思维与雇主思维

找准求职路径是获取有效求职信息的第一步。通常情况下，大学生的求职路径可以总结为：获取求职信息、投简历、参加面试、实习和录用。这种思维，我们称之为"求职者思维"。用人单位在发布招聘前，对理想员工已有预设，往往会从人职匹配角度出发，严格筛选简历，减少人力物力资源损耗，我们称之为"雇主思维"，两种"思维"参见图9-1。

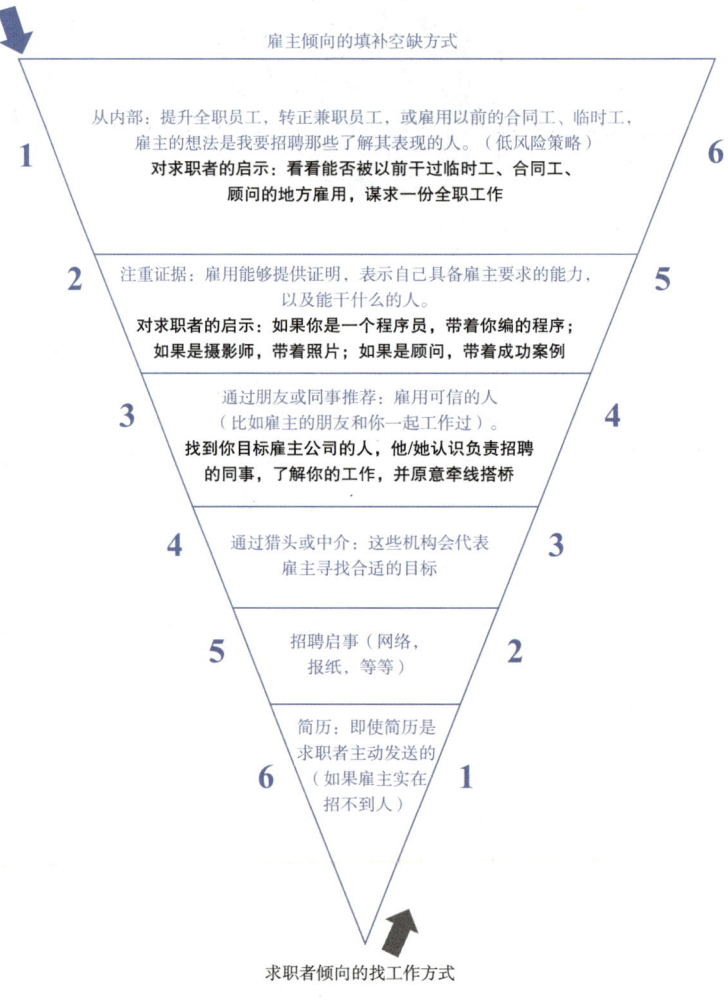

图9-1　求职者思维与雇主思维

由图 9-1 可见，求职者思维和雇主思维的核心观点大不相同。

此外，有调查显示，毕业生求职时关注度排名前三位的是薪酬待遇、发展空间、地理位置，而雇主最关注的是员工的个人综合能力、专长、工作经验。

只有洞察雇主思维，才能找准求职路径。转变思维，从雇主的角度出发，了解对方选人的标准和需求，思考如何从雇主的需求出发，提升自身能力与岗位和用人需求的匹配程度，从"我是优秀的人"转变为"我是适合这个岗位的人"，才能让你在将来的求职路上更具竞争力。

实践活动

小童想要应聘报刊编辑职位，请灵活运用雇主思维，基于 STAR 原则，帮助小童优化担任社团主编这一校内实践经历。

（1）任职期间获得"全校优秀学生干部"称号，其所在社团获得"校园十佳社团"称号；

（2）丰富了杂志内容，增加了订阅量；

（3）组织杂志十年庆典、校征文比赛等大型活动；

（4）负责栏目的采编，范围涵盖校内和校外；

（5）培训新进入杂志社的同学。

修改后：

在校期间，担任社团主编一职。

S：＿＿＿＿＿＿＿＿＿＿＿＿＿＿＿＿＿＿＿＿＿＿＿＿＿＿＿＿＿＿＿。

T：＿＿＿＿＿＿＿＿＿＿＿＿＿＿＿＿＿＿＿＿＿＿＿＿＿＿＿＿＿＿＿。

A：＿＿＿＿＿＿＿＿＿＿＿＿＿＿＿＿＿＿＿＿＿＿＿＿＿＿＿＿＿＿＿。

R：＿＿＿＿＿＿＿＿＿＿＿＿＿＿＿＿＿＿＿＿＿＿＿＿＿＿＿＿＿＿＿。

（二）获取求职信息

在找准求职路径后，如何获取和筛选求职信息是接下来求职过程的核心环节。求职信息意味着求职机会。为了更好地把握求职机会，需要掌握如何收集求职信息和求职信息处理的方法。

1. 收集求职信息

（1）静态资源。可以通过线上求职平台，行业、企业网站，学校就业网、公众号，出版物等，及时获取全面、有效的求职信息。

（2）动态资源。可以通过家人、职场人士、专业协会等，获取匹配度较高的求职信息。

（3）实践资源。可以参与各类招聘会，积极见习实习，获取适宜的求职信息。

2. 求职信息处理方法

（1）科学整理。甄别信息的科学性和可靠性，只有在确保就业信息是真实可靠的前提下，才可以进一步做求职准备。

（2）有效排序。结合第五章的内容，综合就业政策、用人单位情况、行业和地域特点等信息，把获取到的求职信息进行分组排序，完成初步筛选。

（3）分析比较。结合第三章的内容，进行深度分析，比对得出接下来的求职顺序。

二、建立求职通关档案

建立求职档案有助于大学生在求职前对梳理大学期间的经历，对树立适宜的职业目标具有支撑作用。一般来说，求职档案包括对个人的分析梳理和对人脉的梳理。

（一）对个人的分析梳理

认真梳理大学期间个人取得的成绩和具备的能力（参见图9-2）。在自我梳理的过程中，可用 STAR 原则来表述。

图9-2　个人分析框架图

小贴士

STAR 原则是情境（situation）、任务（task）、行动（action）、结果（result）四个英文单词首字母大写的缩写。简单的理解就是：什么背景下，遇到什么问题，你被要求做什么，你是怎么做的，最后结果是什么。

实践活动

请结合你的实际情况，从个人分析方面建立第一份求职档案。

在做个人分析和梳理的时候，要聚焦你现有或过往的成绩、经历、技能、特长、成就等。哪些是你引以为傲的？哪些实践或生活经历是别人没有的？分板块进行系统梳理，并填充你的个人分析卡（详见表 9-1）。

表9-1　XX的求职档案——个人分析卡

板块	准备内容	部分示范	注意事项	你的档案卡
个人信息	梳理你想在求职过程中呈现的个人信息，包括姓名、联系方式、优势特点（所在地、语言、身高）等	1.姓名； 2.手机号码； 3.×地区人； 4.母语	以具体、清晰，或用数字来呈现	1. 2. 3. 4. 5.
教育信息	1.学校、专业、学位； 2.学习成绩； 3.学习方面获奖； 4.相关证书和认证； 5.自学慕课和证书； ……	1.×大学×专业本科； 2.GPA**，排名，核心课程成绩……； 3.×学年一等奖学金； 4.CET6； 5.《带你探索职业生涯规划》慕课证书	你的学校、专业、成绩、奖项和证书等，是否突出，代表一定水平； 多呈现你的优势	1. 2. 3. 4. 5.
校内实践	1.行政经验； 2.管理经验； 3.科研项目、课题、专利、论文等科研经历； 4.各类专业、非专业比赛，对应获奖； 5.实训、实验经历； 6.校内志愿服务经历； ……	行政经验：担任学校就业服务小组干部，协助老师完成毕业生工作；在团队人员不足的前提下，成功举办大型招聘会4场，覆盖毕业生15 000余人次	这部分是个人档案的核心，尽可能梳理出所有校内外实践内容，以供人职匹配决策、简历制作、面试问答等提供材料； 多用STAR原则表述	1. 2. 3. 4. 5.
校外实践	1.兼职经历； 2.实习经历； 3.工作经历； 4.学习培训经历； 5.校外志愿服务； 6.社会实践经历； ……	社会实践经历：策划、组织、带队为期10天"三下乡"活动，成果获多家媒体报道，团队获评省优秀团队	这部分是个人档案的核心，尽可能梳理出所有校内外实践内容，以供人职匹配决策、简历制作、面试问答等提供材料； 多用STAR原则表述	1. 2. 3. 4. 5.
其他经历或特长	和大多数同学不一样的经历	作为交换生前往×大学进行为期1年的学习	比如交换生？文体特长？特别的旅行等	1. 2. 3.

（二）梳理你的人脉关系网

打开手机通讯录或者其他联系方式，仔细回想有可能助力你求职的人，并填充你的人脉关系"鱼骨图"，详见图9-3。

通过建立求职档案，你可以更好地梳理自己求职路上的"资源"与"财富"，让你更加从容、自信地求职。

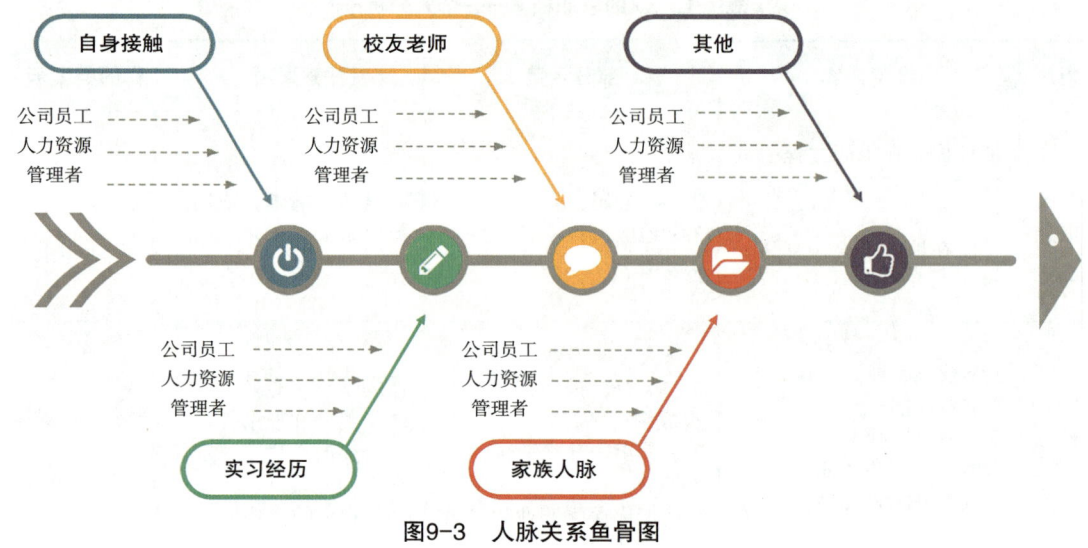

图9-3　人脉关系鱼骨图

第二节　核心装备：一份好简历

一、面试官喜欢什么样的简历

简历是求职者的第一块"敲门砖"，是对个人学历、经历、特长、爱好及其它有关情况所作的简明扼要的书面介绍。它是有针对性自我介绍的一种规范化、逻辑化的书面表达。

优秀的简历可以更好地实现"自我推销"，为你赢得面试机会。在投递简历的过程中，每个人求职的岗位各不相同。但是能得到面试机会的人都有一个共性，那就是他们的简历吸引面试官的注意，认为简历和岗位高适配。那么，面试官喜欢的简历是怎么样的？

（一）减轻面试官阅读压力

（1）简历最好一页。简历内容对仗工整，保证简历美观流畅。

（2）颜色和字体不超过3种，重要信息可以加粗。

（3）与求职方向相关性最强、最加分、最想强调的模块，放在简历中部偏上三分之一的位置（视觉重点停留区域）。

（二）吸引面试官快速注意

（1）模块信息要完整，包括个人基本信息、求职意向、教育经历、技能/特长/优势、工作经历（全职/实习/校园经历）、奖励情况等。

（2）用数据说话，有理有据，逻辑清晰。

（3）突出亮点，疏密有致，主次分明。

（三）匹配面试官招聘需求

（1）求职意向明确。针对不同的求职意向，准备不同的简历。

（2）突出与招聘需求密切相关的重点内容。

（3）凸显个人优势，体现"人无我有，人有我优"。

二、打造属于你的简历

（一）简历制作七大要点

简历制作一般包括内容真实、信息全面、语句简练、重点突出、用词准确、版面美观、评价客观，如图9-4所示。

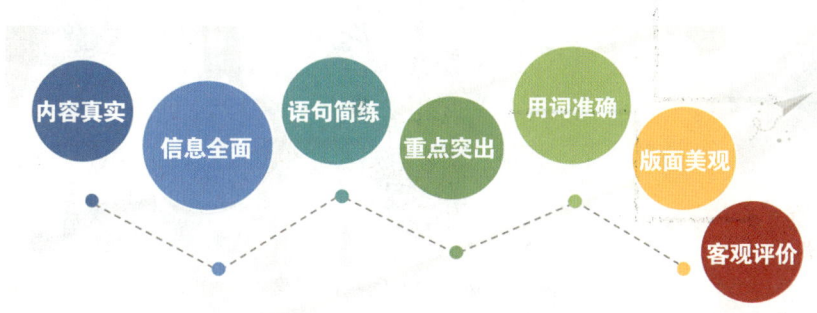

图9-4　简历制作七大要点

（二）制作简历五步法

简历的作用是快速给别人呈现自己的特质，需要特别突出两个词："快速"和"特质"（特质最好是求职单位所需要的）。在求职时简历的"客户化""精准化"，会让面试官在众多简历中看到求职学生的用心，反映出求职学生的综合素养，不是盲目投递简历，而是有备而来，诚意满满。制作一份高质量简历，建议可以参考"五步"法，如图9-5所示。

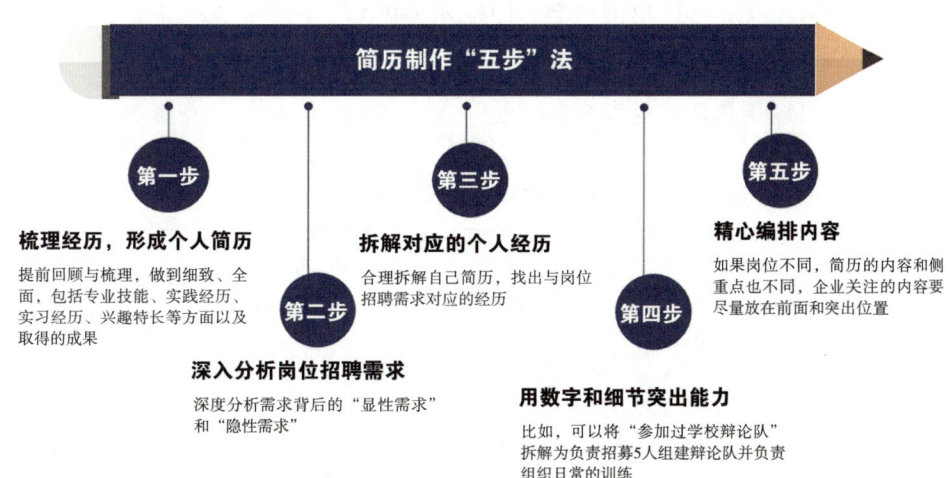

图9-5　简历制作"五步"法

（三）简历的基础要素

个人简历就是个人的自荐信，从某种角度来说，个人简历也是个人的说明书，在个人简历中，基础要素主要包括以下七项，参考图9-6。

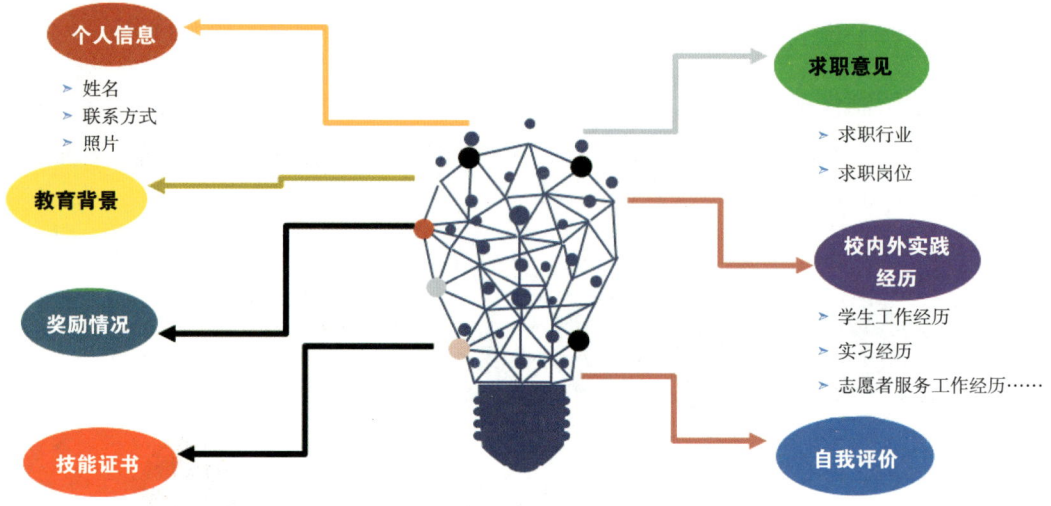

图9-6　简历的七项基础要素

（1）个人信息。包括姓名、联系方式、照片等基本情况。

（2）求职意向。写明求职行业及具体岗位名称。

（3）教育背景。包括毕业院校、专业、学历，必要时可写明主修课程以及学业成绩。

（4）奖励情况。何时何地获得何种奖项，写明奖项级别。

（5）技能证书。用证书佐证。

（6）校内外实践经历。一是写在校期间担任的职务，组织的活动及活动取得成效；二是写实习经历，详细写出实习单位名称、实习部门、实习职位、实习日期，以及工作的内容。切记不要写个人感受。

（7）自我评价。建议优缺点都提到，但要突出优点。

（四）用STAR法则写经历

用STAR法则写经历具体参见表9-2。

表9-2　用STAR法则写经历

典型职位	突出重点	关键词代表
销售、市场等	突出校内外实践方面内容，包括和人打交道的实习实践经历、获得彰显个人能力的奖项	执行力、抗压能力
管理岗位	突出校内外实践方面内容，包括突出和人打交道的实习实践经历，获得彰显管理能力的奖项	计划监督能力、管理能力
行政、人力资源等	突出校内外实践方面内容，包括和人打交道的实习实践经历，学生干部经历中助管类型岗位	事务执行能力、细心热情等个性品质
财务、生产、研发	突出教育背景方面内容，包括学习成绩、专业课程、专业实习和各层次课题研究经历	专业研究能力、严谨、专业

（五）简历投递的注意事项

（1）格式。按照招聘要求，尽量使用 WORD ＋ PDF 格式。

（2）命名。建议同学们以"学校名＋姓名＋应聘职位"格式给简历命名。

（3）时间。请尽量在上午 9 点之前投递。如果没有收到回复的话，请在 5 ～ 7 天后发邮件询问，这样更礼貌。

"五百丁简历"是一款比较老牌的简历在线制作网站，网站的简历在线编辑工具非常多，可自行对简历主题色、字体、段距等进行调整，推荐同学们可以自由选择进行在线编辑。

（1）给简历找不足。请找出下面简历中可能存在的问题（见图9-7），分组讨论。

个人简历

姓　　名：	蒋某某	性　别：	男	
出生年月：	1995年12月	政治面貌：	中共党员	
学　　历：	本科	专　业：	应用电子技术教育	
联系电话：	178xxxxxxx	曾任职务：	班长、学习委员	
电子信箱：	1091xxxxx@qq.com			

教育背景：

◆**毕业学校** 广东 xx 大学　应用电子技术教育

◆**主修课程** 模电数电、PLC、FPGA、单片机应用、C语言、嵌入式、Pro-e、DXP 等等。

技能证书：

◆**语言能力：** CET-4，具备英语听、说、读能力；普通话二甲

◆**计算机能力：** 全国计算机一级证，熟练运用 Word、Excel、PPT 等日常办公软件

◆**专业技能：** 机械 CAD 中级证、电子 CAD 高级证，熟练运用 Auto CAD、DXP 软件绘图

获奖情况：

◆**省级：** √ 2017年第二届"中信杯"大学生物联网和大数据创新应用大赛三等奖

　　　　 √ 2017年第二届"中信杯"大学生物联网和大数据创新应用大赛优秀展示奖

　　　　 √ 2016年广东省挑战杯·彩虹人生创意类团体三等奖

◆**校级：** √ 2017—2018 学年，荣获学院校园学术科技节之软件设计大赛二等奖；

　　　　 √ 2017—2018 学年，荣获学院"优秀班干部"称号

　　　　 √ 2015—2016 学年，荣获"三好学生"称号

实践经历：

◆**项目经历：** 2016年广东省大学生"攀登计划"大赛

◆**校外：**　2017年参加 122 届秋季"广交会"志愿服务

　　　　 2014年"第八届佛山市运会"志愿服务工作

◆**校内：** 2017年 9 月—2018年 7 月担任学院校本部宣传部助理一职

　　　　 2015年 9 月—2017年 6 月担任班里班长一职

　　　　 2014年 9 月—2015年 7 月担任班里学习委员，协助老师及时传达信息起桥梁作用

　　　　 2014年 9 月—2015年 7 月担任系教务员助理，培养了编辑和操作办公软件的能力

自我评价：

本人性格开朗，乐观积极，认真负责，有较强的沟通交流能力、学习能力以及组织协调能力。

图9-7　个人简历

（2）分析简历。请分析下面这份简历每项内容背后想表达的要素（见图 9-8），并说出理由。

高某某的简历

姓名：高某某　　　　性别：男　　生日：1999.03.15　　　电话：130xxxxxxx
学历：全日制本科　　　学位：工学学士　　邮箱：154xxxxxx@qq.com

教育背景

2020—09 至 2022—07 **全日制本科　XXX 大学　　电气工程及其自动化专业**
主修课程：电力拖动自动控制系统、电气工程应用项目设计、电力系统工程、供配电技
　　　　　术、电力电子技术、单片机系统开发方法与项目、电器控制及可编程控制
　　　　　器、变电站综合及其自动化、职业心理学

2017—09 至 2020—07 **大专　XXX 职业技术学院　　电气工程及其自动化专业**
主修课程：电路原理、电子技术基础、电机学、电力拖动与控制、微机原理及接
　　　　　口技术、单片机原理及应用、检测与转换技术、自动控制理论、供配
　　　　　电系统继电保护

实践经验

2021.09—2021.10　　XXXX 学院　　　　**实习**
　　　　　在 XXXX 学院机电系担任实习**物理实训老师**，主要工作是指导学生安全实操
　　　　　和讲授电气物理相关的理论知识。

2019.10—2019.11　　XX 市鑫金汇大厦　　　**社会实践**
　　　　　在 XX 市鑫金汇大厦举办的南国书香节活动中担任**志愿者**，主要工作是维持
　　　　　会场秩序和向参加活动的人们提供帮助。

证书奖励

- 专业技能：电工上岗证，电工高级证。
- 语言能力：职业英语 A 级。
- 计算机水平：熟练操作 Execl、World、Powerpiont 等办公软件。
- 其他能力：C1 级汽车驾驶证。

自我评价

- ✓ 工作热情，任劳任怨，责任心强，具有良好的交际能力。
- ✓ 品学兼优、性格开朗、热爱生活，有较强的实践能力和组织能力。
- ✓ 学习成绩优秀，学习态度端正，勤奋、刻苦、好问，有较强的钻研精神。

图9-8　高某某的简历

▶ 第三节　升级"刷本"：求职形象与礼仪

一、你"装"对了么

（一）职场礼仪

礼仪能够充分展现个人的文化修养、道德情操、思想境界，养成良好的礼仪，也能成就个人更好的事业发展。求职礼仪是个人礼仪在求职过程中的具体表现，是求职者在与招聘者接触时应具备的礼貌行为和仪态规范，其核心是尊重他人、关注他人，重点是要把握好仪容仪表、行为举止、语言谈吐等要素。

案例分析

小张是个"饰品控"，她常是人群中的一道风景，也正是日常生活的"回头率"让她对各类饰品欲罢不能。网投简历后，她很快收到一家公司办公室文员的面试通知。面试过程中，她对答如流，但最后并未被录取。

小张的着装打扮缺乏文员的职业角色感，文员主要负责事务类的工作，相应的要求应该是安静耐心、细致勤快，而小张在面试的过程中表现太过招摇，很难从小张的着装打扮上看出她是来应聘文员的。要知道，公司招聘的是文员而不是演员，一味追求亮丽的穿着，而不去考虑自己的形象是否和所要求的职业形象吻合，结果是可想而知的。

由此可见，外在形象在职场当中非常重要，它不但影响别人对你的第一印象，甚至还会影响你以后的发展。

（二）面试着装的原则

面试着装可以遵循"TPO"原则，即在着装时，考虑不同的时间（time）、不同的地点（place）和不同的场合（occasion），做出不一样的着装选择。具体而言，就是根据自身特点、招聘单位的企业文化、面试岗位的职业特色等综合进行着装的精准搭配。

如应聘广告策划类、市场营销类等这些工作时间和地点相对较自由的职位时，穿着可偏向休闲时尚的服装，突出自己的青春和朝气；如应聘教师、公务员、银行职员等这类工作内容相对较严肃，工作时间地点较固定的职位时，建议穿着端庄大气、简约干练、职业化的服装。

对于女性求职者来说，可以根据季节特点，选择适合自己的服装，表现出作为求职者该有的自信、优雅、大方。衣服以套装的裤装或裙装为宜，套裙不能过短，搭配肉色裤袜为宜。

对于男性求职者来说，在着装得体的情况下，注意几点小细节：一是身上的颜色最好不要超过三种；二是男性的皮鞋和皮带与服装尽量搭配；三是袜子最好选择深颜色。

具体注意事项参见图9-9。

发型：发型要饱满，前不过眉毛，后不及耳朵，面试前可修剪一下，看起来更自然

领带：与西装颜色搭配，不可选择颜色过于艳丽，图案花哨的领带

西装：要求正式有型，以黑、藏蓝、深灰为主

皮鞋：黑色皮鞋为主

发型：中长发要将散发束起来，切记不可披头；短发不可过眉毛，以正式干练为主

妆容：淡妆为宜，自然真实，与肤色、年龄、发型、服饰协调

衬衫：简单干练，不宜有太多的花边

饰品：不要佩戴饰品，或者是佩戴精巧小饰品

皮鞋：黑色高跟鞋，不宜过高，3~5厘米为宜，走路声响较小

图9-9　面试中男士和女士的着装注意事项

小贴士

不同色彩会给人不同的感受，如深色或冷色调的服装让人产生视觉上的收缩感，显得庄重严肃；而浅色或暖色调的服装会有扩张感，使人显得轻松活泼。因此，可以根据不同需要进行选择和搭配。

三色原理：穿衣服的时候，全身的颜色最好不要多于三种，颜色偏深的整套西装适于多种场合，最为实用。

三一定律：男士的鞋、腰带、包应该是一个颜色，并且首选黑色。一般而言，深色西装可配深色腰带，浅色西装则配深或浅的皮带皆可。黑色皮鞋则是"万能"鞋，它能配任何深颜色的西装。

三色原理和三一定律可参考图 9-10。

黑白色系　蓝色系　大地色系

提花　竖条纹　小格子

上衣、裤子等大件衣物原则上选择以上颜色，打造严肃稳重的感觉

上衣花纹的选择，除了纯色外，还可以适当选择以上低调的花纹，正式中又带点趣味

图9-10　服装色彩的三色原理和三一定律

二、职场中的"表情包"

常言道"面由心生"。面部表情往往代表了内心的情绪，在求职面试过程中，我们要学会管理好自己的表情。

一位实习记者去见某企业家，约定的时间到了，首先来的却是企业家秘书："对不起，请您再等几分钟好吗？"记者以为企业家的会议还没开完，便又耐心地等了一会儿。几分钟后，这位企业家满面春风地走出来与记者握手寒暄，并带着歉意说："刚刚我在主持一个很重要的会议，表情很紧张也很严肃，散会后带着这样一副表情来见一位不是很熟的人，担心会给你留下一个不好接近的印象，而且也有失礼貌。所以，我又对着镜子休整了片刻，等心情和面孔都恢复正常了，才出来和你见面，实在对不起，让你久等了。"

从这个案例可以看到，这位企业家的举动证明"整理表情比整理仪容更重要"。

（一）仪容礼仪

对于女性求职者来说，整体形象不宜太过新潮；头发应保持整洁，不宜染过于鲜艳的颜色。

对于男性求职者来说，要注意面部整洁；眼睛清洁，无分泌物，避免眼睛布满血丝；身上无异味，口腔无残留物，精神振作，勤剪指甲，不戴多余饰物。

（二）仪态礼仪

仪态美包含站姿、坐姿、走姿、手势和表情。

站姿：站立时身体应当挺直、舒展、收腹，眼睛平视前方，手臂自然下垂。女士双手叠放在小腹前，双脚并立。男士双腿稍微分开，双脚相隔约十厘米，双手在两边自然下垂，如图9-11所示。

坐姿：女士的膝盖一定要并起来，脚可以放中间，也可以放在侧面；男士膝盖可稍微分开，但不宜超过肩宽，如图9-12所示。

图9-11　面试礼仪中的站姿

图9-12　面试礼仪中的坐姿

走姿：抬头挺胸，两肩齐平，双臂自然下垂，腰板挺直。

表情：真诚、适度、合时宜。在与人谈话时，大部分时间应看着对方，否则是不礼貌或不真诚；目光自然地注视对方眉与鼻梁三角区，不能左顾右盼，也不能紧盯对方；道别或握手时，则应该用目光注视着对方的眼睛。

三、面试中的礼仪应用

面试锦囊：眼到、口到、身到、心到、意到。

面试前期：自查仪容仪表。

面试过程：

● 任何情况下都要注意先敲门；

● 待人态度从容，有礼貌；

● 眼睛平视，面带微笑；

● 说话清晰，音量适中；

● 神情专注，切忌边说话边整理头发；

● 手势不宜过多，需要适度配合；

● 进入面谈办公室前，可以嚼一片口香糖，消除口气，缓解情绪。

面试结束：

● 礼貌地向老师微笑点头致谢；

● 轻声起立将座椅轻手推至原位置；

● 对接待人员表示感谢；

● 在楼道里不要谈论面试题目；

● 不要大声喧哗。

面试过程不仅是能力的较量，也是职业形象、职场礼仪的比拼。在求职时有一个好的礼仪仪态，也会给面试官留下深刻印象。

▶ 第四节　通关攻略：求职应聘策略

一、应聘的主要类型

学生在投递简历后，便踏入应聘第一关，迎来笔试或者面试。

由于面试比笔试耗费更多的时间、人力和物力，因此，越来越多用人单位在招聘过程中，会优先设立笔试环节，基于笔试结果筛选合适人选进入面试。

（一）笔试

1. 笔试概述

笔试是当下企事业单位招聘常用的一种人才筛选方式，根据一定的考核的目的让应聘者在规定时间内以指定的方式、要求来解答试题，并对其解答结果评级、计分后估算其综合素质或专业能力。

笔试类型不同，考试的内容也不尽相同，不同企事业单位会有不同的考试范围。例如，公务员、事业单位编制考试一般有明确考试范围，各地区也有历年真题和参考书，社会中也有针对性的考试辅导机构；相比而言，企业笔试考察内容较为广泛，一般可以通过企业官网、在该企业的校友、负责就业的老师等多种渠道了解该企业历年笔试范围。

因此，笔试前要做好准备，参见图 9-13。

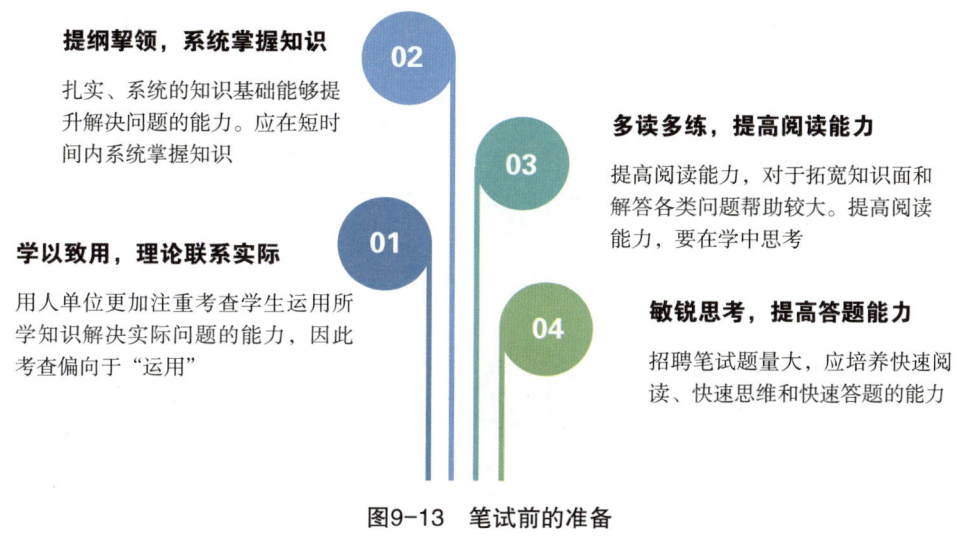

提纲挈领，系统掌握知识

扎实、系统的知识基础能够提升解决问题的能力。应在短时间内系统掌握知识

02

多读多练，提高阅读能力

03

提高阅读能力，对于拓宽知识面和解答各类问题帮助较大。提高阅读能力，要在学中思考

学以致用，理论联系实际

01

用人单位更加注重考查学生运用所学知识解决实际问题的能力，因此考查偏向于"运用"

敏锐思考，提高答题能力

04

招聘笔试题量大，应培养快速阅读、快速思维和快速答题的能力

图9-13　笔试前的准备

2.笔试的类型

按照考查的类型，一般求职应聘中的笔试分为四个类型，参见图 9-14。

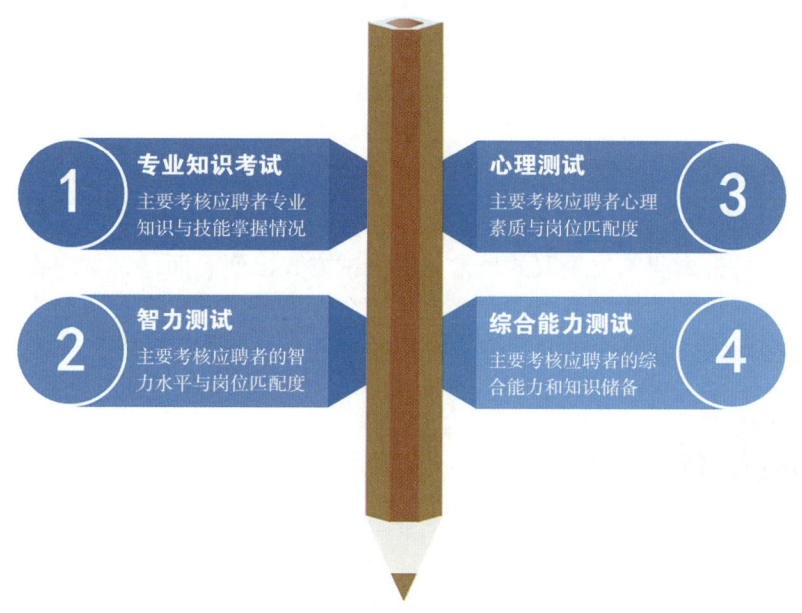

1　专业知识考试

主要考核应聘者专业知识与技能掌握情况

心理测试　3

主要考核应聘者心理素质与岗位匹配度

2　智力测试

主要考核应聘者的智力水平与岗位匹配度

综合能力测试　4

主要考核应聘者的综合能力和知识储备

图9-14　笔试的类型

笔试前，通过查阅官方通知、咨询用人单位、请教校友老师、搜索各类资源共享平台等渠道，了解该用人单位的笔试类型，结合自身学习能力，预留充足时间为笔试做准备。

（二）面试

1. 面试概述

面试是一种经过组织者精心设计，以面试官与求职者面对面交谈和观察为主要手段，由表及里测评求职者的知识、能力、经验、仪态等综合素质的活动。

在面试之前，一定要做好充足的准备，以自己最好的状态迎接每一次面试挑战，参见图9-15。

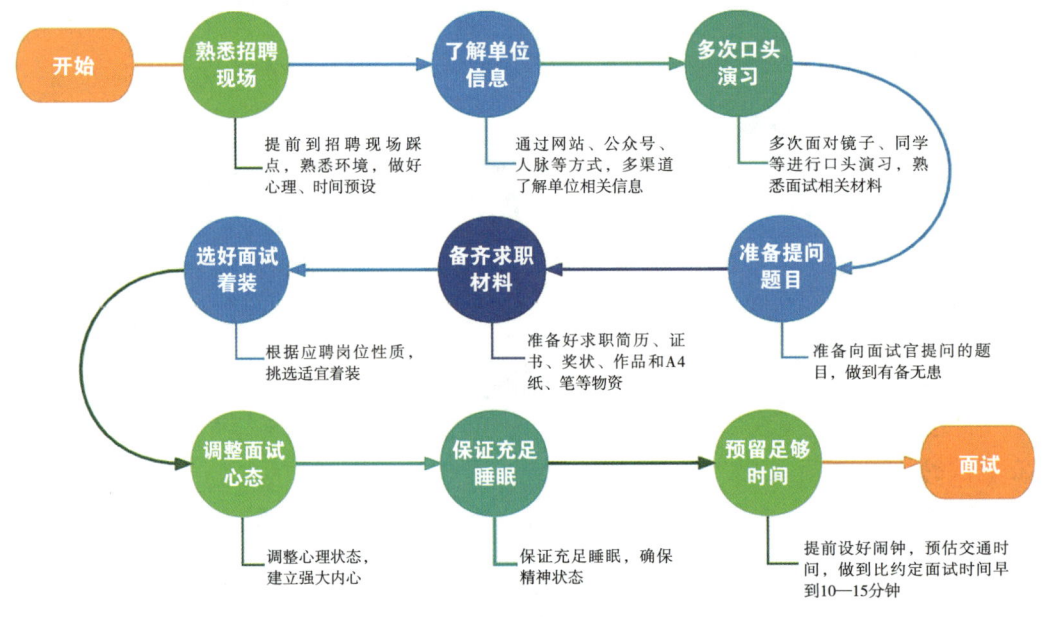

图9-15　面试前的准备

2. 面试的类型

（1）一对一面试。

一对一面试是企事业单位采取的最常见的面试方式，便于面试官与应聘者深入交流，了解应聘者的业务水平、性格特点、综合素质等个人情况。通常在招聘层次较高的职位时才会采用一对多面试（联合面试）的方式，例如升学、公务员面试等。

案例分析

小杰是软件工程专业的应届毕业生，准备应聘游戏测试工程师的岗位。他在建立完求职档案后，制作了一份人职匹配度高的简历。他向某知名游戏公司投递了简历，很快接到"初面"（第一次面试）通知，他踏上了面试之旅。以下对话节选于小杰和面试官的一对一面试实录。

面试官：从你简历上看到你得了"优秀学生干部"奖学金。拿这个奖学金的难度大吗？一般有多少名额？

小杰：这个奖学金的条件是学年综合测评在班级前40%，担任主要学生干部，单科成绩不低于70分。虽说达到条件的人不少，但是一个班一般只有两三个名额，需要在班级内竞评。总体而言，这是既看成绩又看综合素质，还看人际关系的奖学金。

面试官：为什么选择游戏测试这个岗位？

小杰：首先我是学习软件工程专业的，我有较好的编程语言基础专业技能，我们大学四年学习的与测试相关的课程有"软件测试方法与实践"和"软件测试应用"，对测试相关内容很感兴趣，当时都拿到了90分以上的成绩；其次我个人对游戏很感兴趣，游戏行业是一个朝阳行业；最后我有十年的手游、端游经历，平时主动研究游戏每周更新版本的差异和功能实现度，也能经常发现游戏中的 bug，我想这也是我的职业兴趣。所以我选择了贵公司游戏测试这个岗位。

在这个过程中，我们可以发现小杰从雇主思维出发，精准把握了用人单位想要招聘的人员需要具备的特性；回答时条理清晰，且善用具体数据、例子等来展现自己的优势特征；且很好地将用人单位的问题转换为自己的"主秀场"，把自己与该单位相匹配的职业兴趣、职业价值观等呈现在用人单位面前，进一步满足用人单位"寻找人职匹配的员工"的预设。

（2）无领导小组面试。

无领导小组面试是公务员招考及外企、名企等较为青睐的一种面试方式。一般是将若干应聘者组成一个小组，共同面对一个需要解决的指定问题。小组成员经过讨论，汇集各种观点，找出一个最合适的答案。

实践活动

小杰通过了"初面"，与一众应聘者来到"复面"（第二轮面试）现场。这家公司的"复面"采用的方式是目前较为流行的无领导小组面试，具体要求如下。

主题：人才流动

背景材料：

劳动力、人才只有像水一样流动起来，才能使社会充满生机活力。合理、公正、畅通、有序的社会性流动，是经济持续发展的有力举措，是社会和谐进步的重要标志，是实现人的全面发展的必然要求。以下是一些促进人才流动的措施：

①全面取消城区常住人口300万人以下的城市落户限制；

②拓展基层人员发展空间，加大对基层一线奖励激励力度，拓宽技术技能人才上升通道；

③引导城乡各类要素双向流动、平等交换、合理配置；

④建设统一开放、竞争有序的人力资源市场；

⑤加强基础学科建设，深化产教融合，加快高层次技术技能型人才培养；

⑥推进基本公共服务均等化，常住人口享有与户籍人口同等的教育、就业创业、社会保险、医疗卫生、住房保障等基本公共服务；

⑦健全促进劳动力和人才社会性流动领域法律法规；

⑧营造尊重劳动、尊重知识、尊重人才、尊重创造的浓厚氛围。

问题：

①请你按照重要性对上述措施进行排序。

②请从中选择最为重要的3条措施。

要求：

①准备发言阶段：请考生认真读题，并准备发言提纲，时间10分钟。

②独立发言阶段：请考生就问题1进行个人陈述，时间2分钟。

③自由讨论阶段：请考生就问题2进行自由讨论并达成一致意见，讨论时间控制在40分钟内。

如果你是小杰，你要怎么回答呢？请找一面镜子，以适宜的面试姿态面对镜子作答吧。

在面对无领导小组面试时，拿到材料后应该按照"审材料—看问题—看要求"三步走，同时注意：

★对讨论的题目，小组内部必须达成一致的意见，如果意见不一致，有可能会被集体减分。

★阅读材料时一定要注意题目的要求，看好每一个环节对应的是哪一个问题，避免出现答非所问的情况。

★没有明确要求进行总结陈述，但是建议在自由讨论阶段可以进行小结，将讨论的结果向考官进行呈现。但是要注意这段陈述不要过于明显，最好把它融入讨论进程当中。另外，如果时间未到而讨论已经结束，那么要明确向考官示意自由讨论阶段结束，已经对题目达成一致。

（3）行为／情境面试。

行为／情境面试是指通过让应聘者举出事例或者现场描述如何应对挑战的方式，面试官从应聘者的思考以及叙述中，考察应聘者在未来岗位上的工作表现，以及处于压力下解决问题的能力。一般在这一环节会采用结构化的形式来开展，即面试官提出具体问题，给应聘者一定的思考时间，然后作答。在这一环节，面试官与应聘者没有交流环节。

行为／情境面试通常考查四种能力：①领导力（leadership）。常见问题：请举例说明你领导一个团队完成一个项目并且获得了成功。②创新力（creativity）。常见问题：请举例说明你的一个创意对一件事情的成功起了决定性作用。③团队协作能力（teamwork）。常见问题：请举例说明你在团队中通过伙伴协作完成的一个项目。④问题解决能力（problem solving）。常见问题：请举例说明你是如何解决一个棘手问题的。

实践活动

小杰顺利突破重围，来到"三面"（第三轮面试）。这一轮以结构化的形式来开展，面试官给出了一道题目：你帮同事弥补了失误，可同事怪你多管闲事，请问你该怎么和他沟通？

如果你是小杰，面对这种情境，你要怎么回答呢？

小贴士

本题属于人际关系处理类题目，我们要秉承阳光心态、工作至上的原则，站在同事的立场去思考，才能有针对性地沟通交流，最后要回归到工作上，把工作干好。接下来我们结合题目进行详细分析。

审题点 1：“你帮同事弥补了失误”

助人为乐是中华民族的传统美德，同事之间应该相互帮助，在团队中，我们更应该互相补位，尽自己最大的力量给同事提供帮助。因此，帮助别人弥补失误，体现出“我”对同事的友好和助人的精神，本身并没有什么问题。

审题点 2：“同事怪你多管闲事”

“我”给同事提供了帮助，弥补了失误，同事非但没有表示感谢，反而认为我“多管闲事”。这种强烈反差，提示我们助人为乐对方却不买账，应该要反思一下原因，可以运用合理假设为同事的这种责备的态度找到理由。比如由于我做工作之前没有与同事沟通，导致他对我的工作不认可，同事对“我”本身存在误解，认为我抢了风头，我会表达歉意，并说明自己的看法。如果是我做这些工作之前同事并不知情，对“我”所做的弥补不太认可，那我要对自己这么做的初衷进行解释说明，取得同事的理解。要遵循工作至上原则，通过沟通消除同事的担忧和误会，通过反思、总结避免此类事件再次发生。

审题点 3：“你该怎么和他沟通”

本题虽然不是现场模拟的题目，但是可以借鉴模拟类题目的沟通思路，在沟通的过程中注意换位思考，理解对方，并且向对方解释自己的初衷，从而化解矛盾，同时要注意人称使用，区分与情景模拟类题目的不同之处。

故本题的答题思路可以为：先进行自我反思，然后合理假设分情况沟通，最后谈谈怎么避免此类事件再次发生。

当然，在短暂的思考时间里，你可以借助思维导图理清思路，记住关键点，更好地作答，参见图 9-16。

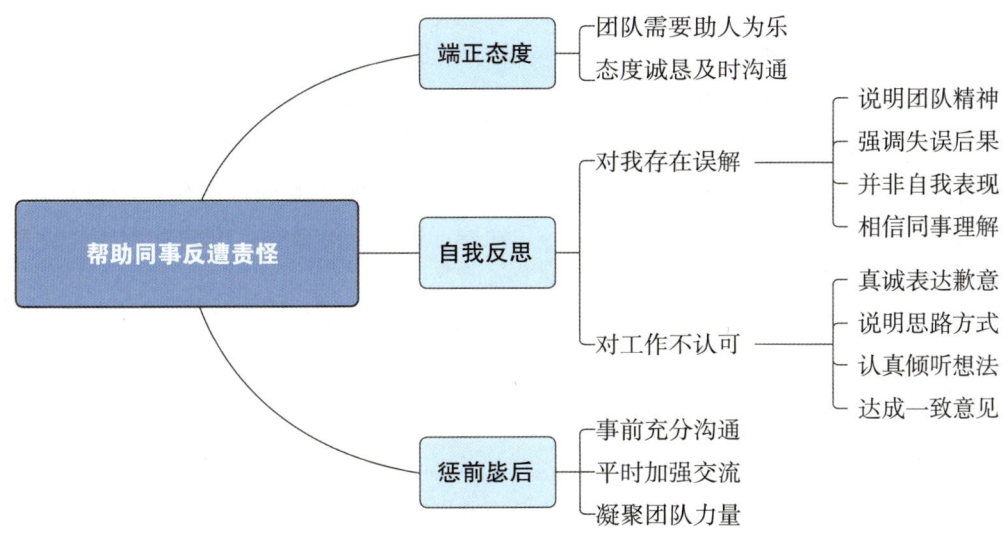

图9-16　化解“帮助同事反遭责怪”思维导图

可以发现，这道题就是考察应聘者的问题解决能力的。回答此类题目的时候，要学会换位思考，同时，站位要高，看得要远，只有在大多数应聘者中脱颖而出，才能更好地展现应聘者的综合素质。

（4）技术面试。

如果申请的是技术类或专业性强的职位，面试时可能包含技术性问题，主要考察应聘者的专业技术技能，一般以电话面试和实操演练为主。例如教师岗位的试讲，又如工科实操岗位的实训等。

（5）"云"面试。

随着"互联网＋"深入各行各业，为了更好地实现时空跨越，节省人力物力资源，"云"面试成为很多企业的选择。应聘者收到企业提前发送的题目后，录制并提交回答问题的视频，用于面试官初步筛选。也有一些企业通过视频会议的形式进行面试。因此，参加"云"面试对应聘者而言，需要在面试环境中下功夫。

（6）其他面试。

除了上述五种面试方式外，还有一些出现频率不高的面试方式，如案例面试，最早起源于咨询公司，让应聘者在有限的时间内模拟分析真实的商业问题，主要测试应聘者的分析能力、推理能力、自信心、商业知识和沟通能力等。

二、助你轻松应对面试

（一）自我介绍

自我介绍是应聘者与面试官建立关系、打开局面的重要手段，每一位职场人都要经历。

实践活动

某银行正在招聘营销专员一职，要求应聘者作一分钟自我介绍。以下是两位应聘者的自我介绍，如果你是面试官，你会选择哪一位，为什么？

应聘者1：

我叫小峰，来自上海，本科毕业于××大学，我的专业是市场营销。

因为对营销感兴趣，我的职业技能和职业兴趣也一致指向此类岗位；在充分了解贵行的企业文化后，我今天应聘××职位。

我曾在招商银行上海分行×××支行担任客户经理实习助理，工作业绩突出，获得优秀实习生称号。我手中有丰富的客户资源，掌握了银行产品营销、客户管理、信贷管理、风险管理等经验；精通银行信贷管理、风险控制、银行会计等相关业务，具有较强的业务拓展能力。相信我的加盟会让××银行的业务发展得更好！

应聘者2：

我是来自××大学市场营销专业的小雄。

我的大学经历非常丰富。我曾在银行担任过实习助理，还做过销售、家教、派单、送餐等兼职，这些经历都大大提升了我。我喜欢读书，因为它能丰富我的知识；我喜欢跑步，因为它可以磨砺我的意志；同时我还是一个活泼开朗、热情、执着、有坚强意志的人。

我非常喜欢贵行这一职位，我相信我有能力胜任，我愿与××银行一起发展，一起创造辉煌的明天！

自我介绍一般包含三个内容："我是谁""我为什么来这里""我能带来什么价值"。从雇主思维角度出发，其中"我为什么来这里"和"我能带来什么价值"是用人单位最想了解的。因此，一方面要在这两个板块上下功夫，多运用真实案例、数据、关键词等可以吸引面试官注意力的词汇；另一方面，自我介绍时间有限，要挑选与应聘职位匹配度高的经历重点展示，为自我介绍增加筹码。

实践活动

某有限公司招聘_____岗位（请补充与你专业契合的岗位），要求应聘者作一分钟的自我介绍。请你尝试根据以下框架，填充相应的自我介绍内容。

我是谁？_____。

我为什么来这里？_____。

我能带来什么价值？_____。

（二）回答问题的类型与应对技巧

回答问题环节是面试过程中，面试官与应聘者双方交流最多的环节，如果应聘者把握好这个环节，就是搭上通过面试的直通车。

1. 考察应聘者背景 —— 确认应聘者是否具备做好这份工作的综合素质

一般面试官提问"你有什么优点""你在这个经历中学到了什么""能否详细描述担任这个岗位，你的成长体现在哪"，就属于这类问题。针对这一系列的问题，回答的主要思路可以套用STAR成就事件法：列举当时情况（situation）—面临的任务/目标（task/target）—采取的行动/态度（action/attitude）—取得的结果（results）。如以下案例：

面试官：你有什么优点？

应聘者：我沟通能力很强，可以和同事们进行无障碍顺畅沟通，共同推进团队的进步。

此外，在应对关于优点或者优势等问题时，优先展示与本岗位相关的特长或技能，如可套用迁移技能（见第三章）。

2. 考察求职动机 —— 确认应聘者的工作意向，考察其稳定性

一般面试官提问"你为什么选择我们公司""你认为本行业发展前景如何"，就属于这类问题。针对这一系列问题，回答的主要思路是结合对公司的了解和资深技能，说出对××的思考。如以下案例：

面试官：你为什么选择我们公司？

应聘者：其实我花了很多时间权衡，但我认为贵公司最适合我，一是这个岗位所需技能都是我擅长的，我在大学期间参加挑战杯项目，运用的就是这个技能；二是公司讲创新，而我热爱挑战。

3. 考察岗位匹配度 —— 确认应聘者与岗位匹配度

一般面试官提问"相比其他人，你的优势是什么"等，就属于这类问题。回答这类问题有三个关键点，即"能力、对应经历和整合相关度"。如以下案例：

面试官：相比其他人，你的优势是什么？

应聘者：我整合能力还不错，擅长做 PPT，在以前的公司，主要是针对已有的某项目，进行了资源整合，整合结果在行业年度分享会上展示，获得一致好评；我申请的是产品岗位，可以将之前的经验迁移过来，帮助本公司在本条线业务中，做出一点成绩。

（三）自由提问的妙招

在面试最后一个环节，面试官往往喜欢抛出一句"你有什么想向我了解的吗？"诸如此类问题，大部分应聘者会选择"没有问题了""工资多少""要加班吗""有哪些隐形福利"之类的，这些出发点往往是从应聘者自身利益出发，面试官司空见惯。那如何提问让面试官眼前一亮呢？

1. 同事的一天

了解公司同一个岗位同事是怎么度过的，从面试官的回答中获取自己想知道的信息，如几点上班，几点下班，午休时间，加班福利等。

2. 公司业务和未来发展

对公司业务和走向的了解更有利于让你提前熟悉未来工作方向，把握工作重点；也更能让面试官看到你想加入公司的决心。

3. 企业文化

企业文化与个人职业价值观匹配度越高，工作幸福感会越强。

4. 公司对我的期待

从面试到入职这一时间内，公司希望我有什么成长，从哪些方面提升自己，这也是表达你想要通过提升自己，更好地加入公司，为公司贡献自己的力量。

总体而言，面试过程有很多回答模板，是方式，是技巧，但始终不是核心。通过面试的关键因素还是需要应聘者自身就业力过硬，并且诚信应对，在此基础上掌握面试技能，那就可以过"五关斩六将"了。

三、面试复盘助通关

对毕业生来说，无论面试成功与否，你都要对本次面试进行复盘。通过回顾反省，分析你的得失，总结经验，反思不足，找出对策。

小贴士

焦点呈现法（focused conversation method，ORID），是由美国的文化事务研究所提出的一种方法，初为在群体讨论或会议中，主持人通过引导来讨论问题的结构化会谈方式，是一种分析事实和感受，反思影响，寻求解释，并理智地进行决策的一种方法，所以ORID 也可以视为一种帮助群体或个人进行决策、复盘的工具。

ORID面试复盘模板

（1）O—— objecetive（客观）：在今天的面试中，你学到了什么？哪些交流点／哪些回答／哪些提问……

（2）R—— reflective（感受）：在这次面试中，你的感受是什么样的？

（3）I—— interpretive（反思）：印象最深的点是什么？为什么？

（4）D—— decisional（行动）：你打算如何把这个点用在个人成长／实际工作／接下来的面试中？

实践活动

请你就最近一次面试经历，做一次面试复盘吧。

O: ＿＿＿＿＿＿＿＿＿＿＿＿＿＿＿＿＿＿＿＿＿＿＿＿＿＿＿＿＿。

R: ＿＿＿＿＿＿＿＿＿＿＿＿＿＿＿＿＿＿＿＿＿＿＿＿＿＿＿＿＿。

I: ＿＿＿＿＿＿＿＿＿＿＿＿＿＿＿＿＿＿＿＿＿＿＿＿＿＿＿＿＿。

D: ＿＿＿＿＿＿＿＿＿＿＿＿＿＿＿＿＿＿＿＿＿＿＿＿＿＿＿＿＿。

广师大"职"路人

（1）写给"未来"的答案——广东技术师范大学白云校区1栋219宿舍。

在广东技术师范大学某宿舍，来自文学与传媒学院2016级汉语言文学（师范）专业的四位姐妹都写下了自己"未来"的答案——吴同学、麦同学、李同学分别考取了佛山顺德、广州从化、广州南沙的语文教师编制，郑同学则成功考取某师范大学学科教学（语文）专业硕士研究生！

（2）从"足球小子"到"公文能手"——广东技术师范大学2003届校友何同学。

何同学，广东技术师范大学2003届汉语言文学专业毕业生，现任某市委外办综合科科长。

章节小结

本章所述内容是由学生生涯通往职业生涯的重要一环，求职者只有掌握了求职技能，才能找到心仪职业。通过对求职技能的学习和实战演练，相信同学们已经可以盘点好自己大学期间的"财富"，握好求职的简历，将求职礼仪内化于心、外化于行，寻找适合你的职位，搭乘笔试面试直通车，成功就业。

业精于勤荒于嬉，行成于思毁于随。求职技能需要多创造机会去练习、总结和反思。

本章拓展资料

第十章 掌握就业政策及法规

导语

为贯彻落实党中央关于"稳就业""保就业"的决策部署，推动高校毕业生实现更加充分、更高质量就业，政府和有关部门发布了一系列促进就业创业的政策与法律法规，为大学生就业创业保驾护航。

"知己知彼，百战不殆。"本章将带领同学们了解常见的就业创业政策，分析相关求职案例，熟悉求职过程中的就业权利和义务，掌握基本的就业法律常识，以便同学们能够获取更多更有效的就业机会，实现"早就业""好就业""就好业"。

思维导图

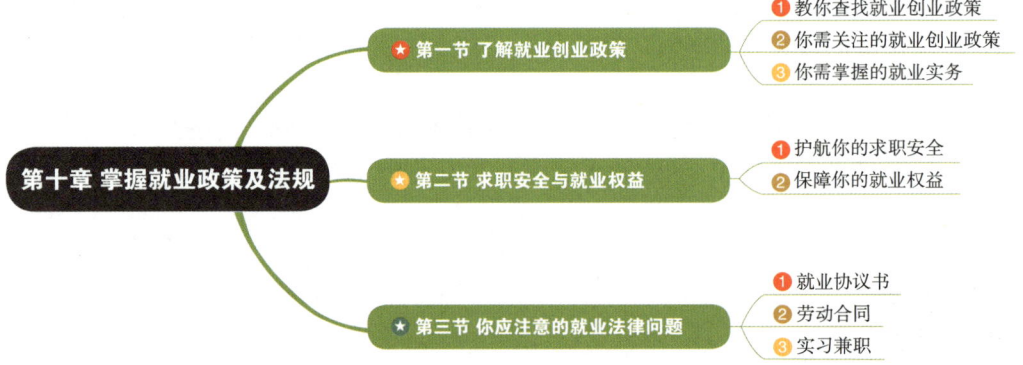

案例与思考

　　小王来自广东揭阳，是广州某高校数学与应用数学（师范）专业的本科生，每年暑假他都会回到家乡，参加学校组织的"三下乡"暑期社会实践支教活动。他希望毕业后能够继续回到家乡担任一名中／小学数学教师。进入毕业季，他一直关注家乡相关学校招聘教师岗位的通知及公告。临近毕业，家乡的相关招聘公告还没公布，他非常焦虑，找辅导员咨询。辅导员在听了小王的想法后，建议他报名"三支一扶"计划支教岗位或广东大学生志愿服务山区计划——"希望乡村教师计划"专项，先回到家乡从事相关工作。服务期满后，再根据相关基层就业优惠政策报考当地的教师招聘。

　　小王听取了辅导员的建议，成功报考并录取为"三支一扶"计划支教岗，回到家乡一所小学从事教学工作。服务期满后，通过教师招考，如愿成为了一名小学数学教师。

　　每位大学生都会思考未来的就业方向，在确认了自己的目标后，适当关注就业创业政策和就业权益、就业法律注意事项，让你的求职行动事半功倍，从而更快更好地实现就业目标。

●思考：

（1）你需要重点关注的就业创业政策有哪些？

（2）如何快速获取和了解就业政策？

（3）在求职就业过程中有哪些就业权益和法律问题需要关注？

▶ 第一节 了解就业创业政策

一、教你查找就业创业政策

近年来，党中央、国务院以及各级政府相关部门出台了一系列为高校毕业生就业创业保驾护航的政策和措施。毕业生可以通过中央人民政府、教育部、人力资源和社会保障部，各省市人民政府、教育厅（局）、人力资源和社会保障厅（局）及高校就业指导相关部门等各级官方媒体平台（官方网站和官方微信公众号），主动了解最新的就业创业政策，更好地指导自己就业创业。

本节从国家、广东省、广州市和高校四个层面带你了解各级就业创业政策的查询方法和需要重点关注的内容。

（一）国家级

1. 中华人民共和国教育部

通过官网主页（http://www.moe.gov.cn/）的"公开"菜单栏查询与就业创业相关的文件。此外，也可以关注"国家大学生就业服务平台"公众号。

2. 中华人民共和国人力资源和社会保障部

通过官网主页（http://www.mohrss.gov.cn/）的"就业创业"菜单栏中"政策文件"查询，可分类了解人社部关于促进高校毕业生、就业困难人员、创业人员等群体就业创业的重要政策。也可以关注"人力资源和社会保障部"公众号，了解更多相关信息。

3. 中国共青团

通过官网主页（https://www.gqt.org.cn/）的"文件"和"通知"菜单栏，重点了解团中央关于"西部计划""乡村振兴青春建功"等方面的通知公告，关注各类青年志愿者、创新创业、乡村振兴青年先锋等奖项设置情况。

4. 中华人民共和国科学技术部

通过官网主页（http://www.most.gov.cn/index.html）的"信息公开"菜单栏，重点关注"双创周""创新创业大赛"和"科研助理"相关政策。

（二）省级

以广东省为例。

（1）广东学生就业创业网（http://job.gd.gov.cn/）。重点关注省内就业创业政策。

（2）关注广东省人力资源和社会保障厅（http://hrss.gd.gov.cn/）的"事业单位招聘""业务直通车"等栏目。还可以关注"广东人社"微信公众号，了解更多信息。

（3）共青团广东省委员会（https://www.gdzyz.cn/index）。毕业生重点关注"西部计划""山区计划"招募情况。同时，也可以关注"广东志愿者"微信公众号，了解更多相关信息。

（三）市级

以广州市为例。

（1）广州市人力资源和社会保障局（http：//rsj.gz.gov.cn/）。留穗毕业生重点关注"人才政策"。"广州市高指中心"微信公众号也提供了相关信息。

（2）登录广州市高校毕业生招聘信息系统（http：//jiuyegz.jrzp.com/），了解广州市内各大招聘会专场活动。

（四）高校

以广东技术师范大学为例。

（1）广东技术师范大学就业创业指导网（https：//jyw.gpnu.edu.cn/）。了解学校发布的就业创业工作通知、专场招聘信息等。

（2）广师大招生就业办公室公众号。该公众号设置了政策法规、我要应聘、指导服务、职业规划等多个栏目，校内毕业生可根据需求快速查找就业类信息。

（3）广师大创新创业学院公众号。校内学生可以了解众创空间入驻、学校创业政策、创业精品课程、双创赛事等信息。

二、你需关注的就业创业政策

大学生就业问题与社会支持系统和政府政策引导密切相关，有效的就业创业政策制定、宣传和实施在促进大学生就业创业、提高就业质量方面发挥着重要作用。

下面重点解读国家和地方基层就业、应征义务兵、自主创业等政策，帮助毕业生们更好地了解相关信息。

（一）基层就业

案例分析

李同学，广东技术师范大学文学与传媒学院广播电视编导专业2020届毕业生。毕业后，她作为志愿者参加"大学生志愿服务西部计划"（简称"西部计划"），目前留在西藏自治区工作。

李同学在大学期间，曾两次参加西藏自治区林芝市职业技术学校支教活动。她第二次进藏支教是在大四的最后一个学期，在毕业和就业的双重压力下，她依然圆满地完成了支教任务和个人学业。学校委托带队的朱老师在西藏自治区林芝市色季拉山为她举办了毕业典礼。《中国青年报》报道：这场只为一个人举办的毕业典礼是2020年"最高"的毕业典礼。她的个人事迹被学习强国、中国青年报、全国学联等十几家主流媒体广泛报道累计40余次。

第一次进藏的支教生活，让她与当地学生结下了深厚的师生情谊。李同学在返回广州后，依然怀念在西藏自治区的点点滴滴，牵挂着她的"学生们"，同时也在考虑二次进藏。在老师的帮助下，她开始主动了解国家实施的基层就业项目——"西部计划"，除了西藏自治区志愿者的补贴标准、政策保障外，"服务期满3年内报考硕士研究生初试总分加10分，同等条件下优先录取""各省（区、市）和县乡基层事业单位面向社会公开招聘时，应根据本地区实际拿出一定数量或比例的岗位，公开招聘有基层事业单位工作经历的人员。"这些成为最吸引她的优惠政策。参加"西部计划"，到她日思夜想的西藏自治区建功立业，不断提升自我，用更专业的知识和技能服务基层，最后考取当地事业单位或公务员，无疑是最好的选择。2022 年，她在西藏自治区志愿服务期满后，又顺利考入西藏自治区广播电视台。李同学学以致用，用担当和行动践行初心使命，展现了当代大学生的风采。

基层是有志青年奋斗成才的必由之路，是高校毕业生了解国情、磨砺意志、砥砺品格的生动课堂。2020 年 7 月 7 日，中共中央总书记、国家主席、中央军委主席习近平给中国石油大学（北京）克拉玛依校区赴新疆基层工作的 118 名首届毕业生回信，肯定他们的人生选择，"希望全国广大高校毕业生志存高远、脚踏实地，不畏艰难险阻，勇担时代使命，把个人的理想追求融入党和国家事业之中，为党、为祖国、为人民多作贡献。"

教育部《高校毕业生就业创业政策百问（2018 年版）》对"基层就业"的概念作了明确解释："基层就业就是到城乡基层工作。国家近几年出台了一系列优惠政策鼓励高校毕业生积极参加社会主义转农村建设、城市社区建设和应征入伍。一般来讲，'基层'既包括广大农村，也包括城市街道社区；既涵盖县级以下党政机关、企事业单位，也包括社会团体、非公有制组织和中小企业；既包含单位就业，也包括自主创业、自谋职业。"基层就业地区通常指中西部地区、艰苦边远地区、国家扶贫开发工作重点县、老工业基地等就业地区，毕业生可以通过国家发布的文件详细了解各基层就业地区的范围，参见表 10-1。

表10-1　各基层就业地区范围及其参考文件

基层就业地区	范围	参考文件
中西部地区	共有中部地区10个省、西部地区12个省（自治区、直辖市）。其中，基层单位指中西部地区和艰苦边远地区县以下机关企事业单位和工作现场地处中西部地区、艰苦边远地区县以下的气象、地质、煤炭等中央单位艰苦行业生产第一线	《高等学校毕业生学费和国家助学贷款代偿暂行办法》（财教〔2009〕15号）
艰苦边远地区	共有984个县，分为六类。其中，一类379个，二类342个，三类131个，四类85个，五类35个，六类12个	《关于艰苦边远地区范围和类别的规定》（国人部发〔2006〕61号）
老工业基地	指"一五""二五"和"三线"建设时期国家布局建设、以重工业骨干企业为依托聚集形成的工业基地，老工业基地的基本单元是老工业城市。全国共有老工业城市120个，分布在27个省（区、市），其中地级城市95个	《全国老工业基地调整改造规划（2013-2022年）》（发改东北〔2013〕543号）

1. 中央部门组织实施的基层服务项目

中央各有关部门主要组织实施了"西部计划"、"三支一扶"计划、"特岗教师计划"、"大学生村官"、"农技推广特岗计划"共 5 个引导高校毕业生到基层就业的专门项目。

（1）大学生志愿服务西部计划。

该计划简称"西部计划"，由共青团中央、教育部、财政部、人力资源和社会保障部等四部门从 2003 年起组织实施。每年招募 2 万余名（以每年实际招录人数为准）普通高等学校应届毕业生，到西部基层从事 1～3 年的教育、卫生、农技、扶贫以及青年中心建设和管理等方面的志愿服务工作。相关政策文件鼓励各地参照全国项目要求规范实施西部计划地方项目，广东省的西部计划地方项目为"广东省大学生志愿服务山区计划"。

西部计划官网：xibu.youth.cn

广东志愿信息管理服务平台网站：www.gdzyz.cn/index

（2）"三支一扶"计划。

该计划由中组部、人事部（现人力资源和社会保障部）、教育部等八部门从 2006 年开始组织实施，以公开招募、自愿报名、组织选拔、统一派遣的方式，每年招募高校毕业生，主要安排到乡镇从事支教、支农、支医和扶贫工作，服务期限一般为 2 ～ 3 年。

（3）"农村义务教育阶段学校教师特设岗位"计划。

该计划简称"特岗计划"，由教育部等四部门从 2006 年开始组织实施，公开招聘高校毕业生到"两基"（即基本实施九年义务教育和基本扫除青壮年文盲）攻坚县农村义务教育阶段学校任教，聘期 3 年。

（4）选聘高校毕业生到村任职。

其简称"大学生村官"。由中组部、教育部、财政部、人力资源社会保障部等部门从 2008 年起组织实施，用 5 年时间选聘 10 万名高校毕业生到农村担任村党支部书记助理、村委会主任助理，或团组织书记、副书记等职务，选聘的高校毕业生在村工作期限一般为 2 ～ 3 年。从 2020 年开始，扩大选聘规模，逐步实现"一村一名大学生村干部"计划目标。

大学生村官之家网站：cunguan.youth.cn

（5）"农业技术推广服务特设岗位"计划。

其简称"农技推广特岗计划"，由农业农村部与教育部从 2011 年组织实施。2013 年，农业农村部、人社部、教育部和科技部联合颁发《关于实施农业技术推广服务特设岗位计划的意见》，每年招募一批高校应届毕业生，到乡镇或区域性农业技术推广机构从事 2 ～ 3 年的农业技术推广、动植物疫病防控、农产品质量安全服务等工作。

2. 其他基层服务项目

除引导和鼓励高校毕业生面向中央部门组织实施的基层就业以外，党和国家也鼓励大学生拓宽就业领域，在基层公共管理和社会服务岗位、中小微企业、城乡社区岗位等基层服务项目中建功立业。相关参考文件和政策解读详见表 10-2。

表10-2 其他基层服务项目参考文件和政策内容

项目名称	参考文件	政策内容
基层社会管理和公共服务岗位	1.《关于公布第一批基层社会管理和公共服务岗位目录的通知》（人社部函〔2009〕135号） 2.《关于进一步引导和鼓励高校毕业生到基层工作的意见》（中办发〔2016〕79号）	1.发布了9大类领域共50种基层社会管理和公共服务岗位目录。 2.要求加大在基层公共教育、医疗卫生、文化体育、农业技术、农村水利、扶贫开发、社会救助、城乡社区建设、社会工作、法律援助、信息化建设与管理等领域购买服务的力度，创造更多适合高校毕业生的就业岗位
中小微企业	《统计上大中小微型企业划分办法（2017）》（国统字〔2017〕213号）	按照行业门类、大类、中类和组合类别，依据从业人员、营业收入、资产总额等指标或替代指标，将我国的企业划分为大型、中型、小型、微型等四种类型，并对中小微企业的从业人员、年营业收入作出详细规定

续表

项目名称	参考文件	政策内容
城乡社区	《关于引导和鼓励高校毕业生到城乡社区就业创业的通知》（人社部发〔2020〕53号）	引导和鼓励高校毕业生到城乡社区就业创业，支持城乡社区积极为高校毕业生提供职业平台，指明到城乡社区就业创业既是扩大高校毕业生就业空间、助力成长成才的重要渠道，也是助推城乡社区治理体系和治理能力建设的有效举措

3. 鼓励毕业生到基层就业的主要优惠政策

鼓励和引导毕业生到基层就业的优惠政策很多，主要包括工资与经济补贴、学费补偿（含贷款代偿）、职业发展等方面，见图 10-1。

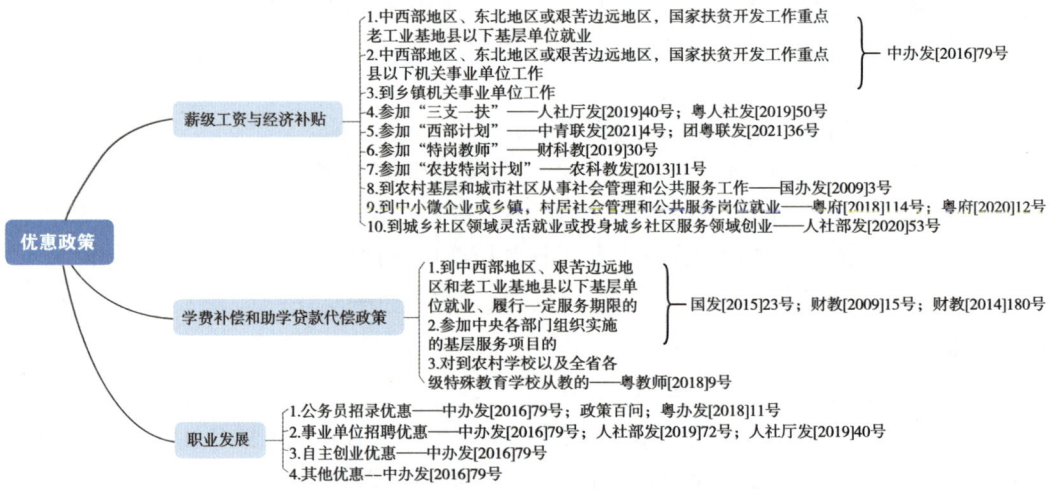

图10-1　基层就业优惠政策依据来源

为促进高校毕业生更加充分、更高质量就业，进一步加大就业创业政策宣传力度，帮助更多高校毕业生知晓各项促就业政策，2022 年 4 月，教育部办公厅印发《关于开展2022 年高校毕业生就业创业政策宣传月活动的通知》，在全国范围内组织开展高校毕业生就业创业政策宣传月活动。教育部印发了四个公告，重点宣传高校毕业生基层就业、自主创业、参军入伍、权益保障等方面出台的政策措施。其中，《普通高校毕业生基层就业政策公告》内容涉及鼓励毕业生到基层就业主要优惠政策、学费补偿和助学贷款代偿政策、基层就业户口档案政策、中央基层就业项目优惠政策等。公告全文如下。

普通高校毕业生基层就业政策公告

一、鼓励毕业生到基层就业主要优惠政策

1. 对高校毕业生到中西部地区和艰苦边远地区基层单位就业、履行一定服务期限的，按规定给予学费补偿和国家助学贷款代偿。

2.结合政府购买服务工作的推进，在基层特别是街道（乡镇）、社区（村）购买一批公共管理和社会服务岗位，优先用于吸纳高校毕业生就业。

3.艰苦边远地区基层机关招录高校毕业生可适当放宽学历、专业等条件，降低开考比例，可设置一定数量的职位面向具有本市、县户籍或在本市、县长期生活的高校毕业生。

4.艰苦边远地区县乡事业单位公开招聘高校毕业生可适当放宽年龄、学历、专业等条件，可以拿出一定数量岗位面向本县、本市或者周边县市户籍人员（或者生源）招聘；乡镇事业单位招聘本科以上高校毕业生、县级事业单位招聘硕士以上高校毕业生，以及招聘行业、岗位、脱贫攻坚急需紧缺专业高校毕业生，可以结合实际情况，采取面试、直接考察的方式公开招聘；可以根据应聘人员报名、专业分布等情况适当降低开考比例，或不设开考比例，划定成绩合格线。

二、学费补偿和助学贷款代偿政策

5.对到中西部地区和艰苦边远地区基层单位就业的中央部门所属高校应届毕业生实行学费补偿或国家助学贷款代偿，本专科生每人每年最高不超过12 000元，研究生每人每年最高不超过16 000元。本科、高职（专科）、研究生和第二学士学位毕业生补偿学费或代偿国家助学贷款的年限，分别按照国家规定的相应学制计算。每年补偿学费或代偿国家助学贷款总额的三分之一，三年代偿完毕。

6.各省（自治区、直辖市）制定吸引和鼓励本地所属高校毕业生面向艰苦边远地区基层单位就业的学费补偿和国家助学贷款代偿办法。

三、基层就业户口档案政策

7.落实省会及以下城市放开对高校毕业生落户限制的规定，高校毕业生在基层就业可根据需要自愿迁移户口。人事档案按规定转至就业地县级人力资源社会保障部门所属公共就业和人才服务机构，或有关单位的组织人事部门。

四、中央基层就业项目简介

8.近年来，中央有关部门组织实施的引导高校毕业生基层就业项目，主要包括："大学生志愿服务西部计划""三支一扶"计划、"农村义务教育阶段学校教师特设岗位计划"。

五、中央基层就业项目优惠政策

9.公务员招录优惠：每年拿出公务员考录计划的一定比例，专门用于定向招录服务期满且考核称职（合格）的服务基层项目人员。服务基层项目人员也可报考其他职位。

10.事业单位招聘优惠：各省（区、市）县乡基层事业单位公开招聘时，应根据本地区实际拿出一定数量或比例的岗位，对"三支一扶"等服务期满考核合格的人员进行专项招聘，并增加工作实绩在考察中的权重，聘用后可以不再约定试用期；省市事业单位公开招聘时，对"三支一扶"等服务期满且考核合格的人员同等条件下优先聘用。

11.考学升学优惠：服务期满后三年内报考硕士研究生初试总分加10分，同等条件下优先录取；高职（专科）学生可免试入读成人本科。

12.国家补偿学费和代偿助学贷款政策：参加中央基层就业项目的毕业生，符合规定条件的，可享受相应的学费补偿和助学贷款代偿政策。

13.服务期满自主创业的，可享受税收优惠、行政事业性收费减免、创业担保贷款和贴息等有关政策。

14.参加基层服务项目前无工作经历的人员，服务期满且考核合格后2年内，在参加机关事业单位考录（招聘）、各类企业吸纳就业、自主创业、落户、升学等方面可同等享受应届高校毕业生的相关政策。

15. 各基层就业项目服务年限计算工龄。服务期满到企业就业的，按照规定转接社会保险关系。

教 育 部 高 校 学 生 司
教育部学生服务与素质发展中心

（二）自主创业

大众创业、万众创新，是富民之道、强国之举，有利于产业、企业、分配等多方面结构优化。当前国家着力培育大众创业、万众创新的新引擎，把创业和就业结合起来，以创业创新带动就业，催生经济社会发展新动力，为促进民生改善、经济结构调整和社会和谐稳定提供新动能。近年来，国家出台了很多针对大学生自主创业的优惠和扶持政策，努力培养大学生的创新精神、创业意识和创新创业能力。

1. 大学生创业扶持及优惠政策

教育部高校学生司、教育部学生服务与素质发展中心发布的《普通高校学生自主创业政策公告》内容包括税收优惠政策、担保贷款和贴息政策、资金扶持政策、工商登记政策、户籍政策、创业服务政策、学籍管理政策等。公告全文如下。

普通高校学生自主创业政策公告

一、税收优惠政策

1. 持人社部门核发《就业创业证》的高校毕业生在毕业年度内创办个体工商户的，可按规定在 3 年内以每户每年 12 000 元为限额（最高可上浮 20%，具体由各省、自治区、直辖市人民政府根据本地区实际情况确定）依次扣减其当年实际应缴纳的增值税、城市维护建设税、教育费附加、地方教育附加和个人所得税。

2. 对高校毕业生创办小微企业的，可按规定享受小微企业普惠性税费政策；创办个体工商户的，对其年应纳税所得额不超过 100 万元的部分，在现行优惠政策基础上减半征收个人所得税。

二、担保贷款和贴息政策

3. 创业担保贷款和贴息支持：可在创业地申请创业担保贷款，最高贷款额度为 20 万，对符合条件的个人合伙创业的，可根据合伙创业人数适当提高贷款额度，最高不超过总额的 10%。对 10 万元及以下贷款、获得设区的市级以上荣誉的高校毕业生创业者免除反担保要求；对高校毕业生设立的符合条件的小微企业，最高贷款额度提高至 300 万元，财政按规定给予贴息。

4. 创业担保贷款申请程序：申请创业担保贷款贴息支持的个人和小微企业应向当地人力资源社会保障部门申请资格审核，通过资格审核的个人和小微企业，向当地创业担保贷款担保基金运营管理机构和经办银行提交担保和贷款申请，符合相关担保和贷款条件的，与经办银行签订创业担保贷款合同。

三、资金扶持政策

5. 免收有关行政事业性收费：毕业 2 年以内的普通高校毕业生从事个体经营的，3 年内，免收管理类、登记类和证照类等有关行政事业性收费。

6. 求职创业补贴：对在毕业学年有就业创业意愿并积极求职创业的低保家庭、贫困残疾人家庭、原建档立卡贫困家庭和特困人员中的高校毕业生，残疾及获得国家助学贷款的高校毕业生，给予一次性求职创业补贴。

7. 一次性创业补贴：对首次创办小微企业或从事个体经营，且所创办企业或个体工商户自工商登记注册之日起正常运营 1 年以上的离校 2 年内高校毕业生，试点给予一次性创业补贴。

8. 享受培训补贴：对大学生在毕业年度内参加创业培训的，按规定给予培训补贴。

四、工商登记政策

9. 简化注册登记手续：创办企业，只需填写"一张表格"，向"一个窗口"提交"一套材料"，登记部门直接核发加载统一社会信用代码的营业执照，"多证合一"。

五、户籍政策

10. 取消落户限制：高校毕业生可在创业地办理落户手续（直辖市有关规定执行）。

六、创业服务政策

11. 免费创业服务：可免费获得公共就业和人才服务机构提供的创业指导服务。

12. 技术创新服务：各地区、各高校和科研院所的实验室以及科研仪器、设施等科技创新资源可以面向大学生开放共享，提供低价、优质的专业服务。

13. 创业场地服务：鼓励各类孵化器面向大学生创新创业团队开放一定比例的免费孵化空间。政府投资开发的孵化器等创业载体应安排 30% 左右的场地，免费提供给高校毕业生。有条件的地方可对高校毕业生到孵化器创业给予租金补贴。

14. 创业保障政策：加大对创业失败大学生的扶持力度，按规定提供就业服务、就业援助和社会救助。毕业后创业的大学生可按规定缴纳"五险一金"。

七、学籍管理政策

15. 折算学分：各高校要设置合理的创新创业学分，建立创新创业学分积累与转换制度，探索将学生开展自主创业等情况折算成学分。

16. 弹性学制：学校可以根据情况建立并实行灵活的学习制度，可放宽学生修业年限，保留学籍休学创新创业。

教 育 部 高 校 学 生 司
教育部学生服务与素质发展中心

广东省大力支持高校毕业生开展自主创业活动，在国家优惠扶持政策的基础上，设立了税收优惠、创业担保贷款及贴息、免收行政事业性收费、培训资助类补贴、场租补贴、户籍和学籍管理等优惠政策。

案例分析

来自甘肃静宁小户村的王某，是广东技术师范大学计算机科学学院计算机科学与技术专业 2020 届毕业生，他的家乡盛产苹果。2018 年，为了助力家乡脱贫，他抱着"以技术换优果，以电商拓销路"的初衷带领"以苹扶贫"团队开始创业。2019 年成立公司，注册了"苹苹回首"品牌。他的公益扶贫创业项目获得国家级大学生创新创业项目立项 2 项，先后参加了第五届中国"互联网＋"大学生创新创业大赛省赛、第十二届"挑战杯"广东大学生创业大赛创业实践挑战赛，获得多项省级以上荣誉。他本人荣获"2019 年度亚太区 10 大创业青年代表"称号。两年多来，该项目为当地 83 户农户累计销售苹果 52 万斤，累计收入 1000 万元以上，实现了全村脱贫的愿望。

来自广东技术师范大学美术学院 2018 届毕业生夏某，毕业时创立的动漫工作室项目于 2018 年入驻学校创新创业科技园孵化。按照广东省、广州市和高校鼓励大学生开展创新创业的优惠政策，他获得了学校提供的免租场地、资源对接、创业项目立项资金等支持，享受了各类税收优惠、小额担保贷款等资金补助共计 20 余万元，成功创办木星（广州）动画科技有限公司，两年内实现约 1000 万元的营业收入。

党和国家高度重视创业工作，坚持促进就业和鼓励创业相结合，以创业带动就业，催生经济社会发展新动力。广东技术师范大学两位毕业生充分利用政策，积极参加创新创业实践活动，实现了个人的"创业梦"，还带动了一批大学生就业、全村农户实现脱贫，践行了"在创新创业中增长智慧才干，在艰苦奋斗中锤炼意志品质，在亿万人民为实现中国梦而进行的伟大奋斗中实现人生价值"。

2. 大学生创新创业实践活动

近年来，国家和地方举办了各类面向大学生的创新创业大赛，旨在以创新引领创业、创业带动就业，切实提高大学生创新精神、创业意识和创新创业能力，孵化出一大批高质量的创新创业项目，有效促进大学生更高质量创业就业。在校大学生应该主动去了解这些赛事和相关的实践活动（见图 10-2），通过实践提升创造力，为走向社会、立足职场增强竞争力。

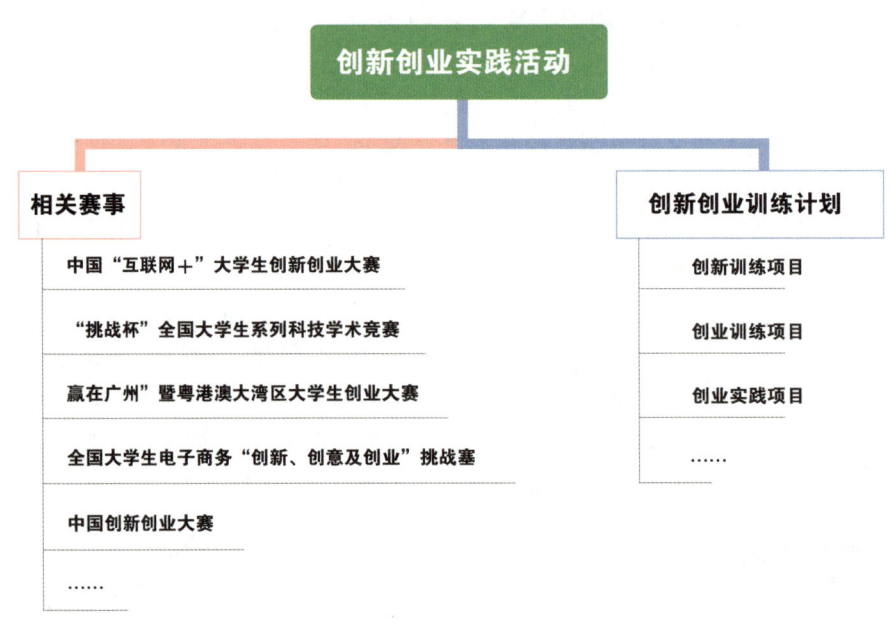

图 10-2　大学生创新创业实践活动

（三）应征入伍

《中华人民共和国宪法》规定："依照法律服兵役和参加民兵组织是中华人民共和国公民的光荣义务。"部队是青年学生成长成才的大学校，是砥砺品格、增强意志的好课堂，是施展才华、成就事业的大舞台。习近平总书记在庆祝中国共产党成立 100 周年大会上强调："以史为鉴、开创未来，必须加快国防和军队现代化。"国家和军队现代化建设，迫切需要一大批有责任、敢担当的有志青年携笔从戎、报效祖国。

2017年9月，南开大学8名应征入伍大学生在即将奔赴军营前夕，给习近平总书记写信，表达了献身国防和军队建设，为实现强军目标、建成世界一流军队作贡献的坚定决心。当月23日，习近平总书记给这几位大学生回信，肯定了他们携笔从戎、报效祖国的行为，勉励他们把热血挥洒在实现强军梦的伟大实践之中，书写绚烂、无悔的青春篇章。

习近平总书记给南开大学8名新入伍大学生的回信

阿斯哈尔·努尔太等同学：

你们好！我看了来信，得知你们怀揣着从军报国的理想，暂别校园、投身军营，你们的这种志向和激情，让我感到很欣慰。

自古以来，我国文人志士多有投笔从戎的家国情怀。抗战时期，许多南开学子就主动奔赴沙场，用鲜血和生命诠释了爱国、奉献的精神内涵。如今，你们响应祖国召唤参军入伍，把爱国之心化为报国之行，为广大有志青年树立了新的榜样。

希望你们珍惜身穿戎装的机会，把热血挥洒在实现强军梦的伟大实践之中，在军队这个大舞台上施展才华，在军营这个大熔炉里淬炼成钢，书写绚烂、无悔的青春篇章。

习近平

2017年9月23日

1. 大学生参军入伍的主要途径和流程

（1）地方大学生从军报国的渠道包括：在校时应征入伍服义务兵役、毕业时应征入伍服义务兵役、毕业时被部队直接招收为士官、毕业时直接被部队招收为军队干部。

（2）征兵时间：根据全国征兵网通知，自2020年起，我国义务兵征集调整为一年两次征兵两次退役，应征报名时间分别在上半年和下半年各一次，上半年应征报名一般从上年12月至当年2月；下半年征兵一般从当年3月至8月。

（3）应征流程：应征义务兵主要包括网上登记、初检初审、体检和政治审核、批准入伍共4个步骤。直招士官则通过发布招收信息组织网上报名、筛查审核毕业生报名信息、下达招收计划"三步走"完成招收工作。

（4）基本条件：应征义务兵一般对年龄、身高、体重、视力、纹身等条件有严格的限制，直招士官还增加了对学历、专业、政治面貌等限制要求，具体可登录"全国征兵网"官方网站或关注"中国民兵""广东征兵"等微信公众号详细了解。

（5）优惠政策：服义务兵役的高校毕业生，除享有优先报名应征、优先体检政审、优先审批定兵、优先安排使用"四个优先"政策，家庭按规定享受军属待遇外，还能享受优先提拔使用、考学升学优惠、补偿学费和代偿国家助学贷款等优惠政策。

（6）官方网站：www.gfbzb.gov.cn。

2. 大学生参军入伍政策解读

目前，针对大学生应征入伍服义务兵役的优待政策主要包括"四个优先"政策、国家资助学费、一次性奖励金、选拔军官、复学（入学）、升学深造、退役安置等，在具体实施过程中，各省（区市）也有不同的优惠政策内容。

除中央军委国防动员部动员征集局和教育部联合发布的应征入伍政策公告以外，其他的入伍政策可在全国征兵网查询了解，也可参考表 10-3。

表10-3 大学生参军入伍部分政策

序号	文件名	文件号	二维码
1	《教育部办公厅关于进一步做好高校学生参军入伍工作的通知》	教学厅〔2015〕3号	
2	《国务院关于进一步做好新形势下就业创业工作的意见》	国发〔2015〕23号	
3	《关于进一步引导和鼓励高校毕业生到基层工作的意见》	国务院2017年第6号	
4	《关于广东省征集大学生士兵工作实施办法的通知》	粤府办〔2017〕30号	
5	《广东省人民政府关于做好2019年退役士兵接收安置工作的通知》	粤府〔2020〕11号	

序号	文件名	文件号	二维码
6	《关于进一步做好高校学生参军入伍工作的通知》	粤教工委〔2019〕5号	
7	《关于进一步执行我省自主就业退役士兵和重点群体创业就业有关税收政策扣减限额标准的通知》	粤财法〔2019〕10号	

中央军委国家动员部动员征集局、教育部高校学生司、教育部学生服务与素质发展中心发布的《普通高校学生应征入伍政策公告》内容涉及优先征集、学费资助及优待、升学优惠、复学政策、在部队选拔培养、退役后技能培训、退役后就业服务政策等内容。公告全文如下。

普通高校学生应征入伍政策公告

一、优先征集政策

1. 大学生入伍优先报名应征、优先体检政考、优先审批定兵、优先安排使用，大学生参加体检开辟绿色通道。高校新生应当在户籍所在地参加应征；高校应届毕业生和在校生可在学校所在地参加应征，也可在入学前户籍所在地参加应征。

2. 报名网址：全国征兵网 https://www.gfbzb.gov.cn/

3. 报名时间：上半年 男兵：上年12月1日至当年2月10日

女兵：当年1月1日至当年2月10日

下半年 男兵：上年12月1日至当年8月10日

女兵：当年7月1日至当年8月10日

二、学费资助及优待政策

4. 学费补偿、国家助学贷款代偿、学费减免，本专科生每人每年最高不超过12 000元，研究生每人每年最高不超过16 000元。

5. 入伍大学生按规定享受优待政策，义务兵家庭优待金由批准入伍地发放，其家庭享受军属待遇。

三、升学优惠政策

6. 设立"退役大学生士兵"专项硕士研究生招生计划，每年专门面向退役大学生士兵招生约8 000人，并向"双一流"建设高校倾斜。

7. 在部队荣立二等功及以上，免试（指初试）攻读硕士研究生。

8. 在完成本科学业后3年内参加全国硕士研究生招生考试，初试总分加10分，同等条件下优先录取。

9. 高职（专科）学生应征入伍，退役后在完成高职（专科）学业的前提下，可免试入读普通本科，或根据意愿入读成人本科，自2022年专升本招生起执行。

四、复学政策

10. 高校学生（含高校新生）服役期间按国家有关规定保留学籍或入学资格，退役后2年内允许复学或入学。

11. 经学校同意，大学生士兵退役后复学可转入本校其他专业学习。

12. 退役复学后免修军事技能等课程，可直接获得学分。

五、在部队选拔培养政策

13. 符合条件的取得全日制本科学历和学士学位的毕业生（含毕业学年入伍，服役期间取得的），入伍1年半以上，可选拔为提干对象。

14. 参加全军统一考试，录取到有关军队院校学习。

15. 优先选取士官。

16. 参加保送入学对象选拔，同等条件下优先推荐。

六、退役后技能培训政策

17. 面向自主就业退役士兵开展职业技能培训，实施学历证书＋若干职业技能等级证书制度和学分银行制度，建立学习成果认定、积累和转换机制，按规定享受培训资助。

七、退役后就业服务政策

18. 退役后一年内，凭用人单位录（聘）用手续，可办理就业报到手续，户档随迁。

19. 退役高校毕业生士兵可参加户籍所在地省级毕业生就业指导机构、原毕业高校就业招聘会，享受就业信息、重点推荐、就业指导等就业服务。

20. 乡镇补充干部、基层专职武装干部配备时，注重从退役大学生士兵中招录；在军队服役5年（含）以上的高校毕业生士兵可以报考面向服务基层项目人员定向考录的职位。

21. 教育部在"24365校园招聘服务"活动中开辟退役大学生士兵岗位专区，畅通求职就业渠道。

中央军委国防动员部动员征集局
教育部高校学生司
教育部学生服务与素质发展中心

（四）灵活就业

灵活就业是社会就业模式的重要一环。《关于做好2022届全国普通高校毕业生就业创业工作的通知》（教学〔2021〕5号）明确指出要支持引导毕业生在数字经济、平台经济等多个领域灵活就业。《中国青年报》2022年发表刊登《灵活就业成大学生就业新形态》一文指出，大学生的灵活就业是在互联网、大数据等新技术应用背景下、新业态下的自主就业和创业。近年来，我国灵活就业人数明显增加，成为了新的就业趋势和就业渠道。

2020年12月，广东省人力资源和社会保障厅印发《广东省支持多渠道灵活就业若干措施》（以下简称《措施》）。《措施》从支持发展新就业形态、鼓励个体经营发展、增加非全日制就业机会、加强灵活就业服务管理四个方面，出台20条政策大力支持灵活就业。

三、你需掌握的就业实务

毕业生进入毕业季，除必须完成既定学习任务、顺利毕业外，还需重点关注求职就业、档案转接、党团关系转出等就业派遣相关业务的办理。随着高等教育大众化及高校毕业生就业市场化，就业派遣的内涵出现转变，现主要包含把握就业形势、理解和运用就业政策、做好求职择业心理准备、转变个人就业观念、掌握毕业就业的流程和办理手续、毕业去向的统计等。本节着重介绍广东省高校毕业生在毕业求职和就业派遣过程中常见的就业流程、办理手续和注意事项。

（一）广东省高校毕业生就业创业智慧服务平台

2019年，广东省教育厅按照"数字政府"建设要求，正式开发和启用了"广东省高校毕业生就业创业智慧服务平台"。广东省内高校毕业生可在该平台一网通办就业手续，真正实现了毕业生"少跑腿"、数据"多跑路"。

1.智慧服务平台进入方式及功能页面

通过查找"广东大学生就业创业"微信小程序直接进入"智慧办事大厅"功能页面或关注"广东大学生就业创业"微信公众号，点击菜单栏"办事大厅"进入功能页面。

2.你能通过智慧服务平台办理什么业务

（1）学籍绑定：毕业生进入"智慧办事大厅"后，必须绑定学籍，之后才能进行各项操作。

（2）生源信息上报：毕业生生源信息上报的准确性关系到毕业生就业方案计划编制的正确与否。毕业生通过"个人信息"模块，上报个人生源信息，省就业中心和高校按照毕业生上报信息生成毕业生初始派遣方案。

（3）电子简历制作：智慧服务平台实现了精准智能匹配推动岗位到人的功能，毕业生通过"我的简历"上传完整电子简历信息后，平台将根据毕业生求职意向推送关联性岗位至个人微信。

（4）电子就业协议书签订：毕业生和用人单位达成签约意向后，通过"电子就业协议"模块，在线申领和签订电子就业协议书。

（5）就业信息报送：毕业生通过"就业创业信息"模块，报送个人毕业去向，以备完成就业信息统计工作。

（6）制定和调整就业派遣方案：毕业生根据有效单位接收证明，通过"就业派遣"模块，首次报送个人就业派遣方案；在第一次就业方案编制完成后，毕业生如有工作或单位接收变动，需要更改派遣方案，则通过"申请改派"提交调整派遣方案的申请。

（7）查询档案：毕业生通过"档案查询"模块，查找个人"学籍档案"寄送接收情况。

（8）注意事项：2022年及之前，全国各省份毕业生须凭借报到证完成报到手续。自2023年起，则不再发放《全国普通高等学校本专科毕业生就业报到证》和《全国毕业研究生就业报到证》（以下统称就业报到证），取消就业报到证补办、改派手续，不再将就业报到证作为办理高校毕业生招聘录用、落户、档案接收转递等手续的必需材料。根据《广东省人民政府办公厅转发〈国务院办公厅关于进一步做好高校毕业生等青年就业创业工作的通知〉》（粤府办〔2022〕21号），广东省也将统一按照国家要求，不再签发就业报到证，后续毕业生们需要通过何种方式办理相关手续，以实际通知为准。

（二）带你了解就业派遣与报到接收流程

就业派遣有着严格的工作程序，毕业生需要清楚生源地和就读学校有关就业派遣的规定和流程，以便顺利毕业并解决后续的档案、户口等问题。进入毕业季，完成个人生源信息上报、电子就业协议书签订、就业派遣方案和就业信息填写确认、档案转交和接收等流程办理等，这些流程是必不可少的。具体业务流程也可参考图10-3。

1. 生源信息上报

在智慧办事大厅完成学籍绑定并填报和提交个人生源信息的过程，称为生源信息上报。

高校为毕业生编制就业方案计划时（详细介绍见本节"毕业生接收与就业派遣"），将根据毕业生上报的生源信息，对主动申请回生源地的毕业生和未签署就业协议的毕业生，生成"派遣回生源地"的初始方案，并根据生源信息投递转交毕业生档案。如毕业生在生源信息上报时不能正确判断个人生源地或错误上报了生源信息，将可能导致毕业生派遣方案、档案投递出现错误，也可能会造成毕业生户口迁出无法在规定时间内落户，出现"黑户"情况。

2. 电子就业协议书签订

就业协议书是《全国普通高等学校毕业生就业协议书》的简称，又叫"三方协议"，是普通高校毕业生与用人单位在正式确定劳动人事关系前，经双向选择，在规定期限内就确立就业关系、明确双方权利和义务而达成的书面协议。目前，广东省采用无纸化形式，于2020年起启动了"电子就业协议书"签订模式，毕业生和用人单位通过智慧办事大厅完成协议书的填写、审核和签订手续。

3. 就业信息填写

就业信息是毕业生全部的就业情况，填写收集和报送就业信息，有利于高校、教育部门和人事管理部门更好地掌握毕业生就业去向动态。就业信息在内容上需要有就业单位的名称、统一社会信用代码、联系人、联系电话、就业地区、就业行业、职业类型、薪酬等。

4. 编制毕业生就业派遣方案

毕业生完成就业信息和毕业去向登记后，地方毕业生就业主管部门和高校按照国家有关政策、凭有效接收证明为每一位毕业生编制就业派遣方案。主要包含"派遣回生源地、派遣至用人单位（或升学单位）、派遣至人才市场或暂缓派遣"几种派遣形式。

5. 档案寄送交接

学籍档案是学生在校学习期间成绩、思想表现、综合评价等的记录，毕业生离校后，高校学籍档案管理部门依据毕业生就业信息，将毕业生学籍档案寄送或转交至人力资源管理部门，完成从学籍档案到人事档案的转换。毕业生离校后，一定要清楚自己的档案该放在哪里、已经到了哪里。

（三）需要你了解的其他就业服务

为不断提升教育系统就业工作服务水平和数字化能力，促进高校毕业生更加充分更高质量就业，教育部在"新职业网"和"24365智慧就业"的基础上，全面升级推出"国家24365大学生就业服务平台"，包括PC端和移动端，从2022年开始全面推广使用。

该平台面向高校毕业生提供就业意愿登记、简历填写、职位检索、职位推荐、专场招

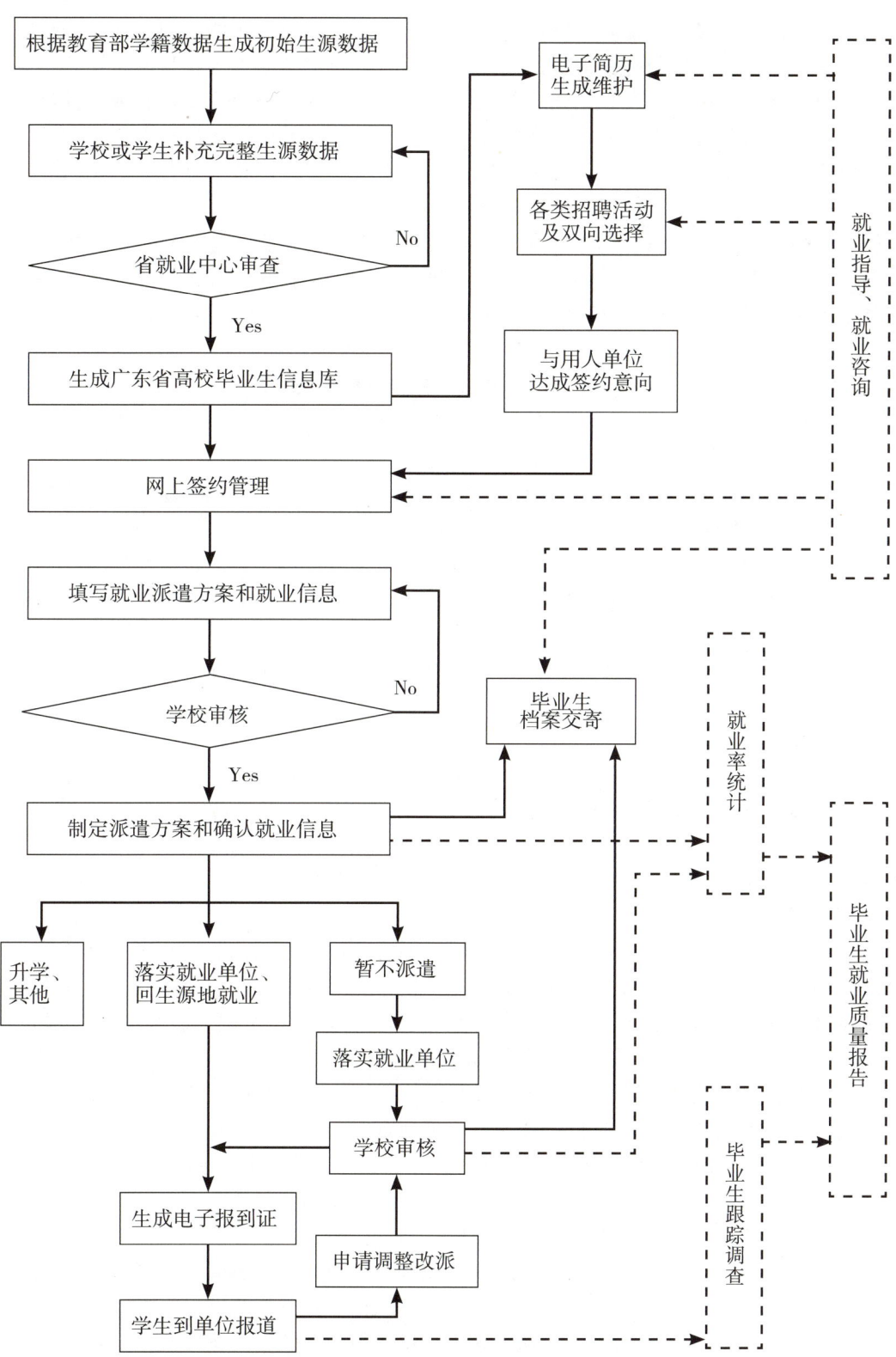

图10-3 广东省高校毕业生就业工作主要业务流程图
（来源：广东省高等学校毕业生就业促进会《高校毕业生就业手册》）

聘、网上签约、去向登记等求职应聘服务；提供职业指南、职业测评、师兄师姐去哪儿、风险防范提示等就业指导服务；提供重点领域、国际组织、应征入伍和基层就业等引导服务。面向用人单位提供职位发布、简历筛选、面试通知、网上签约等招聘服务；提供毕业生生源查询、学历查询等查询服务。面向就业战线提供就业数据报送、去向信息审核、就业统计核查、动态监测等就业统计服务；提供招聘岗位共享、招聘信息发布、招聘活动举办、工作任务派发、就业课程和岗位信息推送等服务。

教育部高校学生司、教育部学生服务与素质发展中心发布的《普通高校毕业生就业服务公告》介绍了教育部推出的系列就业服务，包括岗位信息服务、就业指导服务、签约及去向登记服务、就业去向查询反馈服务等。

普通高校毕业生就业服务公告

一、岗位信息服务

1. 教育部会同社会招聘服务机构推出"24365校园招聘服务"，举办各类区域性、行业性、联盟性专场招聘会。高校毕业生可用学信账号登录"国家24365大学生就业服务平台"（https：// www.ncss.cn/）或微信搜索关注"国家24365大学生就业服务平台"（ncssfwh）公众号并绑定学信账号，获取求职意向登记、岗位一键搜索、职位精准推荐、在线求职应聘等一站式服务。

2. 各地各高校不定期举办各类线上线下招聘活动，高校毕业生可以通过各地各高校就业指导部门及其网站，获取信息服务。

二、就业指导服务

3. 教育部推出"互联网＋就业指导"公益直播课，通过新华网、央视频、学习强国、中国教育电视台等平台，围绕就业形势与政策、职业生涯教育、求职择业指导、行业发展趋势等主题，帮助毕业生答疑解惑。毕业生可通过"24365就业资讯"（ncssweb）公众号获取课程直播信息，通过"国家24365大学生就业服务平台"（https：//www.ncss.cn/）学职平台版块回看课程。

4. 组织开展"宏志助航计划"，教育部推出全国高校毕业生就业能力培训网络平台，提供就业指导和职业技能类网络课程，帮助大学生拓展职业视野、了解行业发展和岗位要求、提高职业技能和就业竞争力，学生可通过"国家24365大学生就业服务平台"（https：//www.ncss.cn/）宏志助航版块进入。符合条件的在校生还可在高校报名参加线下培训。

5. 各地各高校开展线上线下就业指导活动，提升毕业生求职就业能力。毕业生可以在各地各高校的就业指导部门获取指导服务，也可通过"国家24365大学生就业服务平台"（ncssfwh）公众号访问"我的辅导员"与辅导员关联，获取辅导员帮助指导。

三、签约及去向登记服务

6. 教育部推出"全国高校毕业生网上签约与毕业去向登记平台"（以下简称"网签平台"），毕业生和用人单位可根据高校的要求，选择在线签约和去向登记。平台可通过"国家24365大学生就业服务平台"（https：//www.ncss.cn/）网上签约/去向登记版块进入。

7. 毕业生可使用平台完成线上签约/解约、线下签约/解约、登记就业协议信息等，具体操作方式可咨询本校就业部门。

8. 签订就业协议的毕业生在网签平台上传就业协议，经学校（院系）审核通过后，完成去向登记。其他去向的毕业生通过平台选择毕业去向类型，按照具体要求填写相关去向信息，上传证明材料，经学校（院系）审核通过后，完成去向登记。

四、查询反馈服务

9.教育部提供毕业生就业去向查询反馈服务。每年6月—9月，应届毕业生可以登录学信网在"学信档案"中查看本人毕业去向，并可在线反馈信息是否准确。如信息不准确，可备注说明具体情况，由毕业生所在高校根据反馈情况及时更新。

教育部高校学生司
教育部学生服务与素质发展中心

（四）需要你关注的就业创业可领补贴

高校毕业生就业创业可享受相关的优惠政策，求职创业、参加培训、灵活就业都能领取相关补贴。

广东省就业创业补贴相关清单如图10-4所示。

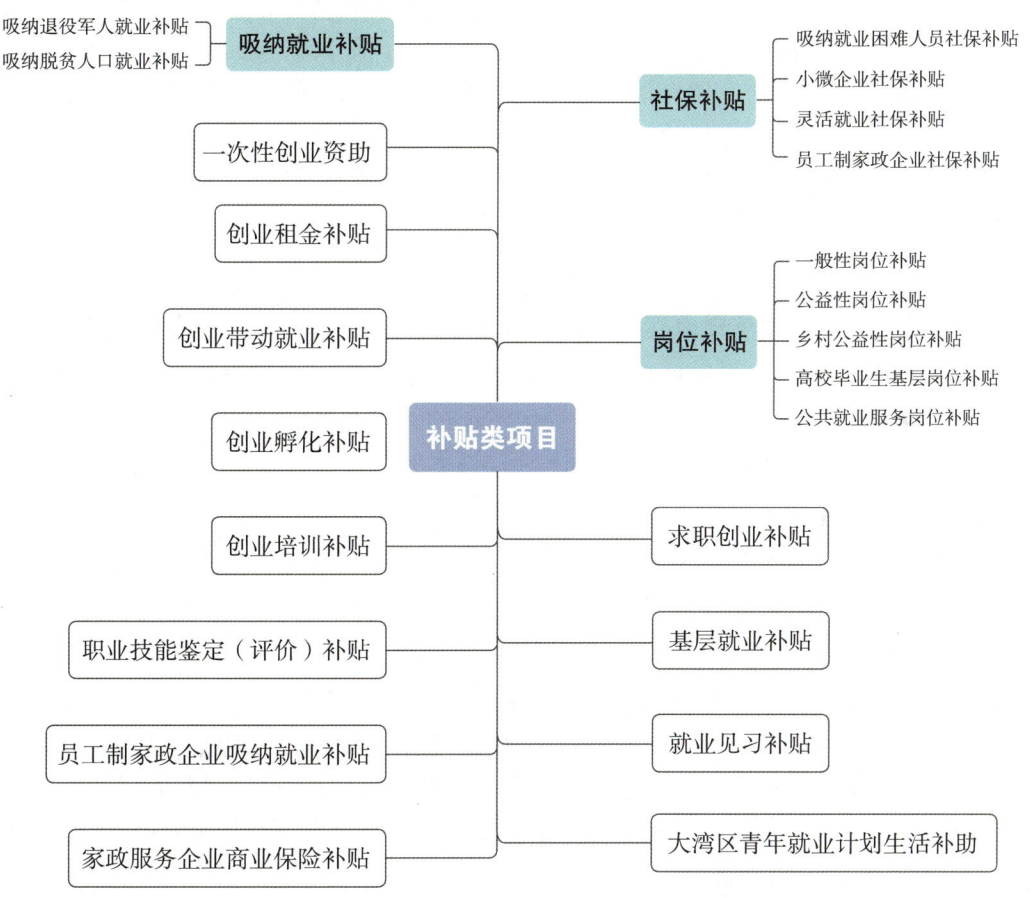

图10-4　广东省就业创业补贴申请办理指导清单
（来源：广东省人力资源和社会保障厅官方网站——广东省就业创业补贴申请办理指导清单，2021年修订版）

▶ 第二节　求职安全与就业权益

一、护航你的求职安全

案例分析

小王是一名应届毕业生，大四最后一年，他积极从网站、报纸等各种渠道收集招聘信息，投递简历，但时不时会收到一些奇怪的面试或录取信息：某企业已经曝出资不抵债、大批量裁员、老板跑路等情况，仍然进行校招，广发录取通知书；某知名企业名义上招收的重要岗位，仅凭一通电话沟通立即录取通知上班，但地点在偏远郊区；某企业认为小王有从事某种专业岗位的"巨大潜能"，但小王需缴纳2万元培训费用，在该企业培训合格后获得高薪岗位……小王对此抱有怀疑和顾虑，于是向学校老师咨询。

护航你的求职安全，应注意以下几点。

（一）验证招聘单位的真实性与合法性

1. 全国组织机构代码管理中心（https：//www.cods.org.cn）——诚信体系实名制查询

该网站实现了对全国组织机构代码信息数据库所有组织机构代码基本信息的管理、查询、检索、统计等功能，涵盖在政府登记注册的合法企业、事业、政府机构等单位，可查到该单位的组织机构代码电子版文件，有利于求职者核实相关单位信息。

2. 全国企业信用信息公示系统

该系统可查询在工商局注册的企业信息，可以详细了解目标企业的注册登记、许可审批、年度报告、行政处罚、抽查结果、经营异常状态等信息，是一个了解企业情况的好窗口。

（二）验证招聘信息的真实性与有效性

建议求职者从意向单位的官方渠道（如官方网站、经过单位认证的单位社交媒体账号）获取求职信息并投递简历。若是从其他私人网页、论坛、私人社交媒体账号等渠道获取的招聘信息，求职者可将其中的招聘信息通过互联网查验或直接与单位相关部门联系核实，核实是否会是"挂羊头卖狗肉"的不法分子假冒某些知名单位名义进行招聘，避免上当受骗。

（三）警惕"求职培训贷"

近年来，出现"求职培训贷"乱象，求职者们为了所谓的"高薪岗位"向求职企业缴纳高额培训费（甚至贷款缴费）后，发生退费难、企业跑路等情况，求职者维权难。

我国劳动合同法第九条规定："用人单位招用劳动者，不得扣押劳动者的居民身份证和其他证件，不得要求劳动者提供担保或者以其他名义向劳动者收取财物。"不得"以其他名义向劳动者收取财物"就对用人单位在招用劳动者阶段向劳动者收取财物套上了紧箍咒，即不管公司是以"岗前培训费"或"教材费"等任何名义，都不能在此阶段向劳动者收取财物。

同时，我国劳动法第六十八条规定："用人单位应当建立职业培训制度，按照国家规定提取和使用职业培训经费，根据本单位实际，有计划地对劳动者进行职业培训。"因此，为劳动者提供岗前培训是用人单位的义务，所产生的培训费用应由用人单位支付。公司以岗前培训为由向劳动者收取任何形式的费用都是不合法的。对劳动者进行培训，承担正常的费用，是用人单位应当履行的义务，用人单位不可转嫁到劳动者身上。

二、保障你的就业权益

小李是一名大四在校学生，她在求职过程中发现了一些违反法律规定的招聘现象：单位招聘公告中含有性别歧视条款；单位面试时会向学生尤其是女学生提出一些涉及个人隐私的问题，如"有没有谈恋爱"；单位向求职者了解很多个人情况，但是对于求职者希望进一步了解单位和岗位的问题却回避不答等。面对这些情况，小李回想起了在学校就业指导课上学的相关就业权益内容。

（一）平等就业和选择职业的权利

我国劳动法第十二条规定："劳动者就业，不因民族、种族、性别、宗教信仰不同而受歧视。"

我国就业促进法第三章规定了"公平就业"的内容，单位和中介机构应当向劳动者提供平等的就业机会和公平的就业条件，不得因性别、民族、生理健康、户籍等各种因素实施就业歧视；并在第六十二条规定："违反本法规定，实施就业歧视的，劳动者可以向人民法院提起诉讼。"

（二）劳动者的知情权

我国劳动合同法第八条规定："用人单位招用劳动者时，应当如实告知劳动者工作内容、工作条件、工作地点、职业危害、安全生产状况、劳动报酬，以及劳动者要求了解的其他情况；用人单位有权了解劳动者与劳动合同直接相关的基本情况，劳动者应当如实说明。"

劳动者有全面、真实获悉用人单位信息的权利。求职实际上是用人单位和劳动者双方进行双向选择的过程，劳动者有权向用人单位了解具体的岗位信息、工作环境、福利待遇等情况，进而做出符合自身条件的选择。当然，劳动者也应当向用人单位如实说明与劳动合同直接相关的基本信息，不能弄虚作假。

以上是与毕业生关系密切且容易受到侵犯的相关权利，我国劳动者还具有如下权利：取得劳动报酬的权利、休息休假的权利、获得劳动安全卫生保护的权利、接受职业技能培训的权利、享受社会保险和福利的权利、提请劳动争议处理的权利以及法律规定的其他劳动权利。具体内容可查阅劳动法、劳动合同法等法律法规。

▶ 第三节 你应注意的就业法律问题

一、就业协议书

小张是一名应届毕业生，他在大四上学期已经与甲单位签约，其中约定违约金是5 000元，在大四下学期时他接到了乙单位的录取通知，条件更为优渥，于是小张想与甲单位解约而签约乙单位，但又觉得5 000元违约金过高，想问有没有降低违约金数额或免除违约责任的情况。

（一）就业协议书的定义、作用和法律性质

教育部《关于修订〈普通高等学校毕业生就业协议书〉若干意见的通知》（教学司〔2009〕28号）规定："就业协议书是普通高等学校毕业生和用人单位在正式确立劳动人事关系前，经双向选择，在规定期限内就确立就业关系、明确双方权利和义务而达成的书面协议；是用人单位确认毕业生相关信息真实可靠以及接收毕业生的重要凭据；是高校进行毕业生就业管理、编制就业方案以及毕业生办理就业落户手续等有关事项的重要依据。"由此可知：

（1）就业协议书是毕业生和用人单位在正式确立劳动人事关系前达成的书面协议，其并非用来确立劳动人事关系，故就业协议书不是劳动合同而是民事协议。

（2）就业协议书是在规定期限内确立就业关系、明确毕业生和用人单位双方权利和义务，故只要双方达成合意并签字盖章，即对双方生效。

（3）学校一般不参与前述双方协议内容的制定和商议，仅作为鉴证方在协议书上盖"鉴证章"，并按照协议书约定内容为毕业生和用人单位提供相关服务。

（4）就业协议书的法律性质是民事协议，是在正式确立劳动人事关系前用来明确毕业生和用人单位双方权利义务的书面协议，适用民法典等民事法律法规，不是劳动合同（用来确立劳动关系），不适用劳动法、劳动合同法等劳动类法律法规。

（二）就业协议书的违约金问题

1. 能否约定违约金

毕业生或用人单位任何一方不履行合同义务或履行合同义务不符合约定条件的行为即为违约行为。就业协议书作为民事协议，而违约金是承担民事责任的一种方式，故违约金属于可约定的项目。若就业协议书是格式条款，不论违约金的数额有无或大小，都应在就业协议书上写明，没有违约金的请填"无"，有违约金的请写明具体数额，而不是"根据具体损失计算"等模糊字眼。

2. 违约金数额有无规定

因就业协议书属于民事协议，目前尚无全国性的法律或政策规定该违约金的限额，故属于自由协商约定范围，若部分地区有特殊规定，从其规定。

若违约方觉得数额过分高于造成的损失（反之若守约方觉得违约金不足以弥补损失亦然），可以先与对方协商，协商不成可按照民法典第五百八十五条请求人民法院进行调整："当事人可以约定一方违约时应当根据违约情况向对方支付一定数额的违约金，也可以约定因违约产生的损失赔偿额的计算方法。约定的违约金低于造成的损失的，人民法院或者仲裁机构可以根据当事人的请求予以增加；约定的违约金过分高于造成的损失的，人民法院或者仲裁机构可以根据当事人的请求予以适当减少。当事人就迟延履行约定违约金的，违约方支付违约金后，还应当履行债务。"

3. 是否有免除违约责任的情况

现阶段，我国尚未有全国性的法律或政策规定在哪些情况下就业协议书可以免除违约责任，但不排除部分地区可能有当地的免除违约责任规定，如当地有相关规定，从其规定。

若用人单位在签约时已与毕业生在就业协议或其补充协议中明文约定某些可免除毕业生违约责任的条件（如考上公务员、"三支一扶"和研究生等），可按约定进行。如没有特殊约定，毕业生无法按约定履行义务的，则需要承担相应的违约责任。违约金对单位同样有约束作用，若用人单位违约，亦需要承担违约责任。

二、劳动合同

小赵毕业后入职一家企业，该企业拿出一份《试用期劳动合同》，只有薄薄一页A4纸，且只有劳动者的姓名、工作岗位等少数信息，"五险一金"要转正后才交，试用期为6个月，通过考核后再正式签订劳动合同。对此，小赵向法律专业人士进行了咨询。

（一）劳动合同应当具备的条款

劳动合同法第十七条规定，"劳动合同应当具备以下条款：

（一）用人单位的名称、住所和法定代表人或者主要负责人；

（二）劳动者的姓名、住址和居民身份证或者其他有效身份证件号码；

（三）劳动合同期限；

（四）工作内容和工作地点；

（五）工作时间和休息休假；

（六）劳动报酬；

（七）社会保险；

（八）劳动保护、劳动条件和职业危害防护；

（九）法律、法规规定应当纳入劳动合同的其他事项。

劳动合同除前款规定的必备条款外，用人单位与劳动者可以约定试用期、培训、保守秘密、补充保险和福利待遇等其他事项。"

小赵所在单位提供的劳动合同缺少了以上几项必备条款，不仅违反了法律规定，也侵犯了小赵作为劳动者的合法权益。劳动者在与用人单位签订劳动合同时，建议先审慎检查该劳动合同的条款是否符合法律法规规定、是否齐全，对于有疑问的条款应暂缓签字，等与单位沟通确定并在合同上写明后再签字。

（二）试用期

我国劳动合同法第十九条规定："劳动合同期限三个月以上不满一年的，试用期不得超过一个月；劳动合同期限一年以上不满三年的，试用期不得超过二个月；三年以上固定期限和无固定期限的劳动合同，试用期不得超过六个月。

同一用人单位与同一劳动者只能约定一次试用期。

以完成一定工作任务为期限的劳动合同或者劳动合同期限不满三个月的，不得约定试用期。

试用期包含在劳动合同期限内。劳动合同仅约定试用期的，试用期不成立，该期限为劳动合同期限。"

试用期是劳动合同总期限的一部分，小赵所在单位只签《试用期劳动合同》已经违反法律规定，该6个月试用期期限应为正式的劳动合同期限，相关工资薪金等待遇也应该按转正待遇计算。

（三）社会保险和公积金

人们常说的社会保险是指由养老保险、医疗保险、失业保险、工伤保险、生育保险组成的，简称"五险"，由我国社会保险法进行规定。其中，养老保险、医疗保险和失业保险是由企业和个人共同缴纳的保费；工伤保险和生育保险完全是由企业承担，个人不需要缴纳。社会保险是法定的，必须缴纳。

公积金是由国务院《住房公积金管理条例》（以下简称条例）进行规范，具有强制性。条例第十三条、第十四条、第十五条都明确规定，单位都"应当"办理缴存登记、设立单位住房公积金账户、设立个人住房公积金账户、每月正常汇缴住房公积金。条例第三十八条规定："违反本条例的规定，单位逾期不缴或者少缴住房公积金的，由住房公积金管理中心责令限期缴存；逾期仍不缴存的，可以申请人民法院强制执行。"

因此，有的单位以"试用期"为借口不为劳动者缴纳"五险一金"是不合法的，因为试用期也在劳动合同期内，劳动者和单位已建立劳动关系，单位应当依法依规缴纳"五险一金"。有的单位与劳动者"约定"不缴纳"五险一金"，直接将该部分金额以工资或现金形式发放给劳动者，此种行为也是违法违规的，且劳动者失去了"五险一金"的保障。

三、实习兼职

案例分析

大二学生小孙，想利用暑假期间去某单位实习，想在积累职场经验的同时赚取一些报酬。他发现实习单位提供的《实习合同》里规定了"学生实习期间人身财产损失自负，单位不担责"，想问该条款是否具有法律效力？

（一）实习兼职的法律性质

实习兼职一般在实际运用中被认定为劳务关系，是民事法律关系，而非劳动关系。所以，适用民法典等民事法律进行调整。当然，若是有明确的证据证明实习兼职人员与单位约定为劳动关系（如签订劳动合同等），在实际司法裁判中也有按劳动关系进行处理的案例。

（二）实习兼职人员在工作期间造成人身财产损失怎么办

因实习兼职一般为劳务关系，按照我国民法典第一千一百九十二条规定："个人之间形成劳务关系，提供劳务一方因劳务造成他人损害的，由接受劳务一方承担侵权责任。接受劳务一方承担侵权责任后，可以向有故意或者重大过失的提供劳务一方追偿。提供劳务一方因劳务受到损害的，根据双方各自的过错承担相应的责任。提供劳务期间，因第三人的行为造成提供劳务一方损害的，提供劳务一方有权请求第三人承担侵权责任，也有权请求接受劳务一方给予补偿。接受劳务一方补偿后，可以向第三人追偿。"

所以用人单位不能通过合同约定来免除自己作为接受劳务方的法定责任。求职者看到此类条款，请慎重考虑是否入职该单位。

广师大"职"路人

（1）与祖国根魂相系、以赤子之心演绎人生故事、以家国情怀成就时代巨变——广东技术师范大学 1982 届校友雷同学。

雷同学，广东技术师范大学 1982 届校友。用心为生谋发展，作为归侨校友，应校中文系之邀，承组织之信任，接过少数民族教学重任的接力棒，扎根少数民族教学，用心传播知识种子，为国家造就少数民族之人才，培养国家未来之栋梁。

（2）青春不散场，离岗不离志——广东技术师范大学 2020 届校友詹同学。

詹同学，广东技术师范大学 2020 届校友，全国项目大学生西部计划志愿者，先后服务于某县纪委、共青团某县委，现期满服务两年，获某州 2021—2022 年度大学生志愿服务西部计划全国项目志愿者考核等次优秀。

（3）四百万粉丝的法律科普博主，来自广师大——广东技术师范大学 2022 届校友唐同学。

唐同学，广东技术师范大学 2022 届校友，全平台拥有四百多万粉丝的普法视频博主。法学专业的他梦想成为法治之光，用法律回馈社会。

章节小结

本章带领同学们了解了各项就业创业政策、就业实务基本内容、毕业生求职权益和法律法规，重点介绍了各级各部门就业创业政策的查询途径、部分基层就业项目政策内容和常见的求职安全就业权益案例，并以广东省为例，介绍了同学们在毕业季要完成的就业实务类工作程序，帮助毕业生厘清涉及就业法律问题的注意事项。希望同学们通过学习本章内容，能用好相关政策、利用就业法律、规避求职风险、维护个人权益，从而实现高质量就业。

本章拓展资料

参考文献

[1] 程良越，谢珊.大学生职业生涯发展[M].广州：广东高等教育出版社，2011.

[2] 谢珊.大学生职业生涯发展训练[M].广州：广东高等教育出版社，2011.

[3] 王训兵，李晓波，王飞.大学生学业生涯规划现状及对策[J].教育与职业，2012（5）：73-74.

[4] 李晓云.论大学生职业生涯规划的实践意义[J].现代交际，2016（7）：1.

[5] 于滨.高校开展大学生职业生涯规划教育的意义与措施探析[J].高教学刊，2015（14）：147-148.

[6] 刘夏亮.绘制你的"生涯彩虹图"[J].成才与就业，2010（7）：62-63.

[7] 金树人.生涯咨询与辅导[M].北京：高等教育出版社，2016.

[8] 颜之推.颜氏家训[M].北京：中华书局，2016.

[9] 梁启超.读书分月课程[M].南昌：江西教育出版社，2020.

[10] 晏子.晏子春秋[M].北京：中华书局，2015.

[11] 吴芝仪.我的生涯手册[M].北京：经济日报出版社，2008.

[12] 蒋玲.大学就该这么读[M].北京：清华大学出版社，2019.

[13] 侯志瑾.团体的力量[M].北京：清华大学出版社，2019.

[14] 钟谷兰，杨开.大学生职业生涯发展与规划[M].上海：华东师范大学出版社，2017.

[15] 门瑞雪.人的全面发展视域下的大学生职业能力培养[J].人民论坛，2021（36）：21-23.

[16] 陈勇.基于社会网络学习视角的大学生职业能力形成路径研究[J].浙江大学学报（人文社会科学版），2020，50（2）：217-229.

[17] 黄波.职业生涯与发展规划[M].长沙：湖南教育出版社，2018.

[18] 胡慧远，吴健.大学生职业生涯与发展规划[M].北京：中国言实出版社，2018.

[19] 陈世波.大学生职业发展与就业指导阶梯教程第1册唤醒生涯意识规划职业人生[M].昆明：云南大学出版社，2010.

[20] 傅赟.赢在校园大学生职业生涯规划实用教程（第2版）[M].重庆：重庆大学出版社，2021.

[21] 顾雪英，李向明.大学生职业发展与就业指导[M].成都：电子科技大学出版社，2015.

[22] 胡庭胜，廖锋.预则立大学生职业发展指导教程[M].北京：商务印书馆，2018.

[23] 袁翔，牛亏环.时间管理视域下大学生学习行为的实证研究：以上海Y大学为例[J].职业技术教育，2017，38（26）：68-72.

[24] 达纳·卡斯帕森.解决冲突的关键技巧[M].长沙：湖南文艺出版社，2022.

[25] 莱斯·吉卜森.自信而高效的沟通[M].上海：上海科学技术文献出版社，2021.

[26] 脱不花.沟通的方法[M].北京：新星出版社，2021.

[27] 帕特里克·兰西奥尼.团队协作的五大障碍[M].北京：中信出版社，2013.

[28] 赵昱鲲.消极时代的积极人生[M].杭州：浙江人民出版社，2012.

[29] 王明粤，任增辉.大学生积极心理与素质培养[M].武汉：武汉大学出版社，2020.

[30] 特里沃·鲍威尔.释放自己：压力的自我缓解与心理调适[M].成都：四川民族出版社，2004.

[31] 麦克斯研究院.《2021年中国本科生就业报告》[M].2021.

[32] 王松.新科技革命下我国新就业形态研究[D].南京：南京财经大学，2018.

[33] 郭晓楷.40年职业变迁，见证时代发展的印记[J].就业与保障，2018（17）：12-14.

[34] 朱燕，段慧."00后"大学生职业生涯规划教育探究[J].新课程研究，2020（12）：69.

[35] 蒋涛.当代大学生"斜杠"思维逻辑的研究[J].职业技术，2021（07）：158.

[36] 中国共享经济发展报告（2022）[EB/OL].http://www.xinhuanet.com/tech/20220222/68f37af10a2b439184291b043ff16e62/c.html.

[37] 美团研究院.2019年生活服务业新职业人群报告[EB/OL]https://mri.meituan.com/research/report.

[38] 湾区潮涌千帆竞：写在《深化粤港澳合作 推进大湾区建设框架协议》签署4周年前夕[EB/OL]https://www.thepaper.cn/newsDetail_forward_12724319.

[39] 《2017年国民经济行业分类》[EB/OL]http://www.stats.gov.cn/tjsj/tjbz/201709/t20170929_1539288.html.

[40] 修新路，徐馨.大学生"慢就业"研究述评[J].中国大学生就业.2022（8）：32-35.

[41] 从"层次"到"类型"职业教育进入高质量发展新阶段[EB/OL].http://www.moe.gov.cn/fbh/live/2020/52735/sfcl/202012/t20201208_503998.html.

[42] 中华人民共和国职业教育法[EB/OL].（2021-05-01）[2022-04-05].http://www.moe.gov.cn/jyb_sjzl/sjzl_zcfg/zcfg_jyfl/202204/t20220421_620064.html.

[43] 习近平对职业教育工作作出重要指示[EB/OL].（2021-04-13）[2022-04-05].http://www.qstheory.cn/yaowen/2021-04/13/c_1127324420.htm.

[44] 国务院关于印发国家职业教育改革实施方案的通知[EB/OL].（2019-01-24）[2022-04-05].http://www.gov.cn/zhengce/content/2019-02/13/content_5365341.htm.

[45] 教育部等九部门关于印发《职业教育提质培优行动计划（2020—2023年）》的通知[EB/OL].（2020-09-23）[2022-04-05].http://www.moe.gov.cn/srcsite/A07/zcs_zhgg/202009/t20200929_492299.html.

[46] 人民网（职业教育）：要与科技进步同行[EB/OL].（2019-12-23）[2022-04-05].https://baijiahao.baidu.com/s?id=1653668931561900233&wfr=spider&for=pc.

[47] 中共中央 国务院关于全面深化新时代教师队伍建设改革的意见[EB/OL].（2018-01-31）[2022-04-05].http://www.gov.cn/zhengce/2018-01/31/content_5262659.htm.

[48] 教育部等四部门关于印发《深化新时代职业教育"双师型"教师队伍建设改革实施方案》（教师〔2019〕6号）[EB/OL].（2019-08-30）[2022-04-05].http://www.moe.gov.cn/srcsite/A10/s7034/201910/t20191016_403867.html.

[49] 李梦卿，李鑫.我国职业教育"双师型"教师队伍建设：盘点"十三五"、谋划"十四五"[J].职业技术教育，2021（6）：13-19.

[50] 求是网.让职业教育站得更高走得更远[EB/OL].（2020-06-09）.http://www.qstheory.cn/llwx/2020-06/09/c_1126090037.htm.

[51] 胡茂波，邹世康.新时代职教师资培养变革的诉求、框架及路向[J].职业技术教育，2021，42（31）：52-57.

[52] 郭广军，朱忠义.高职教育产教融合赋能教师专业发展的问题与推进策略[J].现代教育管理，2020（11）：80-86.

[53] 朱永文.我国部省共建职教高地的价值意蕴、基本特征、实践成效与推进策略[J].教育与职业，2021（20）：5-11.

[54] 万德年.高职院校如何做专业诊断与改进[J].职业技术教育，2017，38（17）：58-61.

[55] 王慧，栾添，杜锐.教师专业发展视域下地方高校教师职业成长激励机制研究[J].职业技术教育，2021，42（29）：42-46.

[56] 罗平，邓文新，许玲.部省合建推动一流技术师范大学高质量发展研究[J].职教论坛，2022，38

（2）：117-122.

[57] 许玲，李旭旦，向凯等.校政企校"协同培养"双师型"职教师资人才的探索与实践[J].广东技术师范大学学报，2017，38（2）：10-17.

[58] 广东技术师范大学组编.广东省职业教育教师发展报告（2020）[R].广东：广东高等教育出版社.

[59] 陈志斌.大学生职业生涯规划[M].上海：上海交通大学出版社，2021.

[60] 史梅，白冰，孙晓杰.赢在规划：大学生职业生涯规划与职业素质拓展[M].北京：科学出版社，2020.

[61] 雷育胜，张振刚.大学生学习与职业生涯规划[M].第2版.北京：清华大学出版社，2020.

[62] 罗伯特•里尔登，珍妮特•伦兹，加里•彼得森，等.职业生涯发展与规划[M].候志瑾，译.北京：中国人民大学出版社，2016.

[63] 明照凤.职业规划与创新创业[M].山东：山东人民出版社，2015.

[64] 倪坚.职业规划解码[M].北京：光明日报出版社，2009.

[65] 黄诚，唐梦丽.大学生职业规划与就业指导[M].北京：中国纺织出版社，2017.

[66] 理查德•尼尔森•鲍利斯.你的降落伞是什么颜色？[M].李春雨，王鹏程，陈雁，译.中国友谊出版公司，2018.

[67] 邓双喜，刘高见，王淑慧.大学生就业指导[M].成都：电子科技大学出版社，2021.

[68] 张丹，贺珊刚，李文善.领航职场，大学生职业发展与就业指导[M].北京：首都师范大学出版社，2021.

[69] 戴安•萨克尼克，丽莎•若夫门.职业指导：职业生涯规划教程[M].北京：中国劳动社会保障出版社，2017.

[70] 张岩松，唐召英，黄静.现代交际礼仪实训教程[M].北京：清华大学出版社，2011.

[71] 王义平.职场礼仪[M].上海：同济大学出版社，2009.

[72] 孔晓娟.成长锦囊|职业素养提升系列：用雇主的思维去修炼自己[EB/OL]https：//mp.weixin.qq.com/s/BP5WucDjQcn7w-TTaK8VeA.

[73] 广东省高等学校毕业生就业促进会，高校毕业生就业手册（第七版）[M].广州：广东高等教育出版社，2021.

[74] 陈抗，王北阳.大学生就业指导教程[M].四川大学出版社，2018.

[75] 朱里静.求职需注意哪些法律事项[J].中国大学生就业，2018（9）：18-20.

[76] 朱里静.实习，法律问题不容忽视[J].中国大学生就业，2019（3）：16-18.